대한민국 자살 유도자들 실태 보고서

강량 칼럼집
대한민국은 내전 중 II

- 강량 지음 -

대한민국 자살 유도자들 실태 보고서
강량 칼럼집
대한민국은 내전 중 Ⅱ

초판 발행 _ 2021년 4월 1일
지은이 _ 강량
그 림 _ 강민
펴낸이 _ 강건
펴낸곳 _ 엔라이튼
주 소 _ 경기도 용인시 수지구 만현로 67번길 19
　　　　성원상떼빌Ⓐ 304-1603
사업자등록번호 _ 694-91-01587
출판사신고번호 _ 2021-000034호
전화번호 _ 010-9236-3864
팩 스 _ 02-2762-7774
*가격과 ISBN은 뒤표지에 있습니다

대한민국 자살유도자들 실태보고서

강량 칼럼집
대한민국은
내전 중 II

— 강량 지음 —

전체주의의 먹구름이 밀려오는 대한민국
그 악령들의 만행에 대한 자유주의자의 고발

서 문

<대한민국은 내전 중> 1권을 낸지도 벌써 일 년 되어가고 있다. 중국 발 코로나 바이러스를 핑계로, 행정 독재를 한층 강화해 가고 있는 文 정권 얼치기위정자들은 이제 그 말로를 향해 달려가고 있다. 왜냐하면 한 때 '우리총장님'으로 文 정권 얼치기위정자들로부터 크게 우대받았던 윤석열 검찰총장이 검찰개혁을 빙자한 대한민국 파괴행위에 반발하다가, 결국 사표를 내던지며, 자유민주주의와 법치 수호를 외치고 광야로 나섰기 때문이다.

그는 文 정권의 권력독재와 헌법파괴행위는 곧 바로 대한민국과 대한민국 국민들의 존속을 위협하는 '국가반역죄'에 해당한다는 암시를 남기며, 국민 속으로 들어가서, 국민들과 함께, 이들의 독재 권력에 저항하겠다며, 자신의 직을 던졌다. 검찰총장이 임명자인 대통령과 자신이 속했던 정권을 이렇게 강하게 비난하고, 물러난 사례는 대한민국헌정사상 초유의 사태다.

윤 총장 뿐 만아니라, 신현수 민정수석, 정재형 감사원장 등과 좌파시민운동을 했던 여러 시민단체 행동가들도 이 정권에 등을 돌리고, 이들의 만행에 적극적으로 대항하고 있다. 그러니 이쯤 되면, 앞으로 침몰하는 난파선에서 대규모의 탈출자들이 더 나 올만도 하다. 이와 동시에 文 정권의 생존을 위한 말기적 발악정도도 그 강도가 훨씬 세어질 전망이다.

청와대 주사파 악령들의 출몰과 이들이 보여준 조직력과 기획력에 놀란 필자는 1권에서 이들을 인간의 영혼을 파괴하는 '악령'으로 묘사했다. 그래서 셰익스피어의 <맥베드>형 악령과 도스토예프스키의 <악령>에 나오는 '스타브로긴'형 악령들을 비교하며, 이들의 불손하고 사악한 영혼들을 정의하면서, 文 정권 얼치기위정자들의 영혼에다가 접목시켰다. 물론 이와 함께 2016년 말 대한민국이 당면했던, 광장의 '촛불혁명'이라는 말도 안 되는 사기와 기만극의 박근혜대통령 '탄핵' 사건이라는 시대적 환경을 이문열 작가의 한 시나리오 칼럼을 통해서 설명하기도 했다.

　필자는 대한민국 '국민 1호'여야 할 대통령이란 자가 당선 후 국회에서의 선서를 끝으로, 선서내용과는 정반대의 '대한민국파괴행위'를 자행하는 과정에서, 그가 뿜어내는 위선과 기만, 거짓과 사기극에 너무나도 놀라지 않을 수 없었다. 자신의 말대로 한번도 경험해 보지 못했던, 아리송하고, 이상한 이념적 철학이 담긴 어려운 말들을 지속적으로 해대면서, 다른 한편으로는 포퓰리즘으로 국민들을 '우민'으로 만들었다. 그리고 국민들을 물질주의에 푹 빠져있는 '정치적 무관심자'들로 만들기 위해, 무차별적인 현금살포로 국민들을 현혹하는 과정들은 너무나도 위험해 보였다. 자신의 권력 장악과 연장을 위해서는 인간의 양심은 물론이고, 가족을 포함한 모든 것을 다 희생시킬 수도 있겠다는 '악령'과도 같은 사악한 주도면밀함에 재차 놀라지 않을 수 없었다.

"남과 북의 생명공동체", "한국과 중국의 운명공동체", "촛불혁명의 완수", "좀비민주주의", "주권자민주주의", "생성적 권력", "사람중심의 세상", "모두를 위한 자유", "국민의 삶을 책임지는 국가", "평범한 사람들의 세상", "민중들의 민주화성취", "형식적, 절차적 민주주의를 내버리고, 실질적 민주주의로 나아가자", "남쪽대통령과 우리나라", "민족의 자유", "우리민족끼리", "민족을 통한 한반도평화공동체의 구상", "어떠한 평화도 전쟁보다는 났다", "종전선언부터 하자", 등등…

　단언컨대, 매번 A4용지의 연설문을 읽어대는, 文대통령자신도 이런 내용들이 뭔지는 잘 모를 것 같기도 했다. 예를 들어, 생성적 권력이 레닌의 '민주집중제'를 의미하고, 실질적 민주주의가 사회주의와 전체주의를 의미한다는 것을 자기 스스로 알았다면, 바보가 아닌 다음에야, 그렇게 대놓고 국민들을 현혹시키는 일을 했을까 싶었다. 바로 자유대한민국이라는 존재 자체를 아예 없애버리고, 정치적으로는 전체주의, 경제적으로는 사회주의로 대한민국을 재창조하자는, 다시 말해 대한민국을 파괴하는 '여적 죄'에 해당하는 내용들을, 기자회견마다, 대국민연설마다, 대놓고 그렇게 했겠는가 싶었다.

더욱 아찔한 사실은 文대통령이 A4용지로 얼굴을 가리고 읽어대었던 대부분의 아리송한 이 같은 내용들이, 文대통령자신이 가장 존경한다는 좌파사상가 신영복의 사상과 깊이 접목되어 있다는 점이다. '통혁당' 주범이었던 신영복의 사상은 정말 그럴싸하고, 또 동화얘기처럼 아리송하다. 그래서 가랑비에 옷이 모두 젖듯이, 조금씩, 조금씩, 인간을 사회주의사상으로 저절로 물들도록 세뇌시키는, 엄청난 파괴력을 갖고 있다.

통치기간이 4년을 넘어가면서 文 정권의 얼치기위정자들의 본 모습도 대충 다 밝혀진 것 같다. 그들의 본 모습은 지난 1권에서 묘사했던 '지옥의 악령'보다는, '동냥아치'에서 유래된 소위 '양아치깡패' 조직에 더 가깝다. 처음에는 혁명의 깃발을 높이 쳐들었는데, 이제 보니 온갖 똥, 오줌과 같은 오물로 더럽혀진 깃발을 들고, 눈을 부라리며, 바락바락 악을 쓰고 있는, 그런 형국이다. 다시 말해 악령이란 단어자체도 이들에게는 과분한 비유가 되었다.

그렇다면 이들은 악령이 아닌가? 악령 맞다. 다만 악령의 카리스마가 나오지 않는 찌그러진 얼치기 악령들이다. 혁명의 깃발을 든 선각자나, 지도자 같은 '협객'의 모습이 아니라, 혁명을 빌미로 자신들의 부귀영달을 꿈꾸는, 사기꾼, 양아치부류와 가까운 그런 존재들인 것이다. 그래서 이번에도 이들에 대한 비유로 인간의 본성에 대한 해부능력이 탁월했던 셰익스피어, 도스토예프스키, 그리고 이문열 작가를 다시 끌어와 보는데, 1권에서 비유했던 그런 악령의 비유와는 그 내용들이 사뭇 많이 다르다. 어쩌면 이런 비유자체가 현실적이지 못할 가능성도 꽤 높다. 다시 말해 1권에서 문학을 통해, 청와대 주사파 악령들의 '본색'을 정의하고자 했던 그런 진지했던 차원과는 지나치게 비유자체가 '현학적'일 수도 있기 때문이다.

그래도 이렇게라도 비유를 하고자하는 필자의 의도에는 이 얼치기악령들에 대한 심리적 유희와 조롱을 퍼 붙고 싶은 개인적인 욕망이 내포되어 있기 때문이다. 그리고 자유대한민국 73년의 헌정사에서 이런 엉터리 위정자들 밑에서 끽 소리 못하고 지난 4년간 눌려 살아야 했던, 오직 자신들만의 '이재'만을 추구하는, 대한민국 엉터리 지식인들에 대한 '야유'도 함께 포함되어 있다....

얼굴색하나 변하지 않고, 매일 서로 다른 거짓말을 해대는 文대통령은 무능하고 고집 센, 셰익스피어의 비극 <리어왕>의 주인공인 리어왕과 비교될 수도 있겠다. 첫째와 둘째딸의 간교함에 속아서 자신의 전 재산과 권력을 넘겨주고는 거지신세가 되는 리어왕의 처지가 文대통령을 기다리고 있다고 보여 진다. 그나마 리어왕에게는 진실을 말했던 셋째 딸 '코딜리어'라도 있었는데, 文대통령 옆에는 文의 권위를 조롱하고, 이용하는 간신배들 밖에 없다. 아직까지 그 결과는 잘 모르겠다. 그러나 文의 권위를 조롱하는 '대깨문'들의 횡포가 점점 더 대통령의 권위를 넘어서고 있다. 그렇다면 이들은 정치적 상황과 결부된 자신들의 이익을 위해서는, 경우에 따라, 얼마든지 文대통령을 희생시킬 수도 있을 것이다.

文 정권 얼치기위정자들은 이제 도스토예프스키의 책, <악령>보다는 한탕주의에 빠진 노름꾼 심리를 기가 막히게 묘사한 그의 책 <노름꾼>의 내용들과 인간

적인 심리상태가 긴밀히 접목되어 가고 있다. 황금주의와 권력 독점에 빠진 얼치기 혁명론자들의 최후가 바로 이 책에서 아주 밀도 높게 묘사되고 있기 때문이다. 결국 혁명이 아니라, 권력과 황금을 위해서, 이들은 가족을 비롯한 자신의 영혼까지도 악령에게 다 팔아넘기는 한심한 '악령의 그림자'가 되는 그런 운명을 앞두고 있는 것이다. 그래서 앞으로 전개될 文 정권 얼치기위정자들의 '말로'는, 이문열 작가의 단편집 <필론의 돼지>가 제격이 아닌가 싶다. 소설의 내용을 짤막하게 요약소개하면 다음과 같다.

"군복무를 마친 제대군인들로 가득 찬 열차 안에서 특전사 모자를 쓴 몇 명의 군인이 노래를 부르고, 그 노래 값으로 앉아있는 제대군인들에게 돈을 요구한다. 돈을 내지 않으면 끌어내서 가차 없이 두들겨 팬다. 겁에 질린 제대군인들은 앞다투어 자발적으로 돈을 건네준다. 그러다가 해병대 몇 명에게 제동이 걸렸다. '귀신 잡는 해병대'는 역시 싸움도 잘했다. 만만치 않다고 판단한 '특전사'는 꾀를 내어서 '해병대'를 회유한다. 그렇게 해병대는 '삥' 뜯어 낸 돈을 나누어 가지면서, 특전사들과 술잔을 같이 기울인다. 열차 안 100여명의 제대군인들은 이제 더욱 큰 공포에 시달리게 된다.

도둑질한 권력이 그렇듯이, 나누어진 권력은 '인간의 욕망'에 맞지 않다. 술 취해 눈에 뵈는 것이 없어진 특전사 한 놈이 모든 것을 다가지려고 하다가, 깡패군인들 사이에서 내부분란이 생겼고, 자기들끼리 개싸움을 벌인다. 다들 싸움에는 일가견이 있었던지라 '용쟁호투' 판이 벌어졌고, 그 결과 각별한 승자도 없이, 깡패군인들은 피투성이가 되어서 다들 축 늘어진다. 그래, 드디어 때가 온 것이다. 그래도 3년 동안 국토방위에 온몸 바쳤던 용맹한 대한민국 국군들이 아니었던가! 100여명의 제대군인들은 일제히 일어나서 축 늘어진 깡패군인들을 군화 발로 짓밟는다. 그런데 분노에 찬 군화 발은 도가 너무 지나쳐서, 깡패군인들의 목숨을 위태롭게 만든다. 깡패군인들의 기가 강렬했었던 때에는 기에 눌려, 양처럼 온순하게 순순히 돈을 건네었던 제대군인들이 깡패군인들이 축 늘어지자, '분노의 폭도'로 돌변한 것이다.

수많은 군화 발에 밟혀 생사기로에 섰던 깡패군인들은 신고를 받고 출동한 헌병대로 인해서 겨우 목숨을 건진다. 참으로 하늘이 도우신 기가 막힌 '타이밍'이었다. 만약 헌병대가 조금이라도 늦게 출동했더라면, 열차 안에서 벌어졌던 '돈 뜯기' 양아치촌극이 엄청난 살인사건으로 변할 뻔 했다. 그리고 3년간의 신성한 군복무를 마치고, 집으로 귀향하던 100여명의 제대군인들이, 본의 아니게 '살인자'가 되어, '살인죄'를 뒤집어쓰고 살아갈 뻔했다."

한때, 文대통령은 자기가 특전사출신이라며, 그 때 찍은 사진 한 장을 선거 때마다 대문짝만하게 인화해, 언론을 통해 엄청나게 홍보한 적이 있다. 그리고 그는 기회만 되면 자신이 대한민국을 지켰던 특전사출신이었음을 입에 침 튀도록 강조하면서, 국민들을 기만해 왔다. 대한민국에선 '권불5년'인데, 지난 4년 동안 文대통령의 적폐청산이란 기에 눌리고, 대내외정책의 사기와 기만극에 놀아난 대한민국 국민들은 이제 극도로 '분노' 하고 있다.

대한민국 국민들을 마치 개와 돼지 취급하면서, '우리 인이' 마음대로 해보라고 했던, '문빠' 홍위병들도 文의 침몰과 함께, 분노에 찬 국민들의 군화 발에 짓밟히는 신세로 전락할 가능성이 아주 높아졌다. 정말 '악' 소리 나게. 대놓고 '내로남불'과 '자화자찬'에 빠졌던, 文 정권 얼치기위정자들의 막장드라마도 이제 그 끝을 향해 달려가고 있는 것이다.

그러나 대한민국 '자살유도자'들의 본 모습이 다 드러났는데도 아직도 여전히 불안하고 초조하다. 닥쳐올 미래의 위기가 언제, 어떻게 대한민국을 집어 삼킬지 모르기 때문에, 여전히 대한민국의 안전은 위태롭다. 그리고 文 정권이 대못박아 놓은 폐습들을 대한민국의 새로운 정권이 다시 지우고, 새로운 질서를 확립하기까지에는 너무도 고통스럽고 긴 시간이 걸릴 것 같다.

  소설 <필론의 돼지>에서야 한갓 열차 한 칸 내에서 일어났던 억압과 부패, 그에 대항하는 군중들의 분노에 찬 응징, 그리고 헌병대라는 새로운 질서의 등장으로 간단하게 그 막을 내리지만, 국가운영은 그리 간단하고 쉽게, 모든 것이 마무리되어 지지는 않는다. 좌파정권이 만들어 놓은 사회적 진지, 이념적 성역화 작업, 근거 없는 포퓰리즘 등등, 국내적으로 사회문화, 교육, 역사, 언론, 시민사회 전반에 미친, 단 한번도 경험하지 못했던 부정적 영향력은 결코 짧은 시간 안에 제 모습을 찾기가 매우 힘들 것이다.

  또한 대외적으로 '지정학의 저주' 속에 자리하고 있는 대한민국과 주변 4대 강대국들과의 관계를 재규정하기도 만만치 않다. 대한민국의 최대 국익인 '생존'과 이를 바탕으로 하는 '번영'을 위한 바람직한 해양세력들과의 외교안보 협력관계를 유도하고, 이를 공고화하기까지, 중국의 압박과 북한 핵 위협이라는 문제를 넘어서야 하기 때문이다. 이미 親中, 從北세력들이 대한민국 사회전반에 퍼져있는 상황에서 대내외적인 외교안보적 합의를 창출하는데도, 정말 적잖은 '노력'과 '시간'이 걸릴 것으로 보인다.

  물론, 필자의 의도와는 정반대로, 대한민국 국민과 시민들이 사회주의와 전체주의로 향하는, 위선과 기만, 거짓과 얼치기 혁명을 추구하는 文 정권에 제대로 대항하지 못하고, 그냥 그대로 힘에 눌려서 제압당해 버릴 가능성도 배제할 수 없다. 만약 그렇게 된다면, 대한민국 헌정질서는 완전히 무너지고, 급기야 대한민국이 역사 속에서 영원히 사라지는 그런 암울한 미래가 올 수도 있을 것이다...

"대한민국은 내전 중 II"의 내용은 일단 여기까지 다룬다. 내년 대선을 앞둔 앞으로의 1년은 진정 자유대한민국의 운명이 결정되는 중요한 시기가 될 것이다, 文정권 얼치기위정자들도 자신들의 목숨을 건 최후의 한판을 준비할 것이다. 물론 73년의 대한민국 헌정사가 승리할 것이며, 이들의 '혁명 굿판'은 한갓 한편의 어설픈 '하류정치드라마'로 역사에 기록될 것이다. 그때를 기다리며, 필자는 여전히 격동기의 대한민국 안과 밖을 열심히 논평할 것이며, 내년 후반기에 마지막으로 "대한민국은 내전 중 III편"을 쓸 예정이다.

이 책의 구성은, 지난 번 1권 때처럼, 1부 하이라이트 칼럼, 2부 지하정치, 3부 국내정치, 4부 국제정치, 5부 부록, 편들로 나누어져 있다. 文 정권 자체가 '從北주사파' 정권이라서 그런지, 여전히 지하정치가 국내정치와 국제정치를 압도하고 있는 것은 변함이 없다. 특히 미중 패권전쟁의 국제정치상황에서 文 정권 특유의 몽상적, 관념적, 비현실적인 從北, 從中 '망나니외교'로 대한민국의 운명이 백척간두의 위기상황에 서 있다.

분명히 文 정권은 북한정권은 물론이고, 중국공산당 정권과도 긴밀히 내통하고 있는 것 같은데, 밖으로 들어난 증거가 거의 없다. 그래서 여전히 눈에 보이지 않는 지하에서의 움직임이 무척 두렵고, 암울하다. 그래도 최대한 알고 있는 지식과 상상력을 모두 동원해서, 문재인, 김정은, 시진핑 세 악령들의 머릿속 내부를 열심히 들락거렸고, 그 결과를 칼럼의 내용으로 모두 드러내는데, 최선을 다했다. 분명한 것은 이들의 반문명적, 야만적인 정치드라마는 필히 '역사적 심판'을 받을 것이라는 점이다. 다시 말하면, 참으로 안타깝지만, 이들의 '역사적 몰락'에는 그 만큼의 '시간'과 '노력'이 상당기간 더 걸릴 것이라는 이야기도 함께 포함된다.

5부 부록 편에는 '대한민국 외교안보정책 전략노트' 제하로, 文 정권 하에서, 부처별로 제대로 된 외교안보 관련 백서도 내지를 못하고 있는 상황을 대신해서, 필자의 국제정치학 전공을 살려, 대한민국 외교안보정책 관련 '전략노트'를 첨부해 본다. 대한민국의 안보와 대외정책이 그야말로 대한민국의 '자살'을 유도하는 방향으로 가는 것은 막아야 하며, 이를 방지하기 위해서는 외교안보정책 관련 국내외 학자들이 공감할 수 있는 학문적이며, 객관적인 전략보고서가 필요하다고 판단했다.

필자 스스로 조금 욕심을 내어본다면, 훗날 어떤 세상이 펼쳐질지, 인공지능(AI)처럼 미래를 정확하게 예측하기는 힘들지만, 그래도 지금 이 암울한 시대를 나름대로 현실적으로, 논리적으로 진단하고, 필사적인 전략적 대응을 모색했던 한 사람이 있었다는 소리는 듣고 싶다. 그리고 1권에서도 밝혔듯이, 필자의 집안과 文대통령과의 '악연'으로 인해, 필자의 집안이 대한민국에 끼치게 된, 대한민국 역사와 국민들에 대한 죄스러움을, 이 책으로 조금이나마 대신하고 싶다.

끝으로, 지난 번 1권에서도 밝혔듯이, 이 책의 내용은 혜사 노재봉 선생님의 탁월한 식견과 사상적인 가르침이 없었다면, 결코 세상 밖으로 나올 수 없었다는 점을 강조하고 싶다. 지금도 목요일마다 후학들을 만나고, 후학들을 가르치고 계신 선생님의 은혜, 정말 살아서 다 갚지는 못할 것 같다. 다만 선생님처럼 살아갈 수 있도록 열심히 노력하는 가운데, 헤르만 헤세의 <데미안>을 생각하는, 선생님을 진정 닮고자하는, '싱클레어'로 인생을 끝까지 살면서, 선생님의 은혜에 조금이나마 보답하고자 한다.

이 책이 출판될 때까지 필자의 글에 대한 최고의 지지자이면서, 혹독한 비평가 역할을 담당해준 큰아들 강건에게 감사의 마음을 전한다. 그리고 여전히 재미난 인물 '캐리컬쳐'로, 독자들에게 책 읽는 재미를 한껏 북돋아 줄 것 같은, 딸 강민의 아름다운 노력에도 심심한 감사의 마음을 전한다. 그리고 가족 중에 자기만 쏙 빼놓았다고 분명히 토라질, 아내 윤혜정에게도 열심히 내조해 줘서 늘 고맙고, 감사하다는 마음을 전하고 싶다. 마지막으로 언제나 꿈에서라도 한번 더 만나고 싶은, 사랑하고 존경하는 필자의 어머니 (고)조호경 권사님께 이 책을 바친다.

2021년 3월 23일
동부이촌동 서재에서

CONTENTS

1부 | 하이라이트 칼럼

대한민국 자살유도자(自殺誘導者)들 ································· 18
철학부재와 더불어 혈세 쓰는 재미에 푹 빠진 文 정권 ············ 24
文정권 악령 춤사위, 역사발전과정인가? 정치드라마인가? ······· 30
정부 공짜 받는 국민들, '정치적 동물농장' 사육가축 된다! ········ 35
文정권, 정말 한번도 경험 못한 새 인간형 만들려나? ············· 40
대한민국은 지금 6.25 같은 내전 중! ································ 45
몽테스키외 삼권분립 알고는 있나! 하기야 닥치고 혁명 중!! ····· 51
문재인의 침묵, 선택적? 아니다, 애초에 그런 것 없다! ············ 56
중국 본색, 주사파 본색, 그리고 백치들 ···························· 62
文, 하늘이 내린 무능함 ··· 68
김명수가 부순 3권분립, 대한민국 번영의 뿌리! ··················· 73
인간의 조건, 그 끝없는 이성을 향한 여정 ························· 79
우리는 왜 '프랑스의 영광'을 모르나!!! ····························· 83

2부 | 지하정치

文연설, 알고는 읽는 걸까? 결국 레닌이네!! ······················· 88
문재인 6.25연설은 희대의 사기극 ··································· 94

'토착왜구', '친일파 파묘' 속에 체제전복 전략 있어! ·················· 97
문제인과 김정은의 동상이몽, 벼랑 끝에 선 북한 체제 ················ 102
타락 악령 통치하는 대한민국, 과연 희망 있나? ····················· 107
사라지는 자유민주주의, 돼지 목의 진주목걸이였네! ················· 112
체제탄핵이 아닌 국가탄핵, 결국 '민족통일전선'으로 나아가고 있어! ···· 117
가덕도 신공항, 제2도련선 넘어 중국 태평양진출 돕는 교두보 된다!! ··· 122
막나가는 민주주의의 부정, 사회적 아노미현상 확대시켜! ············ 126
文정권의 모택동식 전복전, 이제부터 속도 낸다! ···················· 132
文신년회견에 숨겨진 음모 ······································· 137
인민민주주의와 자유민주주의 ···································· 143

3부 │ 국내정치

그만큼 속고도 아직도 文에게 미련이 남았나? ······················ 150
文정권, 이제 '이승만 지우기'와 反美몰이 나선다!! ··················· 155
자유시민, 新전대협 외침 호응해서 文정권 독재와 싸우자! ············ 160
박원순 사태로 드러난 文 정권 권력투쟁 ··························· 164
文 정권, 끝내 중국식의 인민민주 독재로 가! ······················· 168
루소의 '법치', 개인의 자유 보호할 '신의 선물' ······················ 172
8.15 궐기, 文독재 저항 마지막 기회 ······························ 177
테르미도르 반동에 바짝 다가선 文 정권, 벼랑 끝 상황 자신만 몰래!! ·· 182
文정권 코로나 방역사기, 中디지털전체주의 예행연습 ················ 186
민족과 국가 구분 못하는 文정권, 대한민국 체제위에 민족 군림 ······· 191
생존 위협받는 文, 예상 못할 통치력 발휘하나? ····················· 196

백척간두 文정권, 왜 윤석열 두려워하나! ………………………………………… 201
공화주의정신이 없는 공화정, 반드시 전체주의로 간다! ……………………………… 205
文 정권 대북정책, 여론조사 하자! ……………………………………………… 210

4부 | 국제정치

생사 갈림길에 선 한국외교, 추락은 시간문제!! …………………………………… 218
2021년 새해를 맞이하는 대한민국, 그 희망과 두려움 ……………………………… 224
혼돈 속 미국, 선거부정 논란 불구 바이든 호 출범 대비해야 하나? ………………… 230
미국의 中압살전략, 신군비경쟁과 아시아판 나토건설 ……………………………… 236
한국, 국내외 위기대응 시나리오 필요해! ………………………………………… 241
사면초가 김정은, 북한체제 변혁 가능성 보이나? ………………………………… 246
文, 美北중재외교 올 인(All In)해도 불가능! ……………………………………… 250

5부 | 부록

2021년 대한민국 외교안보 전략 NOTE ………………………………………… 256

하이라이트 칼럼

대한민국
자살유도자(自殺誘導者)들

지구상 군사력 뒷받침 없는 외교는 존재하지 않아!
격변하는 국제정치 구조 속, 대한민국은 언제든 소멸될 수 있어!!
몽상가들이여, 핵을 가진 북한의 적화통일을 원하는가!!!

범(虎) 내려 온다

우리 속담에 "범(虎) 내려온다", 라는 말이 있다. 요즘 폭발적 인기몰이를 하고 있는 트롯열풍을 통해 노래로도 잘 알려져 있는 말이다. 즉, "큰 힘에 의해서 자신의 목숨을 잃어버릴 수도 있는 상황이 온다"는 이야기다. 지금 미국과 중국 사이에서, 특히 북한 핵과 미사일을 이고 사는 대한민국의 위기 상황을 이 속담이 잘 설명해주고 있다.

더욱이 대한민국의 국가원수인 대통령이 자국의 국익을 대변할 생각을 하지 않고, 이런 위급한 환경을 스스로 조장하고 있다면, 그야말로 나라는 언제 죽을지 모르는 백척간두의 불안한 처지에 놓이게 된다. 그렇다면 대한민국을 잡아먹을 그 '범(虎)'은 누구일까? 아직은 모른다. 중국과 북한이 될지, 아니면 한국의 동맹국인 미국이 될지, 또 아니면 그렇게 악랄한 정치프레임으로, 대한민국의 새로운 '주적(主敵)'으로 만들어 놓은 '일본'이 될지 말이다.

결국 최종적인 '범(虎)'의 모습은, 국제정치가 갖는 독특한 힘의 논리를 부정하고, 오로지 '종북(從北)'과 '친중(親中)'으로 달려가는 문대통령의 숭고한 '가짜신념'에 달렸다. 항상 본심은 간교하게 숨기고, 마치 절벽에서 외줄을 타는 것 같은 외교연출을 해대는 문대통령의 '국익실종', '대한민국 파괴'의 신념은 '진심의 얼굴'을 항상 가린다. 그래서 마치 '가짜'처럼 보인다.

대한민국 대통령의 말은 매일 매일이 달라진다. 어떤 때는 마치 정신 나간 사람처럼 전혀 상황에 맞지 않는 유체이탈 화법을 쓰다가도, 어떤 때는 권력의 화신처럼 권력추구에 따른 목적적 결과물(End-Results)들을 분명히 제시하기도 한다. 일단 그 알량한 대통령의 개인 신념을 얼치기 이념으로 포장해서, 대한민국의 생존이 달린 초미의 '국익(國益)' 관련 안과 밖의 문제들을 스스로 다 뭉개버리고 있다. 그러니 보기에 따라서는, 특히 주변국 지도자들의 눈에는 상식적으로 이해가 되지 않는 부분이 많을 수밖에 없다.

공동의 적(敵)에 대한 동등한 안보동맹관계를 일방적인 '종속(從屬)'의 입장으로 이해하고, 국제공법을 무시하며, 국내법 차원에서도 문제가 많다고 지적하는 것들을 '피해자 중심주의'로만 풀려고 한다. 너무나도 현실과 괴리가 크기 때문에 문대통령의 통치행태는 그래서 늘 의심받는다. 주변국의 지도자들이 가장 놀라는 현상은, 21세기 국제사회에서 민주적 선거를 통해 선출된 한 근대적 주권국가의 대통령이, 그것도 100년 전 열강에 의해서 나라를 잃어버렸던 경험이 있는 국가의 수반이, 자신이 앞장서서 스스로 자살하도록 유도하고 있다는 점이다.

대한민국의 외교적 주권을 포기하고, 안보를 해체시키며, 산업생태계를 파괴시키고 있음은 주지의 사실이다. 북한과는 생명공동체, 중국과는 운명공동체 운운하는 정신세계에, 여전히 양식과 상식을 가진 안과 밖의 모든 사람들은 비현실적이고, 관념적이며, 몽상적인 국가파괴행위에 '분노'를 느끼지 않을 수 없다. 문대통령으로 통칭되는 현 정권의 무리들은 마치 얼치기 이념이라는 가면을 쓰고, 그 핑계로 도적질과 화적질을 일삼으며 내부적인 파괴와 함께, 자신들의 물질적 이익을 챙기는 것을 당연시 하는 집단으로까지 보여 진다. 이들에게 결단코 대한민국은 없어져야 할 나라라는 공통된 인식이 없다면 도저히 이해가 되지 않는 행동들이다.

마치 지리산이나 팔공산에 살았던 '빨치산' 무장 세력들이 보급투쟁을 위해 산밑의 민가를 습격하고, 도륙하는 장면을 연상시킨다. 다른 점이 있다면, 이들은 빨치산처럼 무력을 사용하지 않고, 법을 자의적으로 만들고 이를 선별적으로 적용해서 대국민 노략질을 일삼는다는 점이다. 대한민국 내부에서 법제화를 통한 '독재권력'을 공고화시키고, '포퓰리즘'을 통해 자신들을 추종하는 새로운 인간형들을 만들어내면, 새로운 형태의 한번도 경험하지 못했던 주권국가인 소위 '우리나라'를 주변국들인들 어쩔 수 있겠는가! 그런 정도로 쉽게 생각하고 있는 것 같다.

◇ **사기범보다 사기당한 피해자가 더 나쁘다?**

이제 양식과 상식을 가진 국민들은 그들이 말하지 않아도, 베일속의 '진실'을 다 들여다보고 있다. 그래서 때로는 '사기와 기만과 거짓말로 속이는 자들보다 이에 속는 자들이 더 나쁜가?' 라는 얘기들도 나온다. 그러나 분명한 사실은 당연히 사기꾼이 사기를 당하는 사람보다 훨씬 더 나쁘다. 다만 사기 치는 과정에서, 자기 부류의 새로운 인간들을 양산해 내는 과정에서, 알면서도 개인이익을 탐해서 이에 방관하는 지식인들이야말로 가장 나쁘다고 할 수 있을 것이다.

북한과 피붙이 민족으로서의 생명공동체에 충실하고, 이웃집 대국인 중국과는 운명공동체로, 함께 쳐다보는 미래와 가치가 같으면, 동맹국인 미국과 얄미운 일본도 이런 현실을 다 이해해 줄 것으로 국민들에게 사기치고 있는데, 문제는 이런 잘못된 상황을 지식인들이 바로 잡으려고 나서지 않고 있다는 점이다. 대한민국을 파괴시키는 몽상적, 비현실적, 추상적인 관념들이 그들의 양보할 수 없는 절대 진실이 되고 있으며, 자신들의 우월한 관념적 의지를 도덕적 심성으로 거짓포장하고 있는데도 별다른 저항이 없다.

그러니 국내적으로 성공했다는 착각 속에 한줌도 안되는 권력에 점차 도취되어, "하룻강아지 범 무서운 줄도 모르고", 주변 강대국들에게 조차도 이런 자신들의 생각을 관철시키려는 '망나니 외교'를 조장하고 있는 것이다.

◇ **일본의 동맹관(同盟觀)**

근, 현대사에서 패권 전이과정을 잘 설명하고 있는 오르간스키(J. F. K. Organski) 교수는, 지난 500년 역사 속에서 100년 주기로 여러 형태의 패권 국가들이 등장했다가 다시 사리지는, 소위 패권국가들 간의 상호적인 '길항작용(拮抗作用)' 관계를 잘 설명하고 있다. 과거 세계를 지배하는 패권국가로 등장했던 국가들의 공통점은 모두가 '해양국가'였다는 것이다. 스페인과 포르투갈, 네덜란드, 영국, 그리고 현재의 미국은 모두가 전 세계의 바다를 지배했거나, 지배하는 '해양국가'들이었다. 물론 패권의 길항세력으로 등장했던 '대륙국가'들의 도전도 만만찮았지만, 모든 패권의 결과적 행방은 해양국가로부터 해양국가로 전이되어졌다.

국가 간 힘의 불균형으로 인한 국제정치의 구조적 변화는, 주기적으로 강대국들 간의 치열한 전쟁을 불러 일으켰음은 물론이고, 그 사이에 수많은 약소국들이 새로 등장하거나, 소멸되는 일들이 허다했다. '서세동점(西勢東漸)'의 시기에 동양의

'해양국가'였던 일본의 선택은 당시 전 세계 해양의 패권을 장악했던 영국과의 동맹이었다. 청일전쟁의 승리에도 불구하고, 일본은 독일, 러시아, 프랑스 '3국의 간섭'(1895)으로 요동반도를 도로 내어줄 수밖에 없었고, 절체부심 국제정세를 파악한 일본이 선택했던 외교적 '신의 한수'는 대륙국가 러시아의 남진을 항상 막고자 했던 영국과의 영일동맹(1902) 이었다.

러일전쟁 (1904)에서 일본이 승리할 수 있었던 요인 중 하나는, 일본과의 교전을 위해 유럽에서 출항했던 러시아 발틱함대를, 영국이 눈에 잘 보이지 않게, 반쯤 '골병' 들게 만든 후에야 서해로 진입시켰다는 사실이다. 당시 일본의 영국과의 동맹은 미국이라는 또 다른 해양대국과의 관계를 돈독하게 만드는 결정적인 원인이 되었다. 그래서 러일전쟁 이후 일본의 한반도 식민지배는 영국과 미국의 동조 아래 그렇게 순탄하게 종결되어 졌다.

역사상 최초로 히로시마와 나가사키에 원폭을 맞았던 일본은, 수많은 원혼들의 울음소리를 뒤로 하고, 전후에 해양 패권국가인 미국의 등에 다시 올라 탔다. 미일동맹 (1951)을 기축으로, 일본의 경제회복정책을 주도했던 "요시다(吉多) 독트린"은 그렇게 전 후 일본의 재건과 선진국으로의 도약을 불러왔다.

◇ 가덕도와 차이나타운, 대한민국호의 침몰 앞당겨

일본의 외교적 선택으로부터 이미 나라를 한번 상실했던 대한민국이 배워야 할 것은 무엇인가? 바로 '동맹의 선택'이다. 국가의 생존을 가장 저렴한 비용으로 지킬 수 있는 방법이 바로 동맹관계를 통한 억지전략이다. 국가생존이야말로 모든 국가의 최고 가치이자, 최고의 국익이다. 그래서 국제정치에서는 어제의 적이 오늘의 친구가 될 수 있고, 과거역사의 원한에 뿌리를 둔, 영원한 원수는 없는 것이다. 대부분의 세계적인 국제정치학자들은 한 목소리로 한국, 이스라엘, 폴란드와 같이 '지정학의 저주'를 받고 있는 '전략요충지의 소국'들은 단 한번의 외교적 실수로 국가소멸의 위기를 맞을 수 있다고 강조하고 있다.

미소냉전시대 한국의 선택은 분명 옳았다. 동맹국 미국의 군사적 보호아래 한국은 '한강의 기적'을 이룰 수 있었다. 이제 동맹국인 미국이 중국을 봉쇄하기 위해서 아시아판 나토 (NATO)인 "쿼드 (QUAD)+알파"를 구상하고 있고, 미국과 중국 사이에서의 패권전쟁이 가시화되고 있다. 또 다시 과거 100년 전 구한말과 같은 힘의 대결이 한반도를 중심으로 가시화되고 있고, 추가적으로 북한 핵문제와 대만문제가 덧붙여져 있다. 대한민국의 국익과 생존을 위해 취해야 하는 외교적 선택은 너무나도 분명하다. 그럼에도 불구하고, 문대통령은 갑자기 '가덕도'로 날아갔다.

선거를 위해서? 포퓰리즘을 위해서? 물론 그것도 틀린 것은 아니지만, 핵심으로 봐야할 것은 바로 중국 시진핑에 보내는 메시지이다. 미국을 욕보이고, 일본을 '주적'으로 만들며, 대한민국을 '소멸' 시키기 위해 노력함으로써 중국의 천하질서에 올라타려는 저의가 느껴진다. 중국의 태평양진출을 위한 제2도련선을, 그야말로 '동해'로까지 확대시키는 것이 바로 '상해와 가덕도'로 이어지는, 외교안보와 정치경제를 연결시키는 '해상안보라인'이다. 한번 상상해보자! 한반도 유사시, 미군진출 교두보인 '부산'이 '차이나타운'이 되는 것을 말이다..

문대통령은 미국을 기만하기 위해, 오늘도 미중 간 한곳에 치우치지 않는 '양다리전략'을 편다고 말한다. 이런 전략이야말로 대한민국 외교사에 길이 빛날 위대한 외교 전략이라고 사기를 치지만, 이를 지켜보는 시진핑과 김정은은 지금 표정관리가 너무나 힘든 상황일 것이다. 이러다가 진짜 범 내려온다...

리베르타스, 2021년 2월 28일

철학부재와 더불어 혈세 쓰는 재미에 푹 빠진 文 정권

**性善說(성선설), 性惡說(성악설), 재물에 나약한 인간 군상들!
인류역사, 전쟁과 약탈의 힘으로 계단식 급 도약!!
'市場(시장)'이 살아야 돈이라는 '野獸(야수)'로부터 자유로울 수 있어!!!**

◇ 하데스의 개 '케르베로스'

그리스 신화 속 저승은 '제우스(Zeus)'의 동생인 '하데스(Hades)'가 다스리는 암흑 속 음침한 황무지다. 사후 어렵사리 다섯 개의 강을 건너 겨우 도착한 저승에는, 갓 들어온 영혼들이 행여 되돌아가지 못하도록 머리가 세 개 달린 거대한 개 '케르베로스(Cerberus)'가 철통같이 지킨다.

흥미로운 것은 첫 번째 강인 '통곡의 강'을 건너려면, 뱃사공 '카론(Charon)'에게 뱃삯을 줘야 쉽게 건너간다는 사실이다. 그래서 그리스인들은 어떻게 해서라도 死者의 입속에 은전 한 개만은 꼭 넣어주려고 한다. 마지막 가는 저승길 그래도 쉽게 가라고...

그러나 뱃삯을 못 내더라도 건너갈 수는 있다. 단지 통곡의 강 주변을 100년 동안이나 어슬렁거리면서, 애타게 배를 탈 기회를 계속 엿봐야 한다는 고통이 따를 뿐이다. 그러니 돈이 없으면, 저승 가는 길도 이리저리 너무 황망하다.

러시아 대문호 도스토예프스키 (Fyodor Dostoevsky)는 '先拂(선불)' 인생이었다. 신문사에 소설 기고를 한다고 해놓고 아직 제목도 제대로 정해지지 않은 상태에서 원고료를 무조건 선불로 받았다. 어쩌면 항상 빚에 쪼들렸던 그의 인생이, 그를 무작정 소설을 쓰게끔 만들었고 그 결과 본의 아니게 세계적인 대문호가 되었다고 볼 수 있다. 도스토예프스키는 돈이야말로 '주조된 자유다!' 라고 외쳤다.

프랑스 돈 1백만 프랑을 가진 자는 무엇이든지 할 수 있고, 그렇지 못한 자들은 그로부터 '부림'을 당할 수밖에 없다고 강조했다. 그렇다면 그가 자본주의를 욕한 것인가? 그렇지 않다. 도스토예프스키는 돈이 부여하는 불평등관계야말로 인간을 분발하게 만드는 자본주의의 '미덕'이라고 예기했다.

◇ **도스토예프스키와 칼 마르크스의 唯物觀(유물관)**

도스토예프스키와 동시대에 태어난 '국제공산주의' 창시자 마르크스 (Karl Marx)도 돈 사랑에는 유별났다. '세계에 대한 인간관계가 인간적 일 때, 비로소 사랑이 사랑답게, 신뢰가 신뢰답게 제대로 교환될 수 있다'는 유명한 자신의 말과는 달리, 일상 삶에서 마르크스는 '사치와 향락'을 즐겼다. 그는 지금 한국사회에서 '강남좌파' 정도로 불려 질 수 있는 이중적인 삶의 태도를 가졌다고 볼 수 있다. 이런 저런 기고로 받았던 돈 외에도, 친구인 엥겔스가 당시 고위관료 급에 준하는 '월급'을 제공했음에도 불구하고, 마르크스의 사치로 인한 궁핍은 극에 달했다.

과연 돈이란 무엇일까? 신이 선택받은 특별한 인간에게만 내려주는 운명적 은총인가? 절대 아니다. 하루에 평균 6천번 정도 생각하는 영장류인 인간이기에, 돈과 자본을 형성하고 또 이를 활용할 수도 있는 것이다.

그렇다면 '빈부의 기원'은 어디서부터일까? 먼 옛날 원시시대, 그 척박한 땅에서도 탁월하게 생각하는 한 인간은, 들소 떼들이 계곡사이에서 잘 모이는 지형지물들에 대한 분별력을 갖추었다. 그리고 동료들을 데리고 가서 함께 들소들을 사냥하고, 나머지는 생포한 후 가축으로 길들였다. 지형지물을 파악하고 기후의 흐름을 읽을 줄 알았던 한 인간은, 특별하고 영리했던 덕분에 그 후 동료들로부터 추앙받는 무리의 '리더'가 된다. 다시 말해 동료들을 고용해서 부리고 돈이 되는 가축을 많이 기를 수 있는 그 시대의 '富者(부자)'가 되었던 것이다. 무리를 이끄는 '부자'들이 씨족장으로 발전하고, 여러 씨족들이 연합해서 부족장이 형성되었다. 그리고 정복을 통해 세력을 최대한으로 확대시킨 부족장들은 마침내 이런 저런 형태의 고대국가들을 만들게 되었다.

◇ 通貨(통화)라는 악마의 유혹

중세에는 화폐의 유통을 '악마의 유혹'처럼 간교한 일로 간주하는 '修道士(수도사)'들이 많았다. 이는 욕심에 눈이 멀어 사기와 기만으로 본래의 금전적 가치를 대변하지 못하는 '불량통화'를 유통시키는 왕들이 많았기 때문이다. 결국 불성실한 교환의 주체인 불량통화는 국가내부 시장교란은 물론, 대외관계에서도 잦은 전쟁을 부르는 '독약'이 되었다.

그런데, 역설적이게도, 중세 당시에는 불량통화가 심각한 문젯거리는 아니었다. 왜냐하면 이런 저런 전쟁의 구실을 만들어서 약한 국가를 정복한 뒤, 자원과 재원을 도적질해오면 그것이 더 큰 성공사업이었기 때문이었다. 동서양을 막론하고, 인류의 발전은 '점진적'이기보다는 '계단식'으로 급 발전했다. 짧은 시간 내에 엄청난 재원과 자원을 축척하는 가장 확실한 방법은 바로 '남의 것을 빼앗아'(Exploitation)

활용하는 것이었다. 돈을 한곳에 가두는 '시장의 혁명'과 '산업혁명'은 그렇게 갑자기 인류의 폭발적인 성장을 가져다주었다.

　유럽의 길목을 장악한 도시들과 돈의 상관관계는 어떻게 나타났을까? 일단 사람들이 다니면서 길이 생기고, 길이 생기면 그 위에 도시가 형성되었다. 중세 도시국가들은 모든 유럽의 길목들을 장악했고, 교역을 통해서 엄청난 돈을 벌었다. 그리고 그 돈으로 유럽전역에 근대국가 형성을 위한 새로운 변화의 바람들을 불러 일으켰다.

◇ **영세중립국 스위스의 傭兵(용병)**

　유럽 지도 한가운데 위치해 있는 스위스는 유럽의 돈을 지켜내는 핵심지역이 되었다. 온통 높은 산악지대로 형성된 스위스는 대규모 군대가 일시에 쳐들어가기가 불가능하다. 굳이 쳐들어 간다하더라도 들어간 비용대비 효과가 너무나 떨어진다. 그래서 그냥 내버려두었다. 소위 길목을 지키고, 통행세를 받아내는 무리 배들은 일단 싸움을 잘해야 한다. 왜냐하면 지나가는 행인들 그 누구도 통행세를 내고 싶지는 않기 때문이다. 유럽에서 스위스 용병들의 몸값이 가장 비쌌다. 산악지대에서 단련된 강인한 체력으로 게릴라전을 통해서 좁은 협곡들을 지켜내는 용맹한 스위스 병사들의 위세는, 요즘 영화로 각광받는 '스파르타의 300 용사'와 비슷했을 것이다.

　스위스는 그렇게 받아낼 것과 지켜줄 것을 지킴으로써 유럽의 돈을 담아두는, 아니 현재로서는 전 세계의 돈을 담아두는 스위스 은행국가가 되었다. 2차 대전 직전 좁은 땅덩어리에 얼마 되지 않는 국민수를 깔보고 히틀러가 스위스를 쉽게 넘보다가 혼줄이 났던 사실은 유명하다. 지금도 스위스 국민은 남자아이가 태어나면 자식을 위한 '소총'을 구입하는 전통을 유지하고 있다. 내 가족과 내 고향은 내가 지킨다는 스위스국민들의 '전사의지'(Virtus)는 지금도 세계 제일이다. 자신들의 돈을 잘 지켜내려면 최소한 스위스 국민 정도는 돼야한다.

돈과 관련해서 신화, 사상가의 사생활, 국가의 기원, 도시국가의 탄생, 스위스의 돈 등등, 인간의 본능을 자극하는 돈의 위력과 가치를 놓고 이런 저런 적잖은 사례들을 들어보았다. 그만큼 인간에게 돈이라는 '公共財(공공재)'는 인간의 본성에서 '이기심'과 '이타심'을 동시에 가름해야 하는 희한한 '마력'을 지닌 존재임에는 틀림이 없다. 돈이라는 마술피리를 불어대면, 평상시에 그렇게 점잖고 우아한 채 하던 고상한 사람들도 일시에 피리소리를 따라가는 '쥐떼'에 합류한다. 그 끝이 절벽이던지 아니면 깊은 강물속이든지 크게 관심을 두지 않고, 일단 오감에 잡히는 돈이 주는 '쾌락'을 먼저 찾으려고 한다.

◇ **利己心(이기심)과 利他心(이타심)**

돈이 '공공재 역할'을 할 수 있게 된 것은 인류역사 속에서 가장 유혹성이 강한 불안정한 존재를, 인간의 본성을 꿰뚫어 보았던 현명한 계몽주의 철학자들이 '市場(시장)'이라는 울타리를 만들어서 그 속에 가두었기 때문이다. 돈을 벌고자 하는 인간의 극단적인 이기심은, 돈을 벌기 위해서는 최고의 利他的(이타적)인 물건을 만들어 낼 수밖에 없도록 거의 강제적으로 인간의 마음을 이타적으로 만들었다.

바로 '시장이란 역동성이 인간의 이기심과 이타심이 동시에 작동하도록 만들었던 것이다. 그리고 그 과정에서 '경쟁'이라는 향신료는 덤으로 선물 받았다. '시장원칙'을 떠난 돈은 곧바로 '괴물'이 된다. 인간의 선한 마음이 얼마나 허영심, 시기심, 자만심, 질투심 등으로 쉽게 망가지는 지는, 지금까지 인류사속 돈의 역사와 역할이 충분히 보여주고도 남는다.

문재인 정권이 국민의 세금을 마치 자기 돈 인양 무차별적으로 내던지고 있다. 지난해 4.15총선 당시 돈 살포로 재미를 보았는지, 이제는 국민들에게 '돈 포퓰리즙'이란 '아편'을 강제로 먹이려 한다. '우한 코로나' 핑계로 들이대는 돈 살포 이외에도, 무슨 친환경 뉴딜정책이란 듣도 보도 못한 사업으로 향후 특정지역에 몇 십조를 뿌릴 예정이란다. 거기다가 이재명 경기지사의 행태는 한술 더해 현금을 매일 살포하다시피 하고 있다.

◇ 文 정권의 판도라 상자

한때 문대통령이 '판도라'라는 원전사고 영화를 보고 탈 원전에 박차를 가했다는 사실은 이제 뉴스거리도 아니다. 최근 드러난 대북 원전지원 여적혐의와 함께 하루가 멀다 하고 터져 나오는 문정권의 비리들이 정말 대한민국을 '아수라장'으로 만들고 있다. 전남지역 6군데 군 지역사람들이 문정권의 조 단위 규모의 풍력, 태양광 시설지원사업을 거부하고 나섰다는 어이없는 뉴스에 웃어야할지 울어야할지 기가 막힌다. 더 기가 찬 것은 이들의 반대이유가 문정권이 지원하는 재정과 연관되어 특정사업과 특정기업가가 서로 결탁해서 그들의 배만 불리는 사업진행이기 때문이란다.

'돈 철학' 없는, 단지 거짓과 사기와 기만에 능한 얼치기 위정자들을 만나서, '한강의 기적'을 만들어 낸 위대한 '자유대한민국號'가 지금 침몰하고 있다.

리베르타스, 2021년 2월 9일

文정권 악령 춤사위, 역사발전과정인가? 정치드라마인가?

셰익스피어 '맥베드' 같은 웃지 못 할 정치드라마!
참을 수 없는 존재의 가벼움, 몽상적 주사파 위정자들!!
모든 국민들은 꼭 자신들의 수준에 맞는 정부를 가진다!!!

현재 대한민국 국민들은 건국이후 단 한번도 경험하지 못했던, 인간의 '의식'과 '감각'을 스스로 잘라낸, 이념의 도그마에 빠진 오만불손한 권력자들을 목격하고 있다. 그들 스스로도' 한때 좌파운동의 주체였으며, 강한 운동력으로 자신들의 목적성취를 위해 달려왔던 시기가 있었다. 그러나 나타난 진실은 그들의 운동본질 자체가 근본으로부터 완전히 변형된 위선과 기만, 거짓과 사기극으로 판명되었다는 사실이다.

이들은 대한민국자체를 부정하는 존재였다. 그럼에도 불구하고, 이념의 다양성을 인정하는 자유민주주의체제 내에서 자신들의 본질을 숨기고 하나의 시민이란 명분으로 반정부적 저항권리까지도 부여받았었다. 그리고 자신들의 세력을 규합하고, 진지를 견고히 만들었다. 그 뒤 숨겨진 발톱을 적나라하게 드러내어, 마침내 합법을 가장한 정권찬탈을 가능케 만들었다. 그러나 이들의 권력행사는 위선과 기만 위에 무지와 오만함이 덧붙어 있었다. 이들은 좌파의 이념적 본질도 망각했다. 이들은 아편보다 강한 권력에 취해, 자신들의 본질을 되돌아보는 '정신적 여유' 마저도 상실했다.

◇ 권력이란 아편에 취해 조직의 부속품이 된 사람들

그래서 조국과 추미애라는 전, 현직 법무부장관들은 자신들이 살아왔던 세상질서, 즉 상식과 양식에 대한 기본적인 이해를 내팽겨 쳤다. 이 두 사람은 깜짝 놀랄만한 그들만의 정신세계를 드러내, 국민들을 경악하게 만들고 있다. 이들은 완전히 권력에 취해서, 자신을 '조직의 일원' 또는 그 '부속품'으로 생각하고 있다. 그러면서 유체이탈적인 거짓과 위선, 억지 주장들을 드러내고 있다.

자신들이 몸 담아왔던 '위대한 조직'이 돈과 권력과 명예를 한꺼번에 다 가져다 주니, 벅찬 감동에 자신의 위치를 잊어버린 것이다. 즉 자신을 권력의 실세로 이끌어준 조직과 시쳇말로 완전한 '빙의'가 일어났다고 볼 수 있다. 이런 현상은 조국과 추미애 뿐 만일까? 단언컨대, 문재인 대통령을 비롯해 문정권의 핵심적 위정자 모두가 자발적으로 위대한 조직의 한 부속품이 될 것을 자청했다고 볼 수 있다. 그래서 상식과 양식을 가진 국민들이 전혀 이해할 수 없는 '언사'를 매일 남발하고 있는 것이다.

양식과 상식을 가진 대한민국 국민들이 의아해하는 또 다른 문제는 왜 좌파정치인들은 스스럼없이 자살까지 감행하는가! 하는 점이다. 기본적으로 돈, 명예, 권력을 추구하는 인간의 본성은 자신들의 사회적 신분을 상승시키고자 하는 욕망과 강력하게 결부되어 있다. 특히, 돈 또는 권력중 하나를 보유한 인간은, 소위 '타는 목마름'으로 두 가지 모두를 다 장악하려고 나선다. 그리고 돈과 권력을 앞세워서, 특권층으로 인정받는 특권의식까지 함께 누리고자 한다. 그렇게 인간의 '욕망방정식'은 정확한 진행 방향을 갖고 있다. 그런데 이를 쉽게 포기하는 좌파정치인의 자살행위는 분명 인간의 본능과는 역행한다.

◇ 하나는 전체를 위하고, 전체는 하나를 위하는 사회추구

아직까지 박원순 전 서울시장의 죽음에 대해서 알려진 바가 없다. 일사천리로 장례를 치르고, 부검조차도 용인되지 않는 상황에 대해 모든 대한민국 국민들은 의심하고 있다. 이것도 조국과 추미애와 같이 좌파들의 위대한 조직에 대한 '충성'의 한 발로인가? 과연 이들이 생각하는 "하나는 전체를 위하고, 전체는 하나를 위하는" '유기체'(Organic Body)로서의 그 조직이란 무엇인가! 생각만 해도 섬뜩하다.

한편, 미래통합당에서 이제 '국민의 힘'으로 당명을 개종한 우파 정치인 집단은 그야말로 '인간의 본성'에 충실하다. 돈과 권력과 명예를 추구하기 위해서, 자신들의 인생 2모작으로 국회의원이라는 '감투'까지 뒤집어썼다. 국민의 힘 야당국회의원들을 자세히 들여다보면, 대부분이 돈이 많거나, 아니면 권력기관에 몸담았던 경험을 공통적으로 갖고 있다.

명문대학을 나와서 고시를 통해 고관대작이 되거나, 대기업에 들어가서 출세한 후, 타인으로부터 인정받는 명예로운 사회적 신분을 얻었다. 그래서 이들은 부와 권력을 장악한 이후에 얻어지는 특권의식 또는 명예의식을 이미 맛보았거나 보유하고 있다. 때문에 더 이상 싸울 일도 없다. 인생에서 더 바랄 것도 없어 보인다. 그러니 그저 현상을 유지하기에 급급하다.

타는 목마름으로 권력을 장악한 후에도 끊임없이 권력과 부에 대한 갈증을 느끼고 있는 운동권출신의 여당 좌파정치집단들에게 '국민의 힘'이라는 '현상유지 야당'은 마치 늑대 앞의 양떼와도 같다. 그래서 이들은 끊임없이 대한민국을 파괴하려는 좌파정치집단들을 절대 막지 못한다. 그저 정권창출이라는 감이 나무에서 저절로 떨어지기만을 밑도 끝도 없이 기다린다.

프랑스 천재철학자 토크빌(Alexis Tocqueville)의 사상을 그대로 이어가는 현대 프랑스 자유우파 철학자인 아롱(Raymond Aron)은 자신의 저서 '지식인의 아편'에서 작금의 시대를 두 가지형태로 규정한다. 하나는 역사의 큰 흐름으로써, 일종의 정해진 진행과정(Process)으로 현재를 보는 것이다. 나머지는 전혀 생각지도 못했던 한편의 정치드라마(Political Drama)로써 현실을 보는 것이다.

이와 관련해 부와 권력을 추구하는 한편의 정치드라마로 세상과 인간의 본성을 탐구했던 셰익스피어는 <맥베드>에서 마키아벨리(Niccolo Machiavelli)가 개념화했던, 소위 도시국가(Stato)의 개념을 빌어서, 처음으로 국가(State)라는 개념을 자신의 소설에 도입한다. 그리고 인간의 본성, 부와 권력의 추구, 그리고 국가통치 행위를 일직선상에 놓고, 이를 한편의 '정치드라마'로 규정하고 있다.

또한 마키아벨리는 인간의 본성에 입각한 부와 권력의 추구과정에서 벌어지는 정치드라마를 '운명의 여신'(Fortuna : Goddess of Fortune)으로 묘사한다. 그는 시쳇말로 미친년 춤추듯 하는 운명의 여신인 '포르투나'를 강한 남성적 탁월함 즉, '비루투스'(Virtus)로 확실하게 제압해야 한다고 그의 저서 <군주론> (The Prince) 에서 역설하고 있다.

이런 관점에서 볼 때, 만약 문정권의 대한민국 파괴행위가 역사적 과정으로 해석될 경우, 그리고 조국이나 추미애의 비상식적 행위조차도 역사적 과정으로 인식될 경우, 자유대한민국은 역사발전과정 속에서 완전히 사라질 수밖에 없게 된다. 그러나 문정권의 등장과 권력에 취한 조국과 추미애의 기상천외한 '언사'들이 한편의 정치드라마로 판명될 경우, 이들의 몰락은 정말 드라마틱(Dramatic)하게 급진전될 수도 있을 것이다.

◇ **文 정권, 역사 속 치욕스런 하나의 '정치드라마'로 끝나야**

당면한 문제는 문정권의 등장과 악령들의 춤사위가 역사적 과정인지, 아니면 한갓 일장춘몽의 정치드라마인지는 상당한 시간이 지나고 나서야 후대세대의 역사적 현실로 드러난다는 점이다. 따라서 지금으로서는 문정권과 악령들의 춤사위가 한 편의 정치드라마로 끝나길 바랄 뿐이다. 그래서 대한민국이 보다 탄탄한 자유민주주의를 만들기 위해 겪어야만 했던 값진 역사적 '진통'으로 판명되기를 학수고대할 수밖에 없다. 그렇다고 손을 놓고 '운명의 여신' 마음대로 행동하도록 내버려 둔다면, 결국 악령들의 역사적 발전과정을 자유대한민국 스스로가 인정하는 꼴이 된다.

이승만 건국대통령이 꿈꾸었던 아시아 국가들을 선도할 수 있는 튼실한 '자유민주주의국가' 대한민국을 만들기 위해서, 작금의 얼치기 좌파정치인들의 관념적, 몽상적, 비현실적 춤사위들을 양식과 상식을 가진 자유대한민국 국민들의 탁월함(Virtus)으로 반드시 두들겨 잡아야 한다. 그래서 문정권의 등장과 몰락을 건국혁명, 산업혁명, 자유통일혁명으로 이어질 수밖에 없는 대한민국의 위대한 역사 속에, 치욕스런 한 오점으로 만들어야 한다. 잠시 존재했던 '한편의 정치드라마'로 말이다…

더자유일보, 2020일 9월 11일

정부 공짜 받는 국민들, '정치적 동물농장' 사육가축 된다!

정치적 무관심은 사기 선동가 불러들여! 늦었지만 미래 세대 위한 자유시민 교양 교육 필요해!!

꿈자리가 좋았거나, 뭔가 축하할만한 기대되는 사건이 벌어지면 '로또'라는 복권을 사게 된다. 물론 허망하게 꽝으로 결론나지만, 복권구입 이후 추첨할 때까지, 정말 전혀 근거 없는 몽상으로 정신이 오락가락한다. 정부가 또다시 코로나 사태로 인한 '국민피해지원금'을 만지작거리고, 이미 한번 지원금을 맛보았던 대한민국 국민들은 또다시 당연히 정부로부터 받아야 할 권리인양 돈 쓸 기대에 들떠 있다.

국가의 대국민 포퓰리즘이 확대되면 될수록, 행정부의 중앙집권화는 강화된다. 국민들은 이 사실을 까마득히 모른다. 또 늘어나는 국가부채는 결국 자식세대들이 갚아야 할 미래의 빚이라는 사실도 잊어버린다. 그저 공짜 점심을 바라는 기대치만 날로 높아간다.

　미국독립선언서와 프랑스인권선언서의 초미를 장식하는 "모든 사람은 평등하게 태어났다"(All Man are Born Equal!)는 지구촌 민주사회의 보편적 가치가 되었다. 그러나 평등원칙과 1인1표의 투표제도로 모든 사회가 진정한 평등사회가 되었는가를 돌이켜보면 각기 다른 현실적인 양상들이 벌어진다. 개별국가마다 서로 다른 문화적, 역사적 습속(Mores)으로 인해 천차만별로 나타난다는 것을 쉽게 알 수 있다.

◇ 모든 정치체제의 정치권력은 소수 엘리트가 지배

　정치적으로 자유민주주의 또는 전체주의라든지, 또 경제적으로 자본주의 또는 사회주의와 공산주의라든지 간에, 모든 정치권력은 결국 대중이 아니라 소수의 엘리트들이 지배한다는 사실을 부인할 수 없다. 단지 자유민주주의 또는 입헌주의는 법으로 선거를 통한 유효지배기간을 설정하고, 지배엘리트들이 상호 경쟁하도록 만들었다. 그러나 전체주의는 경쟁을 인정하지 않는 채, 무한대의 권력을 추구하는 소수 또는 유일통치자가 지배한다. 이런 차이가 있을 뿐이지, 어느 체제든 소수의 엘리트들이 권력을 장악한다는 데에는 그 차이가 없다.

　사회 각계각층의 다양성을 인정하는 민주사회는 여러 형태의 직능별 대표성을 갖고 있는 엘리트 군들이 다양하게 존재한다. 정당, 관료, 군, 기업, 언론, 노동, 교육, 시민사회 등등에서의 대표자들이 권력경쟁을 벌인다. 때로는 이익집단과의 연계로 여러 가지 부패문제들이 양산되기도 한다. 겉으로 보기에는 민주적 평등제도와 헌정질서의 안정적 관리로, 형식적인 법과 질서가 공고히 지켜지는 것처럼 보인다. 하지만 그 속을 자세히 들여다보면, 인간의 본성과 연관된 산술적으로 통계되지 않는 심리적인 요인들이 있다.

◇ 정치적 무관심은 사기 선동가 불러

즉, 인간의 자만심(Pride), 질투심(Envy), 증오심(Hatred), 허영심(Vanity) 등으로 인해서 민주적 평등사회 내부에서의 극심한 균열양상들이 흔히 발생하고 있다는 사실들을 알 수 있게 된다. 주권자로서 지존의 권한을 가진 평등한 국민 개개인들이 자신만의 심리세계에 빠져서, 상호 별개의 다른 세상을 추구하고 살아가게 된다면, 이는 곧바로 정치에 대한 무관심(Political Indifference)으로 반영된다. 주권자인 국민의 관심이 배제된 정치세계는 사기와 기만, 선전, 선동에 능한 온갖 형태의 선동가(Demagogue)들로 넘쳐나게 된다.

민주적 평등사회를 위협하는 또 다른 큰 변화요인은 바로 '돈'(Money)으로 통하는 물질주의의 만연이다. 현재 대한민국 국민들의 80% 이상이 도시에 살고 있다. 그리고 지금도 아우성들이지만, 아파트가격 상승문제는 대한민국이 산업화하기 시작한 이래, 지난 50년 동안 국민들의 가장 큰 사회적 관심요소였다. 대부분의 아시아인들이 동일한 성향을 갖고 있지만, 특히 한국 사람들의 '땅'에 대한 관심은 유별나다. 불과 얼마 전까지 돈을 벌면 무조건 토지를 사고, 개인사유지의 확대야말로 근원적인 부의 축적으로 알고 살았던 적이 있었다. 그러나 현재 대부분의 대한민국 도시인들은 아파트라는 건물 속에서, 시쳇말로 공중에 둥둥 떠서 산다. 진정 이 짧은 시간의 변화 속에 땅을 밟고 산지가 마치 아마득한 옛날이 된 것처럼 느껴지고 있다.

이제 이 도시에 사는 유권자들이 갖는 초미의 관심은 사람의 몸 전체를 흘러 다니는 혈류와 흡사하게, 모든 인간의 관심사와 상호 연결된 '신경전달물질'인 '돈'이 되어 버렸다. 자유민주주의사회에서 건전한 시민을 양성하는 시민교육이 무너지고 대한민국사회 자체가 엄청나게 좌경화되면서, 상식과 양식, 이성과 교양에 대한 관심이 사라진 채 남녀노소 모두는 '돈'이라는 물질주의에 빠져서 헤어나지를 못하고 있다.

◇ **대한민국, 좌경화되면서 상식과 이성 사라지고 물질주의 빠져**

그러니 이런 저런 부실한 명분을 끌어다가 권력주체가 돈을 살포하더라도, 모두가 잘한다고 박수칠 수 있는 사회가 되어버린 것이다. 책임과 양심을 수반하는 개인의 자유를 내팽겨 치고, 평등사회 속으로 숨어버린 나약한 개인은 결국 얼굴을 마스크로 가린 채 집단속에서 안락함을 찾게 되었다. 그리고 최소한의 개인적 도덕심을 져버리고, 스스로 비도덕적이며, 광폭하기 짝이 없는 집단의 한 부속품이 되어버렸다.

이런 주권자의 우민화현상은 권력을 추구하는 지도엘리트 계층에서도 그대로 반영되고 있다. 통치행위에 책임을 지고 당당하게 정책을 추진해 나가는 엘리트유형들이 사라지고, 엘리트들도 집단속에 숨어서 이런 저런 눈치만 보고 오직 '인기영합주의'(Populism) 라는 '모두를 위한 위대한 영웅'만을 만지작거리고 있다.

개인과 지배엘리트들 모두 집단속에 숨어버린 상황에서, '이승만'과 '박정희'라는 걸출한 개인으로서의 영웅탄생은 대한민국에서 이제 불가능해 졌다. 다만 그렇게 말도 많고 탈도 많던 각개각층의 집단구성원 모두가 만장일치로 찬성하는 포퓰리즘이라는 집단적 현상만이 '모두의 영웅'으로 작동하고 있다. 획일적 평등사회에서 물질주의와 포퓰리즘에 빠진 집단속의 개인이 마지막으로 향하는 길은 어디인가? 그리고 이런 시대의 방향성을 미리 탐지하고 시민, 국민, 인간이란 의미는 지우고, 민중, 인민, 사람 등의 의미를 강조하는 문정권의 반대한민국적 행위의 끝은 과연 어디인가?

◇ **민주주의가 민주주의 파괴하지 않으려면 '시민의 덕목' 필요해**

루소(J. Rousseau), 몽테스키외(B. Montesquieu), 토크빌(A. Tocqueville) 등, 자유민주주의의 핵심을 관철시켰던 철학자들의 공통어(Key Word)는 바로 "민주주의가 민주주의를 파괴시키지 않도록 만드는 유일한 방법은 '시민의 덕목'(Civic Virtue)에 있다"는 말이었다.

  지금 자유대한민국은 물에 빠졌다. 그러나 허우적거리지만 말고 바닥까지 완전히 내려가야 한다. 그리고 그 바닥을 힘차게 발로 차서 수면위로 다시 올라와야 한다. 토크빌이 우려했듯이, 대한민국은 인간의 덕목도 갖추지 못한 채, 왕보다도 더 큰 권한을 가진 (More Than King, Less Than Man) 유권자들로 가득 차있다. 많이 늦었지만 의식 있는 자유지식인들이 나서서, 지금부터라도 미래세대를 위한 '자유시민 교양교육'을 실질적으로, 또 구체적으로 시도해 나가야 할 것이다. 필자도 지난 20년 동안 대학 강단에서 이런 저런 노력을 하지 않은 것은 아니다. 그러나 이 모든 것이 찻잔 속 미풍에 그쳤다면, 이런 결과를 반성하지 않을 수 없다.

  전교조가 합법화되었다. 16개 시도교육감 중 대구 경북만 제외하고 14곳이 좌파 교육감들로 채워진 대한민국에서, 자유민주주의가 살아남을 수 있는 길은 이런 결과에 대한 자유지식인들의 깊은 반성과 성찰에서부터 시작되어야 할 것이다. (Mea Culpa, Mea Culpa, Mea Maxima Culpa...)

더자유일보, 2020년 9월 7일

文정권, 정말 한번도 경험 못한 새 인간형 만들려나?

**원자화된 이기적인 물질사회는 결국 무정부주의로 갈 수밖에!!
무정부주의와 전체주의는 일란성 쌍둥이!!!**

이렇게 대한민국이 안과 밖으로 난장판이 되어가고 있는데, 文 정권위정자들은 정말 꿈쩍도 안한다. 대한민국 헌법이 버젓이 시퍼렇게 눈을 뜨고 있는데, 이를 무시하고 상상을 초월하는 행정법을 비롯한 '하위 법'들을 남발해서, 대한민국 헌법 기능 자체를 폐기시키고 있다. 계속되는 文 대통령의 각별한 대북 애정표현과 '촛불을 든 평범한 사람들의 혁명'이란 아리송한 낭만주의적 '대국민호소'는 곧 바로 2년 전, 청와대 민정수석을 지냈던 조국의 반일 '죽창봉기'와 밀접하게 맞물려 있다.

◇ 무너지는 중산층과 기업들

대기업과 '중상층'(Upper-Middle Class)을 겨냥한 부동산정책과 세금폭탄정책으로 인해서, 정부여당이 노리는 계층보다 '중간층의 중산층'(Mid-Middle Class)과 '중하층'(Low Middle Class), 그리고 '서민층'(Low Class)들이 먼저 죽고 있다. 멀리 갈 것도 없이, 문민정부 당시에 대한민국에서 중산층이라고 생각하는 사람들이 60%정도 되었다. 그러나 지금 대한민국에서 자신이 중산층이라고 자신 있게 얘기하는 국민은 전체의 16% 정도에 그치고 있다. 거의 나라가 완전히 내려앉았다고 해도 과언이 아니다.

박근혜 前 대통령의 탄핵에 동조했던 '원죄' 때문인지, 국민의 힘이란 야당과 주요 언론들은 뭔가에 홀렸는지 도저히 제대로 된 代정권 견제력을 상실하고 있다. 그러니 이미 좌파관변단체들로 채워진 시민사회를 고려한다면, 현재 그 어떤 새로운 희망도 기대할 수 없는 처지가 되었다.

이미 3권을 다 장악한 文정권은 권력으로 시민저항을 누르고, 권력으로 공무원 충원이나 공기업채용을 확대해서 親정권 성향의 새로운 중산층을 형성하고 있다. 이미 자신들의 진영내의 인간만이 '사람'이고, '인민'이며, '국민'이 된지 오래다. 진영 밖 여벌의 대한민국 국민들은 인간으로서의 '의식과 감정'을 상실한 거저 '동물'이고 '사물'일 뿐이다.

얼마나 자신이 있으면, 야당인 '국민의 힘' 쪽에서 원하는 오스트리아 형 이원집정제로의 개헌도 전혀 언급하지 않고 있다. 이미 원자화되고 물질주의에 빠진 이 기적인 대한민국 국민들이 '무정부화'(Anarchism)로 흘러가는 상황을 제대로 읽고 있다. 이들은 마치 히틀러의 괴벨스처럼 한번도 경험하지 못한 새로운 인간과 사회를 만들기 위한 선전 선동으로 대한민국 제도권을 다 장악한 후에, 이제는 중공의 마오저둥식 인격숭배 단계에까지 들어가고 있는 것처럼 보인다.

이미 돈과 조직을 다 장악하고 있는 文정권은 앞으로 다가올 내년 서울, 부산 지방선거와 후 내년의 대통령선거에 대해서도 자신만만해 보인다. 권력을 이용한 포퓰리즘(Populism)으로, 그리고 상황에 따라 필요하다면 그 이상의 정치공학 및 조작으로, 분명히 차기정권도 자신들이 차지할 수 있다고 확신하고 있는 것 같다. 그러니 이번 정권에서 헌법 개정을 하지 않아도, 차기정권에서 더 많은 자기진영의 중산층과 기득권층을 확보한 후에, 천천히 그리고 확실하게 국민의 이름으로 대한민국 헌법을 폐지하고, 새로운 자신들의 입맛에 맞는 헌법을 새로 세우면 되는 것이다.

◇ 얼마든지 새로운 인간형을 만들어 낼 수 있다는 문 정권

아는 듯 모르는 듯, 이제 슬쩍 시간조차도 문정권위정자들의 소유물이 되었다 생각하니 소름이 돋는다. 로크(John Rocke)나 루소(Jean J. Rousseau) 등, 서구 계몽주의철학자들의 정치사상을 잘못 이해하면, 프랑스적 유물론으로 쉽게 빠져들어가게 된다. 인간의 이성으로 진리에 접근할 수 있으며, 인간의 이성적 의지는 자연을 초월해서 새로운 인간(New Man)을 만들 수 있다는 논리로 빠져들게 되는 것이다. 그러니까 계몽주의철학에서 초월적 존재를 인정하는 기독교사상을 제외시키면, 곧 바로 볼셰비키주의(Bolshevization)로 갈 수밖에 없다. 즉, 니버(Reinhold Niebuhr)의 말대로 '유한한 인간이 무한한 존재'가 되어버리는 것이다.

프랑스혁명이후 형성된 '국민공회'(Convention Nationale)는 브루조아출신으로 형성된 지롱드당 150여명, 급진 산악파 200여명과 온건 평원파 400여명으로 구성된 자코뱅당 600여명을 합쳐서, 총 749명으로 형성되어졌다. 그러나 곧 바로 마라(Jean Poul Marat), 당통(Georges Danton), 로베스피에르(Maximilien Robespierre)가 주축이 된 급진산악파가 국민공회를 독점하였다.

1792년 국민공회라는 의회수립이후, 2년 사이 마라가 평원파 당원인 코르테(Charlotte Corday)에게 1793년 살해되고, 급진정책에 회의를 품게 된 당통은 로베스피에르에게 반기를 들었다. 결국 1794년 4월에 당통이 단두대에서 처형되고, 3달 뒤인 7월에 테르미도르반동으로 로베스피에르도 단두대의 이슬로 사라지게 된다. 테르미도르반동의 원인은 로베스피에르의 공포정치보다는 경제문제가 더 컸다. 최고가격 법을 비롯한 경제적 통제로 인해서, 중산층과 무산층서민들이 완전한 빈곤층으로 몰락한 상황이 로베스피에르의 공포정치에 반기를 든 지롱드당과 자코뱅 급진산악파와의 '협력동인'이 되었던 것이다.

◇ 단 한명의 의식 있는 국회의원도 없는가!

　프랑스혁명 역사사례를 현재의 文정권에 반영해 보면, 과연 더불어민주당 내에서 대한민국 경제의 몰락상황에서 文정권에 반기를 들 수 있는 세력이 나올 수 있을 것인지 의문이다. 왜냐하면 현재까지는 완벽하게 여당은 청와대의 거수기노릇을 담당하고 있기 때문이다. '현대자유주의'(Modern Liberalism)의 창시자 밀(John Stuart Mill)은 '단 한명의 의식 있는 국회의원이 99명의 이익만 추구하는 국회의원들보다 훨씬 위대하다'고 강조했는데, 작금의 대한민국에는 그 한명, 또는 조금 나아가, 두, 세명 정도의 의식있는 국회의원조차도 제대로 보이지 않는다.

　지난 세월에 대한민국이 단 한번도 경험해 보지 못한 文정권은 주도면밀하게 자신들의 왕국을 건설할 새로운 인간형을 창출하고 있는데, 대한민국 내 자신들의 이익만 쫓는 배부른 돼지(Pigs)와 바보(Idiot)들은 배고픈 나훈아의 '테스 兄'(Socrates)보다도 못하다는 것을 알지 못하고, 또 알려고도 하지 않는다. 필자의 이런 논평이 위대한 산업국가인 대한민국과 그 주권자인 국민들을 너무 얕잡아보고, 지나치게 비현실적이며 부정적인 '허상'을 얘기하고 있는 것일까? 정말 그러기를, 과대망상의 필자가 틀렸기를 진정으로 바란다.

더자유일보, 2020년 10월 11일

대한민국은 지금
6.25 같은 내전 중!

열전이지만 너무도 조용한 전쟁, 그래서 더 무섭다!
자유, 평등, 인권 등 민주주의를 선과 악의 개념으로 이해하는 국민들!!
아무리 과거의 한이 남았더라도, 전라도사람들 정말 왜 이러나?

요즘 대한민국을 역사 속에서 지우려는 세력들이 정권을 잡고, 전혀 알아들을 수 없는, 그들만의 언사를 반복적으로 듣고 있자니, 하루라도 마음 편할 날이 없다. 인생살이에 분명한 정답이 없듯이, 인간사 만사도 때로는 권력의 논리로, 때로는 대중의 논리로, 그때그때서로 다른 정답을 만들어 나간다는 주장에 무작정 대항할 의사는 없다.

그러나 시대의 조류에 합치되는 사회적 합의로서의 정답이 무엇이 되었든지 간에, 반드시 반영되어야 할 몇 가지 기준점들이 있다. 이 기준점들을 무시하거나 넘어설 때는, 받아들이는 사람의 인지부조화로 인해, 분노가 치밀어 오르고 곧바로 결과에 저항하게 된다. 그 기준점으로 가장 잘 대변되는 것이 바로 '정의'다. 그리고 이런 정의를 정의하는데, 가장 핵심적인 단어가 바로 文정권 위정자들이 입만 열면 강조하는 '공정'이다.

미국 하버드대학 교수였던 존 롤스(John Rowls)는 그의 저서 '정의란 무엇인가?'에서 정의로 불려 질 수 있는 3가지 조건들을 소개하고 있다. 그는 첫째, 정의는 인간의 이성적 상식(Reasonable)에 맞아야 하고, 둘째, 인간이 처해있는 상황에 합당(Rationable)해야 하며, 셋째로, 정의의 실현과정이 공정(Fairness)해야 한다는 사실들을 강조하고 있다.

이 세 가지 기준점이 올바르게 적용될 경우, 인간은 설사 자신에게 이익이 되지 않거나, 자신의 주장과 배치될 경우에도, 나타난바 정의를 불편함 없이 그대로 수용하게 된다는 것이다. 그러나 이런 조건들을 하나라도 충족시키지 못하고, 일방적인 자기 자신만의 독단적인 정의를 주장하거나 강요할 경우, 대부분의 사람들은 이에 대해 분노하게 된다.

◇ 추미애 지지자들, 이성적 합리성 완전 배제

현재 추미애 법무장관의 말도 안되는 일방적인 논리에 분노하는 대한민국 국민들이 대다수다. 그럼에도 불구하고 추장관의 논리를 지지하는 '진영의 논리'에 빠진 자들도 상당수다. 추장관을 지지하는 세력들의 논리를 들어보면, 일단 이성적 합리성이 완전히 배제되어 있다. 이는 숲은 보지 않고 각각의 나무와 그 특성만 줄기차게 앵무새처럼 되풀이해서, 거듭 반복 학습시키는 일종의 '언어교란' 전략을 사용하고 있기 때문이다.

듣는 사람들에게 인지부조화를 불러일으키는 이런 행위는 어떻게 보면 상당히 단련된 훈련을 받지 않고는 진행되기가 힘들다. 왜냐하면 인간은 태생적으로 양심을 보유하고 있고, 그 양심의 기준이 자연법처럼 작용하기 때문에, 완전히 이치에 맞지 않는 논리는 스스로 양심의 자정과정을 거쳐서 절제되어지기 때문이다.

추장관을 옹호하는 '민변' 출신의 변호사들은 대부분 '조국수호연대'와 연관된 사람들이기도 하다. 또 이들은 과거 학생운동시절 이념논쟁을 그룹별로 나누어서, 선전, 선동전술에 활용하는 '교리학습활동'을 해왔다. 이들은 때로는 이슈로 이슈를 덮어버리는 연습, 작은 꼬투리로 대세를 무마시키는 연습, 거짓내용을 합리화시켜 반복적으로 학습시키는 연습 등을 통해, 그 어떤 상황에도 대응할 수 있는 자신들만의 억지논리를 구상하는 전략, 전술을 다 익혔다.

결국 이런 비합리적인 논리를 깨는 방법은 이를 듣는 청중 대다수의 지적 능력이 논리의 합당성과 합리성을 가름할 수 있어서, 결과적으로 다 같이 한 목소리로 이런 자들의 억지논리의 부당함을 '큰 소리'로 꾸짖을 수 있을 때 비로소 가능해진다. 그러나 불행하게도 현재의 대한민국사회와 국민들은 공동체가 함께 살아가는데, 물과 공기의 존재와도 같은, 체제이념인 '자유민주주의'를 제대로 잘 알지 못하고 있으며, 또 알려고도 하지 않고 있다. 그래서 한쪽에서 억지를 부리고 엉뚱한 소리를 하면, 아마도 생각이 달라서, 아니면 사고의 '패러다임'이 달라서 그럴 것이라고 지레 짐작하고, 그냥 내버려두는 경우가 다반사였다.

◇ 체제전복세력에 대한 국민들의 인식과 태도는 너무 허술

문 정권은 '적과 동지'로 진영을 나누고, 결국 시민사회를 통해 합법적으로 체제를 전복시켜, 자신들의 권력을 영구화하려 하고 있다. 또 이들은 전환된 체제에서 국민들에게 자신들이 만들어 낸 새로운 체제에 대한 '주권'을 강요하려고 작정했다. 이런 늑대의 무리들에게, 대한민국을 방어하기 위한 국민들의 인식과 태도는 너무도 허술하고 나약해 보인다. 물론 공산주의가 휩쓸었던 유라시아 대륙 맨 끝쪽에 위치한 한 동양의 소국에서 수백 년에 걸쳐서 서양 계몽주의철학자들이 연구해 왔던 자유민주주의 사상을, 그것도 어렵사리 수입해 온 사상을 제대로 활용하기란 결코 쉽지 않았을 것이다.

기실, 문명과 비문명을 개인이 국가의 주체가 되는 근대국가를 기준으로 삼고, 왕과 신민이 일치되는 전근대국가를 야만으로 규정한다면, 조선5백년의 전제군주정치에서, 36년간의 일본식민지를 경험했던 대한민국이 해방 이후에 자유민주주의를 바로 국시로 받아들이고, 자유민주주의를 이론적으로나, 현실적으로 체화하기란 거의 불가능해 보이는 어려운 과제였을 것이다.

그래서 자유, 민주, 인권 등 자유민주주의의 핵심어 자체를 대한민국 국민들은 보통명사화해서 일종의 '선과 악'의 구호적인 개념형태로 접근했다. 대부분의 국민들은 그들이 이해하지 못하는 추상명사로서의 '자유와 민주' 만큼이나, 개인의 가치를 내려놓고, 집단적 사고를 통한 사회주의적 속성에 그대로 머물러 있었다고 보인다. 그리고 이런 정향과 함께, 원한으로 찌들어 있는 전라도지역의 반대한민국적 특수성이 시간이 갈수록 확대되어 갔다. 그 결과가 작금의 문재인정권의 탄생과 함께, 이를 옹호하는 완전히 딴 세상 사람들과도 같은, 진영이념의 도그마에 빠진 주사파 위정자들의 등장이다. 그리고 이들이 내어놓는 얼토당토 않은 궤변들을 매일 매일 경험해야하는 기막힌 작금의 현실이다.

◇ 포퓰리즘이라는 마술피리

지켜내어야 할 체제이념에 대한 안일함과 물질주의에 빠진 획일적 평등사회가 지배하는 국가에서 '공덕심'을 가진 한명의 문명인 또는 한명의 시민이 만들어지기란 참으로 어렵다. 왜냐하면 평등사회에서 인간 본성에 집착하는 군중 또는 대중이란 존재는 언제든지 개인의 자유에 대한 관심보다는 평등한 사회에 맹목적으로 집중하기 때문이다.

개인의 자유가 희생되더라도 평등하지 않는 꼴은 결코 보지 못하겠다는 '이기적 옹심'이 모든 사람들에게 일반화되어 있는 것이다. 이런 사회에서는 남들과 비교해서 쉽게 상대적으로 느껴지는 시기, 질투, 증오, 욕망 등과 같은 부정적인 인간의 속성들을 떨쳐버리기가 너무도 힘들다. 자신의 자유가 구속되더라도, 남이 잘 되는 것은 배가 아파서 막아야 한다. 그 결과 억압과 폭정이 난무하더라도 평등한 세상을 만든다고 하면, 그냥 개인의 가치와 자존감을 포기하고, 무조건 포퓰리즘이라고 불리어지는 마술피리 소리를 따라가는 한심한 '우민'이 되어 버리는 것이다.

드디어 이명박 전대통령이 대법원에서 17년형을 최종선고 받고, 11월 2일부로 구치소에 재수감된다. 고령을 고려한다면, 아마도 이명박 전대통령은 감옥에서 '옥사'할 가능성이 높다. 이미 수감되어 있는 또 다른 박근혜 전대통령도 37년형을 받았으니, 현재의 나이를 고려한다면 그녀 또한 옥사할 가능성이 크다. 정말 해외토픽 감이다. 국제사회로부터 조롱받을 만한 '코미디' 같은 국내적 정치상황이 전개되고 있다.

◇ **궁지에 몰린 자유진영, 최후의 낙동강전선에서 육박전 중!**

이명박정권 당시 한겨레신문은 '베네주엘라의 위대함'이란 제목으로 수차례에 걸쳐서 베네주엘라 차베스대통령의 정치적 치적과 사회주의적 정책들을 시리즈물로 연재했던 바 있었다. 당시 이명박정권은 아마도 '왜 한 좌파신문이 이런 터무니없는 연재기사를 내 놓았는지', 그 이유를 꿈에도 생각하지 못했을 것이고, 내심 관심조차도 없었을 것이다. 얼마나 당시 좌파들이, 자신들이 구축해 놓은 진지전을 통한 '통합대오'에 도취되었으면, 좌파 신문이 그런 엉터리같은 사회주의를 자랑하는 연재기사를 내놓았는지, 이명박 정권은 그때 그렇게 소용돌이 쳤던 좌파내부의 혁명적 분위기를 파고들어서 대응했어야 했다.

이제 완전히 실존적 패러다임이 다른 두 진영이 대한민국에서 처절한 이념전쟁을 벌이고 있다. 서로 공존이 불가한 두 진영은, 겉으로는 잘 보이지 않지만, 70년 전 남북이 대립했던 한국전쟁과 같은 엄청난 '열전'(Hot War)을 벌이고 있다. 그리고 유감스럽게도 아직 대오가 형성되지 않은 채, 궁지에 몰린 자유진영은 마지막 '낙동강전선'에서 피와 살이 튀는 '최후의 육박전'을 치루고 있다.

더자유일보, 2020년 10월 30일

몽테스키외 삼권분립 알고는 있나!
하기야 닥치고 혁명 중!!

자유국가서 통치는 갈등의 연속, 그 속에 국민의 자유도 존재!
검찰의 정치적 중립, 상하문제가 아닌 통치의 기능분리 행위!!
권력기구가 정치적 중립을 보장받지 않으면
곧 바로 독재로 갈 수밖에 없다!!!

―――――

20세기 공산주의가 망한 요인을 한가지로 요약하면, 이는 '인간본성'(Human Nature)에 대한 '본질적인 이해가 결핍되어 있었기 때문이라고 볼 수 있다. 인간은 '이성'(Reason)과 '감성'(Passion)으로 이뤄진 존재이기 때문에, 과학에 기반을 둔 이성적 재단으로, 다시 말해 사회발전현상을 마치 수학방정식 풀이하듯이, 역사발전의 귀결사안으로 맞아 떨어지게 하려는 식의 의도 자체가 비현실적인 것이었다.

그러므로 유물론과 무신론에 입각한 공산주의자들은 인간의 이성과 감성이라는 상호 대립되는 관념 사이에, 인간의 '이익'(Interest) 개념을 넣어서, 통치형태를 풀어내었던, 프랑스 계몽주의철학자 몽테스키외(La Brede de Montesquieu)의 '법의 정신'을 절대로 이해할 수 없다. 몽테스키외가 주창한 소위 입법, 사법, 행정간 삼권분립의 의미에는 삼권의 기계적인 분할만을 강조하는 것이 아니라, 삼권사이에서도 인간이 보유하고 있는 '이성적인 이익'(Reasonable Interest) 개념과 '감성적인 이익'(Passionate Interest) 개념을 상호 존중해 줄 수 있는 제도적 장치로서의 철학적 인식이 내포되어 있다.

◇ 삼권분립은 권력의 '분할'이 아니고 '분리'를 의미

따라서 삼권분립은 기능의 완전한 '분할'(Separation)이 아니고, 상호 보완하고 협력할 수 있는 권력의 '분리'(Division) 정도로 이해되어져야 한다. 만약 삼권이 완전히 분할되어있어서 한쪽이 다른 쪽을 서로 넘보지 못하도록, 완벽하게 벽을 쳐서 견제를 해 댄다면, 삼권의 모든 기능은 곧 바로 멈춰서고 말 것이다. 그러니까 이들 삼권을 중심으로 하는 국가통치행위를 물 흐르듯이 자연스럽게 움직이게 만들어야 하는 것이 중요한데, 바로 그렇게 만드는 '힘의 원천'은 동시대의 국민적 의사가 그때그때 반영되는 '시민사회'로부터 나와야 하는 것이다.

국민들의 시대적 변화와 이들의 이익개념을 대변하는 자율적인 시민사회가 변화하면, 그 변화를 입법행위를 통해서 반영하고, 이를 행정부와 사법부가 협력해서 서로 타당한 '기능적 포지션'을 자동적으로 찾아 가게끔, 만들어야 하는 것이다. 그리고 특히 더 중요한 점은 삼권분립만이 권력의 기능적 분리를 강조하는 것이 아니라, 삼권 내에서도 각각의 하부구조에서 권력의 분할이 아닌, 권력의 기능적 분리가 존재하며, 이를 반드시 인정해야 한다는 사실이다.

행정부 내에서 소위 권력부처로 분리될 수 있는 국정원, 국방부, 감사원, 검찰 등은 행정부 내에서 임명권자인 대통령의 지휘, 감독을 받지만, '권력기능의 분리'

는 철저히 보장받고 있다. 왜냐하면 이들의 정치적 중립이 보장되지 않게 되면, 대통령이라는 국가최고 권력자가 자기 마음대로 국가를 통치하게 되는 독재의 결과를 도출하기 때문이다.

삼권이 분리되어 있고, 또 각 권력 하부구조의 기능이 분리되어 있는 이유는 바로 국민의 기본권이 침해당하지 않도록 하는 '헌법정신'에 기인한다. 국민의 기본권인 언론, 출판, 결사, 종교, 양심의 자유를 비롯한, '이동의 자유'(Freedom of Movement)가 보장되지 않는다면, 이야말로 바로 사회주의적 전체주의국가가 되어버리는 것이다.

매일같이 계속 이어지고 있는 추미애법무장관의 윤석열 검찰총장에 대한 겁박 과정에서, 윤총장의 '법무부장관과 검찰총장이 상하관계가 아니다'는 말처럼, 서로 행정부서 내에서 완전히 기능적으로 상호 분리되어 있다. 그러나 한 가지 안타까운 점은, '검찰의 정치적 중립이 국민의 기본권을 보호하는 헌법정신에 부응 한다'는 윤총장의 예기와 함께, 애초에 삼권분립과 그 하부구조의 기능들이 상호 견제와 균형을 취하도록 분리되어 있다는 '법의 정신'예기도 덧 붙여져야 했었다는 점이다.

◇ **권력에 취한 추미애법무장관의 무법천지**

그랬다면 정치적 중립의 중요성이라는 말과 함께, 윤총장이 더욱 완벽한 '법의 정신'을 이해하고 있다는 국민들의 찬사를 더욱 많이 받을 수 있었을 것이라는 마음에서 약간의 아쉬움이 남는다. 하기야 법의 정신이고 뭐고 다 필요 없고, 살아있는 권력을 수사하고 있는 윤총장을 잘라내는 데에만 급급해, 매일 궤변과 억측을 뿜어내고 있는 추장관과 마냥 권력에 취해서 국민을 겁박하고 대한민국을 열심히 파괴하고 있는 文정권위정자들에게 이런 고상한 예기는 정말 '소귀에 경 읽기'와도 같은 전혀 의미 없는 주장이 될 수밖에 없다.

'지식인의 아편'으로 유명한 프랑스철학자 레이몽 아롱(Raymond Aron)이 1977년 방한 한 후, 박정희대통령의 경제발전노력을 호평만 하고, 다른 정치적 자유와 인권 박해문제는 언급하지 않자, 한국의 좌파들은 입에 담을 수 없을 정도의 악평과 비난을 쏟아냈던 적이 있었다. 당시 아롱은 경제적 수준이 필연적으로 민주주의를 가져오기 때문에, 한국의 GDP가 5천 달러가 넘어서고, 중산층이 늘어나면, 반드시 민주주의로 가게 되어 있다고 봤기 때문에, 그런 과정에서의 박정희대통령 노력이 가상했기에, 다른 비평을 하지 않았다고 답변했던 바 있다.

◇ 레이몽 아롱, 한국의 정치가와 학생들 민주주의를 잘 몰라

그리고 1980년 3김씨로 대변되었던, 소위 '서울의 봄' 상황에 대해서도 아롱은 민주주의의 역사를 제대로 공부한 사람들은 민주화가 아주 오래 걸린다는 것을 아는데, 한국의 정치지도자와 학생들은 민주주의를 너무 쉽게 본다고 일갈하며, 한국 민주주의는 아직도 멀어도 한참 멀었다고 논평했던 바 있다. 아롱의 지적대로 한국은 소위 문민정권시대를 연 이후, 박근혜정권에서 1인당 GDP 3만 달러와 인구 5천만명이 넘는 세계 7번째의 선진대열에 들어갔지만, 작금의 文정권하에서 정치는 기가 막히게도 조지 오웰(George Orwell)의 저서 '1984' 식의 전체주의적 인민독재로 흘러가고 있다.

'사회주의는 소외되고 자격지심으로 가득 찬 당대의 지식인들을 곧 잘 유혹 한다'는 아롱의 말이 무색할 정도로, 대한민국은 운동권출신의 586세대로의 기득권전환이 완전히 이루어졌으며, 이들의 무능과 무지에 입각한 '몽상적 혁명의지'는 건국 72년 동안 피와 땀으로 쌓아올린 대한민국의 기적을 완전히 파괴하고 있다.

과거 1968년 프랑스좌파혁명을 주도했던 사회주의자들은 70년대 후반에 자신들이 틀렸다는 것을 분명히 알고 난후에, '거침없고, 활기차고, 열성적인 사르트르(Jean-Paul Sartre)와 함께 틀리는 것이, 침울하고 완고한 아롱과 맞는 것보다 훨씬 좋다'라는 궤변을 남겼던바 있다.

  그래도 프랑스좌파사회는 <존재와 무>의 저자이며, 실존주의의 거두였던 사르트르라는 '최상의 아름다운 사기꾼'이라도 있었지만, '탐욕'과 '무지'의 악령들로 들끓고 있는 대한민국은 그 끝이 어떻게 될지, 정말 앞이 보이지 않는다. 자신들의 대한민국 파괴악행이 덧없는 '한편의 정치드라마'로 끝난 후에, 이들은 과연 어떤 말을 역사에 남길 수 있을까? 그들의 말로가 몹시 궁금하다.

더자유일보, 2020년 11월 7일

문재인의 침묵, 선택적?
아니다, 애초에 그런 것 없다!

못살겠다는 아우성속에 '사람이 먼저'라던 '그 사람' 어디로 갔나?
'대깨문' 변하지 않는 사람들, 문재인 신격화는 여전히 진행 중!!

대한민국 사방에서 못살겠다는 분노의 비명소리가 터져 나오고 있는데, 침묵해 오던, 대한민국 '국민 1호'여야 할, 대통령이란 자는 돌연 '연가'를 신청하고 휴가를 갔다. 그것도 북한의 연평도포격 10주년으로 당시 포탄으로 숨진 대한민국 국민들의 위령제가 열리는 날에, 아무런 언급도 없이 그냥 슬그머니 갔다.

'전세대란', 치솟는 부동산가격, 추미애법무장관의 만행, 수사로 이어진 감사원 원전감사결과, 새로 등장한 가덕도 신 공항문제, 등등 하루가 멀다 하고, 대한민국을 뒤 흔드는 거대한 '민생'과 '사회문제'들을 대통령은 해결할 의사가 전혀 없다. 그저 참모들이 시키는 대로 열심히 A4용지만을 읽을 뿐이고, 10여일에 걸친 아세안, APEC, G20 정상간'화상회의'를 통해, 참모들이 적어준대로, 멋 적은 국제적인 내로남불, 자화자찬을 늘여놓다가, 그로인한 누적된 피로감으로 휴가를 갔단다.

이미 대한민국에는 대통령이 없다는 소리가 나온 지 오래고, 무능하고 양심부재의 '정치 쇼'만 참관한다는 안과 밖의 비평을 넘어서, 이제는 원래 그 사람 '바보'였다는 소리까지 나온다. 기실, 한 근대주권국가에서 국민이 뽑은 대통령의 '권위'가 이렇게 땅에 떨어지고, 지독한 조롱을 받을 경우에야말로, 국가위기가 닥치거나, 일종의 '국란'이 임박하다는 암시를 받는 것은, 동서고금을 불문하고, 역사적 사례들을 통해 여실히 증명되었던 바 크다. 아니나 다를까! 지금 대한민국은 정말 백척간두, 절대 절명의 위기에 처해 있다.

◇ 文이 존경하는 사상가 신영복의 아리송한 좌익 이념철학들

문재인 대통령이 평창동계올림픽 내, 외빈 환영 연설에서 '존경하는 사상가'라고 말한 신영복은 1963년 서울대 경제학과를 졸업하고 숙명여대와 육군사관학교에서 강사로 활동하다가 1968년 평양의 직접 지휘를 받는 간첩단인 '통일혁명당' 핵심간부인 것이 들통 나서, 20년 중형을 살고 나온 사람이다. '사람이 먼저다'라는 구호는 대한민국의 사회주의화를 꿈꾸었던 신영복이란 좌파이론가로부터 유래했다. 그리고 문재인이라는 정치가가 2012년 총선과 대선을 치루기 위해 정치판에 등장할 때부터, 이 용어는 자신의 '트레이드마크'가 되었다.

자신의 입으로 좌파이론가 신영복을 가장 존경한다고 밝혀온 정치인 문재인은 항상 '사람이 먼저다', 즉 '사람중심의 세상'을 만들자고 강조했다. 아무것도 모르는 대한민국 국민들은 그저 어수룩하게, 사람 좋게 생긴 한 사람이, 입만 열면 '사람'이 중요하다고 하니, 별 생각 없이 믿음이 갔었고, 또 그렇게 선한 사람같이 생긴 대로 알아서 잘 할 줄 알았다.

그래서 이런 사람이 눈을 부라리면서 "한번도 경험하지 못한 사람중심의 세상을 만든다"고 하니, 더러 의식 있는 식자들까지도 한편으로 대한민국의 '사회주의화'를 걱정하면서, 그래도 설마, 설마하며, 슬쩍 그의 손을 들어주었다. 또 상당수의 의식 없는 대한민국 국민들은, 하도 믿어달라고 찡찡대니, 오냐, 그래 한번 해봐라, 민주주의가 다 그런 것 아닌가! 라며, 압도적으로 그를 지지했고, 그렇게 어수룩한 사람이 대통령까지 되었다.

그러나 집권 3년8개월이 지난 이제, 대한민국 국민들은 그가 완전히 국민을 속인 것을 알게 되었고, 반면에 주사파가 이끄는 문 정권은 마치 대한민국을 철저히 파괴해서, 새로 건설되는 자신들이 주도하는 '통합된 남북연합체'에서, 국가건설을 다시 해야 한다고, 찍어준 유권자들에게 눈길한번 안주면서, 일사천리로 나아가고 있다.

그동안 문정권이 내놓았던 아리송한 어록들을 재구성해 보면, 제일먼저 터져 나온 것이 한 몸이 되는 유기체로서, 한 민족끼리 생과 사를 함께 해야 한다는 '남북한 생명공동체'였다. 또 박근혜정권의 탄핵을 주도하는 광장의 촛불혁명을 강조하며, 내놓은 어록은 의회민주주의와 입헌민주주의를 부정하는, 진정 단어자체도 생경한, '주권자민주주의'와 '좀비민주주의'였다.

◇ 주권자민주주의, 좀비민주주의, 생성권력의 의미

이는 촛불혁명에 참여하는 국민만이 진정한 주권자이며, 촛불을 부정하거나 대한민국 헌법을 따르는 나머지 국민들은 미국이라는 제국주의가 만들어 놓은 서양제도를 따르는 의식 없는 '좀비'라고 규정한 것이다. 그 다음에 이들이 내놓은 또 다른 생경한 단어는 바로 '생성적 권력'을 바탕으로 모든 국민들의 '삶을 책임지는 국가'를 건설하자는 말이었다.

생성적 권력은, 민주적 절차를 통해, 주권자인 국민들이 직접 자신들을 선택했기 때문에, 이를 명분으로 임기, 권력분할, 법치, 자유, 다수정당제, 지방자치, 등등 자유민주주의의 기본 가치들이 모두 묵살되는 초헌법적 권력행사가 가능하다는 것을 의미하는 것이었다. 다시 말해, 이는 공산주의자 레닌이 말했던 '민주집중제'(Democratic Centralization)를 의미하는 것으로, 이를 통해 결국 정치적으로는 전체주의, 경제적으로는 사회주의국가를 만들어, 국가가 모든 소속 인민들을 '배급제'를 통해서 '삶'을 책임져 주겠다는 선언이었다.

정치인 문재인이 가장 존경한다는 좌파사상가 신영복의 아리송한 우화에 나오는 '온달장군과 평강공주'의 예기는 '민족의 영웅'으로서 나타나는 '미륵불'을 상징하는 것이며, '더불어 숲'과 '나무', 그리고 '토끼와 거북이'의 우화는 시장을 부정하고, 더불어 사는 민중이 중심이 되는, 사회주의로의 로드 맵을 간접적으로 노정한 것이다.

듣기에는 거저 달콤하고 낭만적인 예쁜 이야기들인데, 그 속에는 정말 무서운 사회주의로의 음모가 숨어 있다. 예를 들어서 더불어 숲의 '뿌리 깊은 큰 나무'에서 민중의 큰 뿌리가 장대하면, 계속 그 열매를 수확해 나누어 먹을 수 있다는데, 이는 새빨간 '거짓말'이다. 국민의 세금이라는 하늘로부터의 비가 내려야 뿌리가 사는데, 이 말은 절대 언급도 하지 않고, 계속 나누어주는 좋은 예기만 한다. 그러니 끝내 마른 수건 짜듯이 세금을 짜내면, 기업과 산업은 생존할 수가 없게 되고, 자연히 국가통제하의 사회주의로 갈 수밖에 없는 처지가 슬그머니 되는 것이다.

◇ '사람중심'의 세계는 북한 헌법의 중심 내용

북한헌법 제3조에 북한은 '사람중심의 세계'라는 말이 있고, 제8조에는 북한이 '사람중심의 사회제도'라는 말을 사용하고 있다. 그러니까 '통혁당' 사건으로 장기복역했던 신영복이라는 좌파사상가가 강조했던 사람 사는 세상의 '근원'이 어디에 있는 가하는 점과 사람이 먼저다고 외친 문재인의 트레이드마크가 어디에 기인하는 가하는 점은, 북한을 마치 종주국처럼 대하는 文 정권 주사파들의 언행으로 인해, 이제 백일하에 드러났다고 볼 수 있다.

북한에 가서 남쪽대통령을 자청했듯이, 문대통령은 대한민국 국민, 시민, 양심을 가진 인간의 대통령이 아니라 인민, 민중, 그리고 사회주의를 추구하는 사람들의 대통령인 것이다. 그러니 대한민국 국민들의 못살겠다는 아우성은 그저 무시해도 될, 생명체가 아닌 '사물들의 바람소리'에 불과하다. 그래서 북한체제처럼 문재인을 '영웅화'하고, '신격화' 하기 위해서는 '폼 나는 일'에만 등장시키고, 인민과 민중의 아픔에 '악어의 눈물'을 흘리는 선한 '어버이수령'의 모습만 보이면 되는 것이다. 그러니 '문재인의 침묵'같은 것은 애초에 없고, 다만 의미 없는 '사물'들이 하는 '희망의 사고'(Wishful Thinking)일 뿐이다.

이미 정해진 기획에 따라 권력을 장악한 문정권은 향후 그 어떤 정치공작도 가능하다. 이슈로 이슈를 덥고, 포퓰리즘으로 눈을 가리고, 이런 저런 정치 쇼를 벌여서, 자신들의 핵심 '뱅가드'(Vanguard)를 제외한 진영 밖의 대한민국 '사물'들을 계속 현혹할 것이다. 그러니 이제 이들이 초조해서 이상한 짓거리를 더 많이 한다든지, 이제는 문정권의 끝이 보인다든지 하는, 어설픈 가정들은 하지 말아야 한다. 지난 4.15선거와 미국대선에서 보듯이, 얼마든지 이들은 '선거'까지 '조작' 할 수 있다. 그리고 더 중요한 사실은 아직까지 위기감을 느끼지 않고 있는 이들이, 진정 위기감을 느낄 경우 드러낼 발톱은, 아직까지 드러내지 않고, 감추고 있다는 무서운 사실이다. 지난 3년 세월 속에 광화문광장을 지켰던 수많은 자유애국시민들의 노고는 말로 형언할 수 없을 것이다. 그러나 코로나사태와 문정권의 집요한 탄압으로, 이제 현실적으로 많이 지쳤을 수도 있을 것이다. 그래도 마지막 힘을 내야 한다.

대한민국 '기적의 역사'에는 '공짜'가 없었다. 독재 권력의 말기는 항상 자유시민들의 희생으로, 과거보다 더 좋은 대한민국을 만들어 왔다. 향후 그 어떤 상상하기 어려운 안과 밖의 위기가 닥쳐올지 정확하게 예상하기는 힘들지만, 마지막 낙동강전투는 정말 불가피하다. 자유대한민국을 지키기 위해 다시 한번 힘을 낼, 자유애국시민들의 마지막 후회 없는 '삶'에 무한한 경의를 표하고 싶다.

더자유일보, 2020년 11월 24일

중국 본색, 주사파 본색, 그리고 백치들

아시아적 조공질서와 천하질서 의식, 문명과 인류보편가치의 부정!
겁먹고 후환이 두려운 얼치기지도자, 결국 종말로 갈 수 밖에 없다!!

흔히 봉건제라 하면 '장원'이라는 영지를 매개로 '주군'과 '봉신' 사이에서의 '의무계약' 관계를 일컫는다. 그러나 말이 의무계약관계이지, 그야말로 자유인으로서의 '기사'와 '사무라이'는 자신의 목숨과도 같은 '언약의 명예'를 위해 기꺼이 '주군'을 위해 목숨을 바친다. 봉건제의 '계약'과 '의무관계'는 특히 중국식의 과도한 중앙집권적 관료제도와는 극도로 대비된다. 농경사회인 중국은 특별하게도 북방 유목민들의 거듭되는 침략으로 수시로 정복당했지만, 결국 지배층인 유목민족들이 중국식으로 동화되는 이상한 힘을 지녔다.

한족이라는 '신화적 종족'을 먼저 내세우는 중국인들은 모든 우주만물의 근원이 어디에 있는 지에는 관심이 없다. 단지 중국이라는 땅덩어리 내에서 무엇이든지 동화되고 조화된다는, 중국 중심의 세상통치 관념, 즉 천하질서의 근거 없는 원칙들을, 하늘의 별만큼이나 많이 만들어 내었고, 또 이를 스스로 믿고 있다. 서양에서는 존재하지 않았던 중국의 '조공질서'는 주변국들을 '속국 화' 하는데 기여했고, 특히 조선 5백년역사는 중국의 천하질서, 즉 중화주의를 기꺼이 따르는 '소중화주의'로, 그래서 나름 다른 속국들보다 뛰어난, 중국의 노예국가들 중에, 최상의 '표본국가'가 되고자 노력했다.

◇ '계약'을 이해 못한 중국과 조선사회, 위선, 기만, 사기 넘쳐나

중국과 조선에서는 봉건제가 존재하지 않았다. 반역에 대한 '종족 멸족'이라는 공포와 강력한 중앙집권제도는 그 어떤 지방의 토호세력도 성장할 수 없도록 만들었다. 하늘로부터 직접 통치권위를 위임받은 중국황제는 '인신'과도 같은 절대적인 전제정치를 폈으며, 조선의 '왕'은 그저 속국의 일개 왕이었다.

동서양 역사에서 크게 차별되는, 천하질서 속 한 야만의 징표는 '인신'을 위해 황궁에서 봉사하는 수많은 남정네들 '부랄'을 까서, '중성화' 시켰다는 사실이다. 이들 남정네가 경험한 기막힌 가치박탈과 현실에 대한 증오심은 소위 '내시'들로 인한 기막히게 교활한 '권력투쟁의 역사'를 만들어 내기도 했다.

그 외에 인륜을 저버린 중국역사 속 수많은 야만의 징표들은 '선과 악'이 구분되지 않는 '생존과 처세'라는 미명아래, 중국적인 기정사실들로 각인되고, 때로는 '신화'화 되어, 현재까지 중국인들의 '문화적 습속'과 함께 잔존하고 있다. 광활한 대지위에서 말달리는 '유목민'은 인간으로서의 자신에 대한 자각과 그 눈앞에 비친 푸른 하늘 속 '신'과 교감한다. 그래서 그들의 '유일신' 사상이 발현되었고, 자신과 신과의 '일대일' 관계는 절대자에게 직접 복종하는, 신의 양심을 가진 인간의 초월적 믿음으로 승화되었다. 이는 절대자 신과 신이 부여한 진리로서의 양심에

대한 인간의 절대적인 믿음과 복종을 의미한다.

반면, 농경사회는 눈앞에 보여 지는 모든 사물들을 '신앙의 기원'으로 삼고, 신기루 같은 가상현실들을 만들었다. 이들이 만든, 사실이 아닌 세상은 토템이즘, 샤머니즘, 신화와 전설 등으로 남았고, 그 속에서 벌어지는 '약육강식'의 권력투쟁은 밑도 끝도 없는 사기, 기만, 위선 등, 생존을 위한 치열한 '권모술수'들을 자연스럽게 번식시켰다. 이런 일종의 용광로와도 같은 중국의 역사는 근대이후 공산주의라는 '새로운 갑옷'까지 입게 되었다. 근본부터 처세술이라는 명분으로 교활하기 짝이 없는 중국식 권모술수는 마르크스와 레닌이 울고 갈 정도로, 기만과 위선으로 가득 찬 모사꾼들의 '처세장'을 만들어 내었다.

변종 마오이즘은 이렇게 마르크스-레닌이즘이라는 사회주의 또는 공산주의이론도 '중국 화'시키는데 성공했다. 기만술로 서방을 유혹한 이후에, 이제는 수단과 방법을 가리지 않고, 서방의 앞선 제도를 이용해서, 서방을 무력화시키는데, 인간의 경지를 넘어서는 사악하고 교활한 수법들을 지금까지 모두 보여주고 있다. 그래서 소위 근대국가의 보편적 가치를 '문명'이라고 설정했던 서방과 일본은 당황하지 않을 수 없었다. 인류 보편적 가치를 져버리는 야만적 묘략 속에서 그 어떤 명예도 찾아 볼 수 없는 중국의 과도한 위선, 기만, 사기술책은 국제사회가 더 이상 포용할 수 없는 최악의 '마지노선'을 완전히 넘어버렸기 때문이다.

◇ **사회주의 변종 '마오이즘' 과 이를 계승한 '종북 주사파'**

한국의 주사파 위정자들은 이런 중국을 흠모하고, 마치 시계를 거꾸로 돌려 중국의 천하질서 속으로 자발적으로 들어가려 하고 있다. 소중화주의를 통해, 중국의 속국들 중 으뜸이 되려했던, 조선 위정자들의 '반상의 정치'를 21세기에 다시 구현하려고 하고 있다. 이들은 중국이 보여주고 있는 위선, 기만, 사기, 모략과 같은 권모술수를 그대로 답습하고자 하며, 변종 마오이즘까지 자신들 이념의 골수에 새겼다. 이를 기반으로 이들은 21세기 산업국가로 성장한 대한민국을 놓고, 중국의 사회문화적 습속과 법체계를 그대로 모방함으로써, 기꺼이 중국의 천하질서 속으로 빨려들어 가도록 만들고 있다.

결국 이런 주사파 위정자들의 언사는 북한의 김정은에게도 큰 혼란을 주었다. 이는 미국과의 전쟁 중, 중국으로부터 도움은 받았지만, 1975년 베트남통일이후 중국의 간섭이 지나치자, 중국과도 전쟁까지 치루면서 최종승리를 유도해 내었던 호치민의 베트남 민족주의와는 너무도 다른, 주사파 위정자들 특유의 민족주의관념을 갖고 있기 때문이다.

입만 열면 종북, 친북발언들을 해대며, 북한정권을 위하는 듯하지만, 주사파 위정자들이 '복심'으로 갖고 있는 생각이 과연 종북이 아니라, 종중이 아닌지, 결과적으로 통일된 한반도 전체를 중국에게 그냥 상납하려는 것은 아닌지, 그래서 이들에 대한 김정은의 심사는 상당히 헷갈리고 있다고 봐야 한다. 하기야 주사파 위정자들의 언사 속에서 신의, 신뢰, 명예 등과 같은, 그들이 비아냥거리는 '순진한' 내용들은 결코 찾아볼 수 없다. 끝도 없는 사기와 기만 속에서, 자신들의 목적만을 추구하다보니까, 이제 국제사회도, 심지어 중국과 북한조차도, 이들을 신뢰하지 않게 되었다.

결국 '국가 통치'라는 위중한 업무를 감당해 낼 자격이 갖춰지지 않는, '백치'에 가까운 미물들이, 자신들의 본모습을 가리기 위해서 위선과 기만, 사기와 거짓으로 지금까지 일관해 왔다고 봐도 틀리지 않았다고 사려 된다. 그러니 이렇게 과다하게 누적된 국가 통치의 헛발질 속에서, 이들의 종말도 생각보다 훨씬 앞당겨 질 수도 있겠다고 보여 진다. 지금 대한민국 국민들의 관심은 한곳으로 쏠리고 있다. 지난 3년 6개월 동안 형식적인 '내로남불'과 어색한 '자화자찬'으로 일관해 오던 문재인대통령이 드디어 윤석열-추미애 사건에 대해 다물고 있었던 입을 열었기 때문이다.

지난 몇 달에 걸친 윤-추간 상호공방 속에서, 진정 입 속에서 썩은 단내가 날 정도로 입을 굳게 다물고 있던 문대통령이 드디어 입을 열고, 언급했던 짤막한 한마디는, 윤석열에 대한 징계위원회가 '절차적 정당성'을 갖추어야 한다는 생뚱맞은 어색한 표현이었다.

도스토옙스키의 소설 '백치'에 주인공으로 나오는 우유부단한 '미쉬킨공작'은 비교조차도 안 될 정도로, 심장이 오그라들어서 겁먹고, 비겁한 모습을 보여주는 일국의 대통령을 보면서, 극도의 희열과 비통함이 교차하는 아이러니한 감정을 느끼게 된다. 인생을 논할 수 없을 정도로 이념의 도그마에 빠진 좀 모자라는 주사파 위정자들은 기왕 이렇게 된 바에야 문대통령이 일관되게 윤석열을 경질하는 강경책으로 나와야 한다고 계속 주장하고 있다.

◇ 집권 후 안위가 걱정되는 '내로남불'의 무능한 대통령

그런데 어딘가 어리석하고, 좀 모자라게 순진해 보이는 문대통령은 '집권이후'의 안위가 몹시도 걱정되었는지, 지금까지 그 자신만만했던 '내로남불'의 다양한 얼굴들은 어딘가에 던져버리고, 불상하게, 처량하게 꽁지를 내리는 시늉만을 하고 있다. 처음 보는 낯 설은 광경, 그렇다고 결코 미덥지도 않지만, 문대통령은 눈을 가린 경주마와 같은 주사파 위정자들하고는 다른 계파의, 다른 이념을 갖고 있는, 지금까지 채 상상하지 못했던, 그런 새로운 종류의 인간인가? 하는 느낌도 든다.

그러나 한 가지 충고하고 싶은 것은 능력미달의 통치자야말로 살기위해서는 '권력의 공포'로 통치하거나, 아니면 철저하게 '인기영합주의'(Populism)에 의존하거나, 분명하게 둘 중의 하나를 선택해야 한다는 사실이다. 적절히 그때그때 대중의

사랑을 받기위해, 또는 당면한 위기를 모면하기 위해, 이것도 저것도 아닌 어정쩡한 자세를 취했다가는 바로 '국민' 또는 '대중'이라는 '호랑이의 등'에서 떨어져 죽고 만다.

앞으로 어떻게 할 것인지, 대한민국의 운명이 걸린 흥미로운 관전 포인트들과 이어질 행위결과물들은 이미 문대통령 본인도 잘 모르는 사이에 '종말'을 향해 차곡차곡 형성되어 가고 있다.

더자유일보, 2020년 12월 7일

文, 하늘이 내린 무능함

**무능해 연설 못하는 '민주팔이' 대통령, 다 된 밥에 코 빠뜨리는 중!
역사의 신, 기회는 '평등'하고, 과정은 '공정'해, 결국 '정의' 실현시켜!!
대중연설도 못하면서 어떻게 '권력'을 '인이' 마음대로 '해방' 시키나!!!
'문빠'로 정권연장하려고, 젖 먹던 힘까지 다 내는 문추 남매!**

인류의 장엄한 역사 속에서, 소위 지도자의 '자질'과 '표상'을 정의했던 사례들은 밤하늘의 별만큼이나 차고 넘친다. 먼저 스파르타와의 1차 펠로폰네소스전쟁을 승리로 이끌어내었던 아테네의 지도자 '페리클레스'(Pericles)가 보여준 지혜, 청렴, 용기, 웅변술 등과 같은 지도자 덕목, 그리고 '철인정치'를 강구했던, '플라톤'(Plato)의 지혜, 용기, 절제에 내재되어 있는 지도자의 덕목, 등을 쉽게 찾아 볼 수 있다.

근대국가 탄생이후 정치의 중요성을 강조하며, 정치지도자의 덕목을 가장 현실적으로 완벽하게 정리한 학자는 아마도 베버(Max Weber)일 것이다. 베버는 '정치에 의한 삶'과 '정치를 위한 삶'을 분명히 구분했으며, '직업'으로서의 정치와 '소명'으로서의 정치를 통찰력 있게 규정했다.

베버는 정당, 의회, 정부 모든 분야에서 지독하게 관료화되는 독일정치에 크게 환멸을 느꼈다. 그래서 그는 세습을 통한 전통적 방법이든지 아니면, 선거를 통한 합법적 방법이든 간에, 기존 질서를 지배하는 모든 법칙들을 넘어서고, 돌파해 내는 '창조적 능력'을 지닌 '카리스마(Charisma)형' 지도자의 중요성을 강조하게 된다.

베버는 지도자의 덕목으로 열정, 책임감, 통찰력을 강조한다. 이는 투철한 사상과 이념을 가진 '가치추구'형 지도자는 헌신적으로 자신의 인생을 정치에 투신할 수 있다. 그리고 '책임윤리'와 '심정윤리' 사이에서의 대립이 아닌, 둘 사이의 적절한 결합을 가능하게 만들 수 있어야 한다는 사실에 비중을 크게 두고 있다. '빵'은 두 개로 나누어도 '빵'으로서의 '본질'이 바뀌지 않는다. 하지만 솔로몬의 법정에 나온 '아이'는 둘로 나눌 때, '생명'이라는 본질을 잃어버리게 된다. 이 사실은, 얼마나 획일적인 '도덕관념'이 정치를 '파괴' 할 수 있는지를 잘 설명한다.

◇ 통찰력, 난세일수록 지도자의 가장 큰 덕목

마지막으로 지도자는 당면한 상황과 문제들을 객관화하는 이성적 판단력과 문제의 본질을 꿰뚫어보는 '통찰력'을 가져야 한다는 것이다. 특히 '난세'일수록, 통찰력이야말로 국민의 신뢰와 헌신을 요구할 수 있는 카리스마 형 지도자의 가장 큰 덕목이 아닐 수 없다.

'방어적 민주주의'와 '신대통령제' 등으로 잘 알려진 헌법학자 뢰벤슈타인(Karl Loewenstein)은 국민들로부터 가장 많은 신뢰와 헌신을 받은 카리스마 형 대통령으로 프랑스 드골(Charles de Gaulle) 대통령을 들고 있다. 그는 드골이야말로, 국민들의 환호 속에서 합법적인 투표를 통해 선출되었으며, '시저(Caesar)주의'적인 카리스마 형 지도력과 통찰력을 보였던 인물이라고 평가하고 있다.

만약 베버 또는 뢰벤슈타인적인 관점에서 대한민국 건국대통령 이승만의 카리스마와 통찰력을 평가했을 경우, 아마도 충분히 드골대통령 못지않은 좋은 평가를 받고도 남음이 있었을 것이다. 크게 아쉬움이 남는다. 또 만약 당면한 작금의 지정학적인 참혹한 현실과 국내적인 사회주의자들의 도전을 넘어서, 자유대한민국이, 건국대통령 이승만이 애초에 소망했던, 아시아에서 선도적인 자유민주주의국가로 나설 수 있다면, 이승만 건국대통령의 지도력은 지금과는 압도적으로 다른 평가를 받을 것이다.

지금까지 '카리스마 형' 지도자의 '순기능'적인 면모만을 서술했다. 그러나 정치 자체가 권력과 동일어로 사용될 수 있고, 권력은 국민들을 강제할 수 있는 권한을 부여받기 때문에, 근대역사에서 카리스마 형 지도력을 가진 악령에 가까운 '악당'들도 너무 많다는 사실을 함께 강조하지 않을 수 없다.

◇ 히틀러, 무솔리니, 마오쩌뚱, 김일성 등, 악당들 카리스마 원천은 "웅변력"

히틀러, 무솔리니, 마오저뚱, 스탈린, 김일성 등등 이들은 대부분 정책실패, 내전, 대외전쟁 등으로 수많은 자국국민들을 희생시키거나, 인류전체에 막대한 '과오'를 저지른 지도자들이다. 그리고 이 악당들이 누렸던 카리스마 형 지도력의 '원천'은 바로 그들이 보유했던 탁월한 '선동력'과 '웅변력'이었다. 이 악당들은 말도 안 되는 상황논리와 기만과 사기로 얼버무린, 터무니없는 미래에 대한 청사진을 내놓으면서, 국민들을 우롱했다. 하지만 그들의 탁월한 대중 선동력과 웅변력은 '우민'이라는 쥐떼들을 강물 속으로 뛰어들어, 죽게 만드는 '마술피리'와도 같은 역할을 했다.

지금 대한민국은 과거에 전혀 존재하지 않았던 '전체주의사회'를 경험하고 있다. 아마도 21세기가 경험하고 있는 엄청난 정보통신의 발전으로, '권력의 소유' 가능성이 그 어느 때보다도 높아졌다. 특히 일당체제의 공산주의국가 또는 '대통령'을 정점으로 하는 일인독재의 독재국가들에서, '전체주의'가 창궐하기 쉽게 되어버렸다. 소위 '디지털전체주의'의 형태로써, 일단 합법적이든지, 비합법적이든지 간에, 권력을 장악한 이상, 무엇이든지 기획한대로 실행할 수 있다고 믿는, '일인 독재자'들이 점점 늘어나고 있는 것이다.

이미 문재인 대통령은 권력을 '사유화'한지 오래되었다. 그는 3권을 모두 장악한 채, 시민사회에 대해 전체주의적 독재를 행사하고 있다. 또 현재 소위 '친문세력'이라는 자기세력의 '정권연장'을 위해, 온갖 기상천외한 법적용을 해대고 있다. 국민과 여론은 안중에 없다. 반대세력을 겁박하면서, 시쳇말로 '젖 먹던 힘'까지 다 내고 있는 것 같다.

◇ **A4용지 없으면 한마디 말도 못하는 소심하고 무능한 대통령**

그러나 자유대한민국을 아끼고 사랑하는 선열들의 '기도'와 역사의 신이 주도하는 '정의'가 문대통령에게 가장 취약한 '약점'을 점점 더 크게 부각시키고 있다. 그것은 지금까지 지도자의 덕목으로 일괄되게 강조해 왔던 '통찰력'과 '웅변력'이다. 아무리 권력을 장악한 채, 국민들을 힘으로 누른다고 해도, 대한민국 국민들이 지난 73년 동안 자유민주주의체제하에서 살아왔다는 사실을 부정할 수 없다. 또 아무리 국민들이 우매하고, 사적 이재에만 몰입한다고 하더라도, 지난 세월 속에 '습속'으로 남겨진 '자유'에 대한 갈망은 여전히 크다.

대한민국 국민들을 '고통의 도가니'로 몰아넣는 문정권의 무능과 체제전복을 위한 사기극에 대해서, 대한민국 국민들은 이제 좌와 우를 떠나서 문대통령에게 '왜 이렇게 되었나?'고 묻고 있다. 그래서 문대통령은 싫거나 좋거나, 내용이 사기거나 거짓말이든 간에, 이제 국민 앞에 나서서 '답'을 해야 한다.

그러나 비서가 적어주는 A4용지만을 눈앞에 대고 읽어대는 소심하고 무능한 대통령은 이제 겁이 나서 대중 앞에 나설 수가 없다. 이렇게 저렇게 입만 열면, 위선과 기만, 거짓과 사기로 여기까지 오기는 왔다. 하지만 카리스마가 없는 얼치기혁명가인 문대통령은 시쳇말로 '한방'이 없다.

문대통령을 만들었던 얼치기 주사파 위정자들은 그래서 너무도 아쉽고 억울하다. 역사의 신은 '평등'하고, '공정'해서, 결국 그 결과가 '정의'로울 수밖에 없다. 왜냐하면 소심하고 무능하며, 썩은 단내가 날 정도로 입을 닫고 있는 얼치기혁명가이자, 21세기 '대중정치가'인 문대통령이 지금 다 된밥에 스스로 코를 빠뜨리고 있기 때문이다.

더자유일보, 2020년 12월 17일

김명수가 부순 3권분립,
대한민국 번영의 뿌리!

대한민국 국민, 진짜로 남북통일 원하나!
남북한이 진정 생사고락 피붙이 민족 맞나!!
민족이란 거짓신화 위해 목숨 포기할 수 있나!!!

통일 전 서독국민들은 동서독 통일을 원치 않았다. 동독 주민들은 서독보다 몇 배나 경제적으로 뒤떨어지고, 완전히 삶의 구성자체가 달랐다. 다시 말해 동독 주민들은 체제 이념적으로 다른 생각을 하고 있었다. 서독 주민들은 이들을 하나의 피붙이로, 그래서 절대적으로 생명을 공유해야하는, 게르만(German)이라는 '민족적 주체'로 절대 보지 않았다.

서독주민들은 이미 게르만이라는 '혈족적 민족주의'로 거듭되는 전쟁을 경험해서 소위 갈 때까지 갔었다. 그래서 서독국민들은 전후 경제적 발전으로 풍요롭고 자유로운 삶이 주는 혜택들을 결코 놓치고

싶지 않았다. 전후 서독경제는 일본과 더불어, 세계경제를 주도하는 최강의 선진국 반열에 올랐다. 그로 인한 서독의 정치적 영향력은 국제사회를 나름대로 충분히 재단할 수 있었다.

그런데 왜 서독국민들이 동독과 통일을 원하겠는가! 이미 가족과 친척이라는 혈족적 인연은 언제든지 원하면 만날 수 있는 그런 상황이 되어있었다. 그런 상황에서 서독경제를 해치고, 서독국민들의 생활을 옥죌 수도 있는 동서독 통일을, 특히 정치경제, 사회문화적 엄청난 희생을 치르면서, 감행해야 할 이유는 전혀 없었다.

◇ 동독주민들이 갑자기 통일하자고 달라붙어

이런 상황에서 어느 날 갑자기 동독국민들이 통일해 달라고, 동독은 준비가 다 되었다고, 시쳇말로 '우리가 남이냐'고 묻고, 억지 부리고, 달라붙었다. 그리고 물론 미국이라는 서독의 후견인이 동서독이 통일하라고 밀어붙였다. 소련의 영향력과 입지를 크게 축소시켜달라는 압박도 동시에 가했다.

이런저런 상황에서, 서독의 콜(Helmut Kohl) 수상은 정치적 결단을 내렸다. 동서독 통일을 감행하고, 그리고 감행한다면, 자신의 정치적 업적을 최대한 확대시키는 방향으로, 국내외적인 상황들을 몰고 가는 것으로 최종 결정했다. 그 결과 베를린 장벽이 일시에 무너졌고, 동서독이 쉽게 통일되었다. 그러나 화폐개혁과 함께 그 후 서독집권당이 감행했던 정치적 통일모험은 서독경제를 10년도 넘게 괴롭혔다. 한때 국제사회는 동서독 통일로 인해 결국 서독경제가 망하는 줄 알았다. 그럼에도 불구하고, 운 좋게도 소련이 멸망하고 동유럽이 자유화되었다. 이로 인해 유럽공동체가 팽창했다. 자연히 통일된 독일경제를 중심으로 새로운 세상이 펼쳐졌다. 물론 이런 상황을 안과 밖으로 지원하는 미국경제의 도움은 절대적이었다.

이것이 역사에서 드러난 동서독 통일의 진실이다. 그러면 현재 남북한 국민들은, 특히 북한보다 경제적으로 4-50배 이상 잘사는 한국국민들은 생명공동체로써 체제를 달리하는 북한과 통일하기를 진정 바라는가? 물어볼 것도 없이, 대한민국 국민들은 이를 결코 원하지 않는다.

◇ 김영삼 이후 30년 동안 계속된 대북 유화정책

소위 문민정부랍시고, 자신들이 '민주화의 화신'이라고 등장했던 김영삼 정부부터, 30년 동안 얼치기 정치가들은 자신들의 정치적 업적을 높이려고 북한정권에 대해 이런 저런 '유화정책'(Appeasement Policy)들만을 폈다. 그 결과 북한은 핵 개발을 하면서, 동시에 남북한 간의 평화통일이라는, 삶은 소대가리가 웃을 정도의 비현실적이고 기만적인 정치적 몽니와 몽상들을 맘껏 부렸다.

한국 내 종북 성향의 지하세력들은 기가 막히게도 문 정권이라는 종북 좌파성향의 정권을 탄생시키는데 크게 일조하게 이르렀다. 문 정권은 전후 등장한 국제정치적 상황과 국익추구를 위한 생존의 법칙들을 전혀 고려하지 않았다. 그러면서 지난 4년 동안 무조건적으로 남북한 생명공동체로서의 '민족통일'을 추구하는 정치적 기만정책을 국민들에게 강요했다.

문 정권은 단 한번도 대한민국 국민들이 남북한 통일을 원하는지 묻지 않았다. 마치 물고기 몰이하듯이, 언어교란과 거짓사기행위로 국민들을 남북한 간 민족통일이 절대적인 역사적 과업인 양 몰아붙였다. 그런 사이 최근 명백한 국가여적행위들이 여러 군데서 터져 나오고 있다. 분명한 사실은 '한강의 기적'을 이룬 대한민국 국민들은 북한이 도발했던 6.25전쟁 이후 지난 70년 동안, 이념과 체제가 다른 '동족'이라는 북한에 대해서 이제는 관심조차 없다.

◇ **국민은 경제적 이해 나눠야 하는 민족통일 관심 없어**

물질적 영화와 이기적 개인주의에 푹 절어 있는 대한민국 국민들은 자신들의 '살과 피' 같은 경제적 이해를 나누어 줘야 하는, 남북한 민족통일에는 진정 티눈만큼의 관심도 없다. 그런데 문정권 위정자들은 생각이 많이 다르다. 북녘의 김일성민족과 남쪽의 문재인 민족이 하나가 되어야 한다고 사기치고, 국제적인 대북재제를 어겨가면서, 남북한 겨레가 하나가 되어야 한다고, 시도 때도 없이 공중파방송을 통해 대국민 광고에 혈안이다.

왜 지난 1년 동안 김정은이 그리 다그치고, 그 누이동생 김여정이 문 정권에 앙탈을 부렸는지, 이제 그 이유가 선명하게 밝혀졌다. 2018년 소위 말도 안되는 판문점 남북정상회담에서 '원전' 지어 주겠다는 청사진이, 북한에 넘어갔던 것이다. 그런데도 남측에서 약속을 지키지 않고, 별 소리 없이 뭉개고 있으니까, 이를 빨리 진행시키라고 지금까지 그 난리들을 친 것이다. 밑도 끝도 없이 북한당국자들이 왜 그랬는지, 이제야 그 모든 퍼즐들이 하나같이 맞아 들어가고 있다. 정말 김여정 말대로 대한민국 국민들이 '앙천대소' 할 일이 아닐 수 없다.

◇ **'폴리비우스'가 간파한 로마 영광은 정치제체 때문**

그런데도 文 정권은 자신만만하게 시치미를 떼고 있다. 왜냐하면 이미 대한민국에는 3권 분립이 존재하지 않고, 청와대를 견제할 수 있는 언론도 없다. 어처구니 없는 정치적 자연상태가 이미 이루어진 것이다. 너무도 치명적인 상황이 아닐 수 없다.

로마에 포로로 잡혀온 그리스 역사철학자 '폴리비우스'는 로마에 노예로 체류하며 '로마의 영광'을 간파해 내었다. 문화와 문명적 차원에서 그리스보다 열세이고, 군사적으로 카르타고보다 쇠약하며, 신체적으로 게르만 민족보다 열약한 로마인들이 어떻게 이런 '광대한 제국'을 건설할 수 있었는가를 분석해 내었다.

폴리비우스가 밝혀낸 로마 영광의 근본적인 원인은 정치체제 덕분이었다. 로마는 아리스토텔레스가 강조했던 군주제, 과두제, 민주제의 세 가지 정치체제 장단점을 분석해서, 현재의 대통령제에 맞먹는 '집정관' 제도를 갖고 있었다. 로마는 또 군주제가 행사할 수 있는 최고의 집행력과 지휘권의 행사, 현재의 상원 기능인 '원로원' 등이 각각 독자적으로 원활하게 함께 작동하는 '혼합정치체제'를 유지하고 있었다.

폴리비우스의 혼합정치체제는 곧바로 계몽주의 철학자인 몽테스키외의 사상에 접목되었다. 몽테스키외는 그의 저서 '법의 정신'에서 현재 민주주의의 근간인 '3권 분립제도'라는 혼합정치체제를 완성하였다.

◇ 3권분립, 자유민주체제 근간이자 대한민국 법치의 근본

이것이 미국을 비롯한 자유민주주의체제의 근간이 되었고 건국대통령 이승만이 대한민국의 '법치'를 완성하는 근간이 되었다. 그리고 대한민국은 이 제도 아래서 근대국가를 형성하고, 산업화에도 성공했다. 지금 73년의 대한민국 헌정사에서 처음으로 수천년 동안 서구에서 무르익었던 '법치'제도가 김일성민족과 문재인 민족을 합치려는 문 정권 아래서 처참하게 무너지고 있다. 종북주의자 주사파 文 정권 위정자들의 의도는 대한민국의 법치를 무너뜨려야 만이 쉽게 남북한 간 민족통일이 이뤄질 수 있다고 보고 있다.

지금 북한에 대한민국의 피와 살인 최신 원전기술을 제공하는, '여적죄'에 대한 국민여론이 들끓고 있다. 이런 상황서 뜬금없이 판사탄핵을 주도하는 집권여당의 뻔뻔함 앞에서도 변변한 싸움조차도 못하는 '국민의 힘'당을 쳐다보면서, 애국시민들의 애간장이 타들어 가고 있다.

묻고 싶다. 문 정권이 가는 길을 조선일보 등 대한민국 지식 그룹들은 제대로 알고 있나? 문 정권이 합법적으로 장악한 '주권'은 유사시에 대한민국 국민 모두에게 재산과 생명을 희생하라고 명령할 수 있는 합법적인 정치적 명령이 될 수 있다.

이 정도 정권차원의 '여적 질'에도 야당과 지식인들이 제대로 저항하지 못한다면 결과는 처참하리만큼 분명하다. 자유대한민국 73년 역사 속에서, 교육받고, 가르치고, 사고했던 지식인들, 진정 그대들은 문 정권과 함께 어떤 '체제적 정치공동체'를 희망하고 있는가!

더자유일보, 2021년 2월 5일

인간의 조건,
그 끝없는 이성을 향한 여정

진정 인간의 정신세계는 감성의 노예인가!
이성을 상실한 자들에게 물질적 풍요는 디스토피아로 가는 지름길!!

인간의 이성은 흔히 인간이 동물과 구분되는 기준으로 인식된다. 인간의 이성은 본능, 충동, 욕망 등을 자제하고, 스스로의 개별적 도덕법칙을 만들어서 이를 자신을 포함하는 공동체에 구현하는 힘을 갖고 있다. 이런 인간 개개인들이 뿜어내는 개별적으로 생각하는 힘, 즉 '이성'은 공동체의 기준을 설정하고, 세상을 지배하는 근본원리인 '진리'에 가까운 지혜로운 인간의 삶을 보장해 준다.

일반적으로 세상을, 사물을, 인간을 올바르게 인식하는 능력으로서의 이성은 마치 '밤하늘의 별처럼 빛나는 인간의 이성'을 노래했던 칸트(Immanuel Kant)의 이성론에서, 진리를 향한 이성적인 언어표현능력으로 집대성되어 나타나고 있다. 오늘 날의 근대국가 성립에 이어, 20세기에서 자유민주주의가 성립되기까지 1천년에

걸친 자유주의의 여정은, 필자 개인적으로 볼 때, 인간이 신으로부터 부여받은 이성에 기반을 둔, 진리로의 길고 긴 여정이었다고 보여 진다.

◇ **자유주의 일천년 역사는 인간 이성의 회복 과정**

다시 말해, 자유주의가 한마디로 무엇이냐고 묻는다면, 이는 인간의 '이성으로의 회복'이라고 대답할 수 있겠다. 영국에서는 1215년 대헌장(Magna Carta, The Great Chapter of Freedom)의 발현 이전부터 시작된 인간의 노력이, 이후 권리장전, 권리청원을 거쳐 명예혁명으로 이어지는 근대국가 형성과정에서, 이성에 기반을 둔 자유주의의 발전과정들이 여실히 반영되고 구현되어졌다.

기독교정신과 인본주의에 뿌리를 둔, 서유럽 전반에서의 근대국가 발전과정에서도, 이성에 기반을 둔 자유주의의 발전은, 물론 혁명과 반혁명의 역사적 고통을 일부 개별국가들이 경험했지만, 결국 근대국가 이후의 자유민주주의의 성립과 완성을 만들어 내었다.

'인간본성에 관한 논고'를 쓴 자유주의자 흄(David Hume)이 '인간의 정신세계는 감성의 노예'라고 강조했듯이, 그리고 '인간은 생각하는 갈대'라고 파스칼(Blaise Pascal)이 덧붙였듯이, 인간이 감성이라는 야수를 제압하고, 신이 부여한 본연의 이성으로 돌아가는 데는 여전히 험난한 장애물들이 도처에 깔려 있다. 과히 인간은 80%의 감성과 20%의 이성을 지닌 생각하는 동물임에 틀림이 없는 것 같다. 그래서 자유주의가 자유민주주의로 발전해 나가는 과정에서, 20세기 초반 파시즘이든지, 아니면 공산주의의 형태로든지 간에, 자유주의를 제지시키려는 전체주의적 사회주의의 도전은 격렬했다.

아직도 인간의 기저에 깔린 감성을 자극하는 선동가들로 인해서, 아니면 인간 본연의 동물적 욕망과 충동으로 인해서, 작금의 세상에서도 명징한 전체주의적 사회주의로의 도전은, 심지어 여러 각양각색의 민주주의를 자랑하는 현대국가들 내에서도, 강력하게 잔존하고 있다.

◇ 이성과 신뢰의 회복, 신이 부여한 인간의 조건

인간의 문명사가 야만으로 치닫고, 인간의 이성이 멸종되어 야수와 같은 근원적인 악을 뿜어내는 전체주의적 세상이 도래하는 것을 저지하고, 신이 부여한 진리로서의 이성을 회복해야 하는 것이 '인간의 조건'이라고 주장했던 철학자들은 지금까지 그 수를 헤아릴 수 없이 많다.

그 중에서도 프랑스 드골정부에서 문화부장관을 했던 앙드레 말로(Andre Malraux)와 미국 프린스턴대학교 교수였던 한나 아렌트(Hana Arendt)가 동일하게 저술하고 있는 '인간의 조건'이란 저서에서 반영된, 인간의 이성을 상실한 전체주의자들의 만행은 무척이나 강력하다. 각각 1901년과 1906년에 프랑스와 독일의 부유한 유태인가정에서 태어나서, 독일 히틀러 전체주의에 대항해서 싸웠던 경험이 있으며, 유태인으로서 마주쳐야 했던 인간의 '근본악'(Fundamental Evil)을 온 몸으로 경험했던 두 철학자는, 감성적이고 추상적이며 관념적인 의식을 뛰어넘어, 인간이 인간답게 살아갈 수 있는 '실천철학'으로서의 이성적 지혜를 현대에 제공해주고 있다.

최근에 발표된 조국 백서를 보고 있노라면, 과연 이들이 인간의 조건을 갖추고 있는 사람들인지, 이들이 뿜어내고 있는 현실과 사실에 대한 괴리, 즉 언어교란으로 인한 인지부조화로 인해, 작금의 수많은 한국의 지성인들은 거의 아연질색하고 있다. 한국 근현대사를 엉터리로 재단하고, 친일파 프레임과 약탈적인 진영논리로 사실과 진실을 무시하는 일방적인 문재인 정권 위정자들의 야만적인 언행에서, 이성을 기반으로 하는 '인간의 조건'은 그 어디에서도 찾아 볼 수가 없다.

◇ 文 정권의 위선과 거짓, 역사적 심판 피할 수 없어

그러나 인류의 긴 역사를 고려한다면, 언제나 진실에 대한 기만과 위선은 항상 그 대가를 지불해 왔으며, 인간의 역사는 시간의 완곡 선을 넘어, 늘 완벽한 균형을 스스로 맞추어 왔음을 알 수 있다. 그래서 단언컨대, 사실에 기반 한 인간의 과거역사는 언제나 다가 올 '미래'를 말하고 있기 때문에, 반드시 이성과 역사의 신이 작금의 문재인 정권 위정자들에게 그 대가를 물을 날이 머지않아 찾아 올 것으로 믿어 의심치 않는다.

더자유일보, 2020년 8월 22일

우리는 왜 '프랑스의 영광'을 모르나!!!

**국가·국민·시민 가치 지우고 민족·민중·사람 앞세우는 文정권!
'한강의 기적'만든 이승만, 박정희의 '비바 코리아' 잊지 말자!!**

현대 국제정치에서 일반적인 국민국가(Nation-State)들이 추구하는 가장 기초적인 외교정책의 목표는 국가의 생존과 안전을 꾀하는 '안보'(Security) 획득이다. 두 번째가 국익과 세력을 확장하는 권력(Power)추구다. 세 번째는 국가의 위신과 권위를 확대하는 명성 또는 명예(Prestige)의 추구다. 끝으로 국가의 영원한 번영 (Prosperity)을 추구한다는 소위 'S. P. P. P.' 논리가 원론적이다.

대부분의 국가들이 이렇게 공식화된 외교정책목표를 대동소이하게 따르고 있다. 하지만 좀 더 자세히 각 국가들이 처한 안과 밖의 현실과 그 국민들이 수용하는 공화주의의 개별적 개성과 습성들을 고려해 보면 이 공식이 조금 다르게 나타날 수도 있다는 점을 알 수 있다. 즉 도식화된 권력의 분점을 일방적으로 강조하는 '전통적 공화주의'와 마키아벨리 이후 발전해온 '현대적 공화주의'는 각 국가별로 서로 다르게 나타나고 있다.

그 원인은 각 개인들로 구성된 국민들의 사적이익을 고려해서, 이들이 추구하는 사적이해의 합의점 위에 공화주의가 여러 형태의 애국주의로 나타나기 때문이다. 즉 사적이해의 전통과 문화가 서로 다른 국가들 사이에서 반영되는 공화주의는 결과적으로 다른 형태로 나타날 수밖에 없다.

◇ 나폴레옹, 용병 아닌 국민군대로 전 유럽 제패

프랑스의 나폴레옹은 시민계급 이상의 귀족들이 주관해 왔던 용병제도를 해체하고, 소위 '국민군대'를 모집했다. 그리고 그 동력으로 전 유럽을 제패했던바 있다. 프랑스 사람들은 왕정을 폐하고 공화정을 국민들 스스로 만들어내었다는 자부심을 갖고 있었다. 이들은 그런 국가를 지켜내기 위해서 국민군으로서 전쟁에 참여해, 자신을 헌신하는 것을 국가에 대한 국민의 의무라기보다는 자신들의 국가에 대한 '자부심', 즉 일종의 '권리개념'으로 받아들였다.

이런 역사적 사실을 바탕으로 형성된 프랑스인들의 국가의 영광(Glory)에 대한 집착은 지구촌 그 어떤 국가들보다도 강하다. 그래서 프랑스 외교정책 목표에는 바로 이 '영광'(Glory)이라는 개념이 크게 자리 잡고 있다. 명예(prestige)와 영광(Glory)의 의미가 서로 다른 가? 라고 물을 수 있는데, 이 두 개념은 분명히 다르다. 명예는 제도적 장치에 기반을 둔 국가의 권위와 위신의 확대이지만, 영광은 제도를 만들어 내었던 역사와 문화, 그리고 이들을 포괄하는 상징(Symbol)과 사인(Sign)의 의미가 다 들어간다.

특히 프랑스인들은 문명과 비문명세계를 구분하는 척도로 언어를 강조하고 있다. 사람의 생각을 표현하는 메시지는 먼저 상징이나 사인의 형태로 접근하는데, 이런 상징과 사인의 형태를 구체적으로 표현해 주는 것이 바로 언어, 즉 말이다.

어떤 말을 사용하는가에 따라 전달받는 이들의 생각과 대응이 천차만별로 나타날 수 있다. 특히 의견과 의견끼리의 경쟁이 다반사인 자유민주주의사회에서는 이를 조절하고 관리해 주는 능력, 바로 언어의 힘이 아주 중요하다. 프랑스어는 근, 현대 외교사를 주관하는 공용 외교어 역할을 했다. 그 안에는 프랑스의 역사, 문화, 전통, 국민들이 엮어내는 생활의 습속들이 다 포함되어 있다. 따라서 프랑스의 영광은 그 안에 엄청난 상징과 사인들이 내포되어 있는 것이다.

◇ 드골, "내가 프랑스다"

'프랑스의 영광' 하면 떠오르는 대통령이 바로 '샤를 드골'이다. 현재 프랑스 유일의 핵 항모 이름도 드골이다. 하루 수십만 명이 드나드는 파리 제1공항의 이름도 드골이다. 그만큼 프랑스인들의 마음속에 드골이 보여준 프랑스의 영광은 골수에 각인되어 있다. 2차 대전 당시 처칠수상과 루스벨트 대통령이 기반이 취약했던 드골의 자유프랑스 임시정부를 제치고, 나치 치하의 프랑스 비시 괴뢰정부와 내통하려하자, 이들에게 버럭 질러댄 드골의 한마디, '내가 프랑스다', 라는 말은 그 뒤에도 두고두고 회자되었다.

이후 1960년대 말 유럽공동체 회의에서 프랑스 대표가 프랑스의 주도권을 잡기 위해 썼던 '내가 유럽이다'라는 말로까지 전파되었다. 그리고 현재에도 부당한 권력에 대항하는 시민운동의 대표적인 표현으로 '내가 누구다' 또는 '나도 누구다'라는 표현을 쓰고 있다. 1967년 캐나다 공식방문에서 드골은 퀘벡분리주의운동이 한참인 퀘벡을 방문해, 퀘벡의 프랑스인들에게 '비바 프랑스'(Viva France)를 외쳤다. 캐나다주권을 침범하는 이런 행위로 말미암아, 프랑스와 캐나다와의 외교관계는 벼랑 끝에 섰던 적도 있었다. 그만큼 드골은 프랑스의 영광에 그의 모든 생애를 바쳤다. 드골이 외치는 '비바 프랑스' 그 한마디에 아직도 전 프랑스인들의 심장은 애국심으로 터져나간다. 이런 공화주의적 애국심은 역사적 진실과 사실에 기반 한다. 대한민국도 이승만과 박정희라는 위대한 지도자가 있었지만, 현재 이들은 부정당하고 조롱받다 못해 거의 고사상태에 빠져 있다.

문명은 고사하고 하루가 멀다 하고 야만으로 치닫고 있는 문제인 정권으로부터는 그 어떤 '국가의 영광'도 생각할 수 없다. 전후 유일하게 개도국에서 선진국대열에 들어선 자랑스런 대한민국을 태어나지 말아야 했던 굴욕적인 체제라고 욕보이는 이들의 행각들을 보면, 참으로 비통하고 억울하기 그지없다.

◇ 이승만과 박정희의 '비바 코리아' 잊지 말자!

국민들의 심장을 뜨겁게 만들고 국가에 대한 영광과 애국심을 고취시켜야할 대통령의 연설들은 시종일관 역사적 기만과 위선, 그리고 온통 자화자찬과 거짓말뿐이다. 논리적인 기승전결 형식은 완전히 무시된 채, 시종일관 예쁜 스토리인 것 같이 들리는 아리송한 내용들 속에서 민중의 시대, 사람 사는 세상, 사람이 먼저다, 라는 구호들 만 반복되고 있다. 기어코 대한민국에서 국민과 시민을 제거해서 체제전복을 완성하려는 악의적인 음모만 느끼게 된다.

건국혁명과 한강의 기적을 이루어낸 위대한 지도자들이 외쳤던 '비바 코리아' (Viva Korea)를 자유애국시민들은 절대 잊어서는 안 된다. 국가의 발전과 국민의 발전을 동시에 이루어 내었던 이들의 위대한 업적을 자유대한민국과 자유시민들은 꼭 지켜내야 한다. 그리고 마음속으로 외치자! 자유대한민국 만세, 자유시민 만세!

더자유일보, 2020년 7월 23일

2부

지하정치

文연설, 알고는 읽는 걸까?
결국 레닌이네!

대통령연설문 A4 용지 과연 어떤 마스크 쓴 자가 써주는 걸까!
국민의 삶을 책임지는 국가? 모두를 위한 자유? 듣기는 좋은 가!!
형식적 민주주의, 절차적 민주주의, 실질적 민주주의, 알기는 하나!!!

　　文대통령은 6. 10 민주항쟁 33주년 기념식에서, 또 다시 참으로 알아듣기 힘들고, 이중적이며, 좌파적 철학사조가 듬뿍 담겨져 있는 것 같은, 아리송한 내용의 연설문을 그의 스타일대로 줄기차게 읽어댔다. 며칠 전, 정의기억연대 윤미향 사건에 대해서도 시종일관 아리송한 언급을 해대면서, 그녀의 회계부정과 배임, 횡령이라는 부패문제의 본질은 완전히 벗어나서, '위안부 역사에 대한 대의'를 상실하지 말아야 한다는 뜬금없는 '돌려차기 식 화법'으로 '문제의 본질'을 덮어버리고자 했던바 있다.

문대통령은 지난 8일 청와대 수석회의 모두발언에서 '6분' 정도를 활용해, 다량의 A4용지를 줄기차게 읽어 내렸는데, 시종일관 '위안부운동의 대의'가 손상당해서는 안 된다는 내용과 인간의 존엄, 인권, 평화 등등, 윤미향 부패사건과는 본질이 다른 내용들을 강조해 나갔다. 대한민국 국민 중 그 어느 누구도 위안부할머니들의 고초와 위안부운동을 폄훼하려는 사람은 없다. 어이가 없는 것은 왜 뜬금없이 위안부문제의 대의를 수도 없이 반복 강조하며 마치 윤미향 부패사건이 '위안부문제의 대의'와 깊이 연관된 것처럼 대통령이 발언하는가? 하는 점이었다.

◇ 문재인, 시종일관 윤미향 부패사건 덮으려 해

　단지 국민은 윤미향이라는 정의기억연대이사장이 국민의 세금으로 지원된 정부와 지자체예산 19억 원을 어디다가 횡령했는지, 그것을 알고 싶을 뿐이다. 그런데 대통령은 시종일관 위안부운동을 언론이, 검찰이, 이용수할머니가 손상시켜서는 안 된다는, 특유의 비밀스런 은근한 '꾸지람'으로 윤미향사건 자체를 덮고자 했다고 볼 수밖에 없었다.

　적폐청산을 강조하면서 엄정한 수사를 강조했던 대통령의 언변에서 이런 이중적인 잣대가 나올 때마다, 국민들은 문대통령의 아리송한 상황인식과 현장감 없는 대응행위에, 분노하고, 경악할 따름이었다. 사건 후, 이제 겨우 며칠이 지났다고, 지금까지 매년 진심어린 마음으로 해왔던 행사도 아니었는데, 3년 만에 6. 10 민주항쟁 대규모행사를 기획하고, 과거 악명 높았던 '남영동 대공분실'이었던 '민주인권기념장'에서, 뜬금없이, 국민들이 알아듣기 힘든 어려운 철학적 내용을 담은 소견을 표명했다.

　왜 그랬을까? 이는 마치 앞으로 일어날 미래의 행위들이, 마치 대통령이 규정하는 형태로 반드시 일어나야 한다는 것을 강조하는 '미래지표'를 상정하는 듯 보였다. 이미 상식과 양식을 가진 대한민국 국민들은 문대통령의 동문서답, 본질회피, 적당한 기만과 위선의 이중적인 화법에 진절머리가 나있는 상황이다. 그럼에도 불구하고, 점점 더 이론적으로, 전략적으로 발전해 가는 '정치 쇼' 기획모드를 통해 과연 어떤 방향으로 국민들을 세뇌하려고 하는지, 또 어떤 미래지표를 상정하고, 그 방향으로 국민들을 유도하려고 하는지, 양식 있는 시민들은 등골이 오싹하고 두렵다.

입법, 행정, 사법, 3권을 장악한 현시점에서 발현되는 엄청난 자신감에서 일까? 아니면 과거부터 해오던 체제전환의 과정 속에서 이미 예견되었던 시나리오에 입각한 기획 작품들의 연속일까? 나날이 대담해 지는 문대통령의 전체주의적 사회주의세상을 향한 기막힌 지표상정과 국민들을 현혹시키기 위한 반복되는 어휘력에 진정 불안과 두려움을 느끼지 않을 수 없다.

이번에도 문대통령이 지적한 지표들에 대한 몇 가지 해석을 덧붙이면, 그는 얼마 전 '개인의 자유를 내려놓고, 모두의 자유를 위해야 한다'는 레닌의 말을 언급했던바 있다. 그는 레닌의 말이 너무 적나라하게 반영되어서인지, 이번에는 개인의 자유를 '존중'하는 만큼, 국민들 '모두의 자유'가 존중되어야 한다는 식으로 메시지를 좀 더 포괄적으로 전달하면서, 핵심내용의 '강조점'(Tone)을 조금 완화했다.

◇ 모두의 자유가 존중되어야 한다는 것은 레닌의 발언

그러나 '모두의 자유'는 '평등경제'로 이어지고, 이는 '실질적 민주주의의 완성'이라는 전혀 일반인들이 알아들을 수 없는 정치철학적 사조로 서로 연결 지으면서, 자신이 말하고자 하는 진의를 어렵게 드러냈다. 문대통령은 자본주의의 탐욕적 시스템을 부정해야하고, 지속가능하고 보다 평등한 경제로 나아가야 하며, 절대로 남의 몫을 빼앗아 가는 자유는 존재하지 말아야 한다는, 다시 말해 자본주의에서의 이익추구를 국가가 한정해야 한다는 '미래의 지표'에 '정책대못'을 박았다고 볼 수 있다.

　흔히들 민주주의를 언급할 때 3가지 종류에 대해 설명한다. 이는 첫째로 형식적 민주주의, 두 번째로 절차적 민주주의, 그리고 세 번째로 실질적 민주주의 등을 일컫는다. 형식적 민주주의는 민주시민들이 향유하고 있는 자유민주주의의 헌법적 가치들을 모두 대변하고 있다. 예를 들어 양심과 학문의 자유, 언론, 출판, 집회의 자유, 법치준수, 복수정당제형성, 자유와 인권 존중 등등 입헌민주주의제도에서의 모든 가치들을 총체적으로 대변하고 있다.

　반면, 절차적 민주주의는, 좁게 보면, 선거제도 및 정당제도와 밀접한 관련이 있다. 그렇다면 아직까지 대한민국은 온전한 절차적 민주주의를 완성하기까지 여전히 많은 노력들이 필요한 상황임을 쉽게 알 수 있다. 예를 들어, 정당제도의 활성화, 정당 간 공정한 선거경쟁, 지역주의 타파, 시민사회와 정부의 올바른 관계정립, 이념 및 세대 간 대립 관계 해소 등등, 아직도 사회통합과 자유경쟁측면에서 해결해야 할 당면한 과제들이 태산이다.

　문제는 평등경제에 입각한 실질적 민주주의는 경제적 문제가 해결되지 않은 상태에서 모든 형식적 민주주의 즉, '부르주아(Bourgois) 민주주의'는 모두 무시되어도 된다는 형태로 해석되어 질 수도 있다는 점이다. 나아가 모든 인민이 다 같이 참여하는 민주주의, 즉 직접민주주의만이 실질적 민주주의라면, 이는 곧 바로 인민민주주의를 의미하는 것이며, 이는 결과적으로 전체주의로 가는 방향성을 잡고 있다.

◇ 문재인, 경제적 문제를 국가가 해결하겠다고 반복적으로 강조

문대통령의 의도는 경제적 문제를 강조하면서, 계속 사회적 문제를 결부시키고, 결국 이를 정부가, 또는 국가가 나서서 해결하겠다는 집요한 대국민 '재교육학습장'을 반복적으로 열어젖히고자 하는 것이다. 문대통령은 이런 민주주의의 철학적 사조가 깃든 어려운 대국민 담화를 하면서, 동시에 현실적으로 5.18 광주와 4.3 제주는 충분히 조명되고 있다고 강조하고 있다. 나아가 그는 궁극적으로 2.28 대구 시민의거와 3.8 대전학생의거 등, 이승만 독재정권에 반대해서 일어섰던 민주화노력들도 시급하게 재조명되어, 평범한 시민들의 민주항쟁이 백일하에 드러나야 한다고 주장하며. 또 다른 미래의 지표를 현장지시하고 있는 것이다.

아무리 대한민국 국민들이 과거사에 관심이 없고, 이념에 무지하다고 하더라도, 4.19는 4월 달에 충분한 추모식과 국민적 결의가 재현되었다. 따라서 6월 '호국, 보훈의 달'을 맞이해서 꼭 이런 식으로 민중들의 민주화운동이 재조명되어야 함을 재차 강조해야 하는지, 그 저의가 너무 의심스런 것이다. 그렇지 않아도 여당의원들의 현충원 친일파 파묘발언이 일파만파로 퍼져, 물의를 일으키고 있는 와중에, 대통령의 이런 발언들은 친일파이후 이승만 정권을 친미파로 몰아, 그의 묘 또한 파묘해야 한다는 발언을 간접적으로 유도해 내는 것은 아닌지 모르겠다.

민주주의에 대한 학술적 이해는 며칠 밤, 낮을 토론해도 합당하고, 합리적인 결론을 얻기가 힘들다. 그만큼 문대통령이 강조하는 '생활 속의 민주주의'는 하나가 전체를 위하고, 전체가 하나를 위하는 식으로 절대로 단순하지 않으며, '피와 살'이 튀는 '체험으로서의 현장'이 함께 녹아 있는, 아주 다양하고 복잡한 존재라는 점을 알아야 한다. 자기 자신도 잘 모를 것 같은 민주주의 철학사조들을 그럴싸하게 내놓으면서, 이승만정권의 독재행위를 강조하고, 대한민국에서 벌어졌던 모든 이념투쟁사를 '민중들의 민주화운동'이라고, 그래서 재조명되어야 한다는 논리를 편다면, 향후 한국의 민주주의가 어디로 향할 것인지는 삼척동자도 다 알만한 것이다.

◇ **시민과 국민이 없는 국가는 전체주의 사회를 의미하는 것**

입만 열면 평범한 사람, 즉 민중(Folk)들이 만들어가는 세상을 만들자고 하는데, 시민과 국민이 존재하지 않는 국가가 가는 길은 전체주의사회 하나밖에 없지 않는가! 국가와 체제위에 민중, 다시 말해 '민족'(Ethnic Folk)이 우선한다면, 그리고 남과 북이 하나의 혈족적인, 유기체로서의 생명공동체라면, 그 끝은 물어보나 마나 한 것 아닌가!

대한민국의 민족주의가 국민형성과 국가건설을 위한 시민적 민족주의가 아니고, 피붙이로서의 혈족적 민족주의라면, 남과 북은 형제이자 동지이며, 결과적으로 대한민국의 적은 북한이 아니라, 미국과 일본이 되는 것 아닌가! 문대통령은 정말 열심히 일하며, 삶에 충실한 선량한 대한민국 국민들을, '안과 밖'이 모두 너무 위험한 세상으로 앞장서서 내몰고 있다.

더자유일보, 2020년 6월 29일

문재인 6.25연설은 희대의 사기극

남북 연방제와 '신식민지주의' 환상에 빠져 있는 靑주사파!
대한민국 '제1호 국민'이란자의 전대미문 대국민 사기극!!

북한 김여정의 대남 독설과 이어지는 북한 군부의 남북공동연락사무소 폭파 및 후속적인 군사도발 예견으로, 지난 3년 동안 줄곧 '남북한 생명공동체'를 '평화공동체'로 만들어가자던, 문재인정권의 위선과 대국민 기만극의 '민낯'이 백일하에 드러나고 있다. 문재인 정권으로서도 이제 뚜렷한 근거 없이 북한과의 대화를 통한 대북지원확대를 강조하기는 국민들의 눈치가 보인다. 지난 세월 위선과 기만으로 강대국들을 희롱했던 흔적들이 볼턴 회고록으로 낱낱이 드러나면서 대외적으로 운신의 폭도 줄어들었다. 그럼에도 불구하고 문재인 대통령은 다시 대국민 기만 사기극에 나서고 있다.

성남공항에서 치러진 지난 6.25 70주년 기념연설에서 문재인 대통령은 취임 후 단 한 번도 언급하지 않았던 내용들을 깜짝 쇼를 벌이듯이 거듭 강조했다. 문 대통령은 이날 연설에서 그의 용어가 아닌 '투철한 반공의식', '가슴에 담은 자유민주주의를 위한 애국행위', '힘을 통한 평화', '한미동맹 강화', 박정희대통령을 기억하게 만드는 '한강의 기적'과 '잘살아보자는 국민들의 열망', 세계가 부러워하는 '경제성장' 등 예기치 못했던 표현을 썼다.

◇ 文, 여전히 반일감정과 남북 연방제 강조

그러나 연막탄을 걷어내고 속을 자세히 들여다보면 여전히 국민들의 반일감정을 부추기고 있다. 또 종전선언을 통해 남북한 연방제 확립으로 한반도 평화를 실천해야 한다는 뜻으로 연설의 마지막 결론을 맺고 있다. 대한민국 제1호 국민인 대통령이란 사람이 참으로 고약하게 재차 대한민국 국민들을 심리적으로 기만하고, 현실적인 정신적 판단력을 유린시키면서 '인지부조화'에 빠지도록 만들고 있다. 과연 문재인대통령은 왜 이런 행동을 해야만 하는 것일까?

시종일관 지난 3년 동안 신식민주의(Neo-Colonialism) 사관에 빠져, 남북연합을 추진해 왔던 문재인정권은 이제 극도의 '통치딜레마'에 빠졌다고 보인다. 이는 지금까지 일본을 배척하고, 미국과 멀어지기 위한 국내정치적 정지작업들을 다 해놨는데, 북한의 내부불안과 군사적 대남도발 가능성이 높아지자 대한민국 국민들이 이해할 수 있는 수준의 대북억지력을 재가동하지 않을 수 없게 되는 전략적 한계상황에 봉착했기 때문이다.

◇ 미국 눈치 볼 수밖에 없는 문재인 정권

대한민국 국민들이 요구할 안보우려를 문재인 정권은 기존의 한미동맹 강화를 기반으로, 압도적인 대북 억지력을 가진 미국의 눈치를 살피면서, 함께 풀어나갈 수밖에 없게 된 것이다. 코로나사태까지 추가되어 극도의 경제위기상황으로 사면초과에 봉착한 김정은은 비록 자신이 나서서 군사적 긴장관계를 완화시키기는 했지만, 향후 지속적으로 군을 앞세워 군사적 압박강도를 높일 수밖에 없게 되어 있다. 왜냐하면 이제 김정은이 가용할 수 있는 유일한 대내외정책 수단이 군사적 도발에 기인한 긴장고조밖에 없기 때문이다.

그래서 김정은은 죽으나 사나 군을 가용시켜야 한다. 만약 군사력 증강을 위한 통치자금부족으로 북한이 보유하고 있는 대량살상무기를 국제테러단체 또는 중동 국가들에게 돈을 받고 '밀매'하는 상황이 도래할 경우, 이는 상상할 수 없는 '세계적 안보위기상황'을 스스로 조성하게 된다. 심지어 북한에 우호적인 중국과 러시아조차도 이런 안보위기 상황을 극도로 경계하고 전 세계적인 대북경계를 심화시키고 있다. 그래서 문재인정권의 대북제재 해제를 위한 명분과 남북공조 가능성은 이제 설 땅이 없게 되었다.

◇ 시효 다한 한반도 평화론

결과적으로 대한민국 국민을 기만하고 미중 강대국을 희롱해가며 문재인정권이 벌였던 남북한 민족공조를 통한 '한반도평화론'은 이제 그 시효를 다했다고 볼 수 있다. 그러나 국민들의 인지부조화를 유도하는 6.25 기념사에서 보듯이, 아직도 문재인 정권 내부에는 스스로를 불행한 '혁명가의 운명'을 타고 난 인격체로 규정했던 세르게이 네차예프의 '혁명가 지침서'를 가슴에 새긴 존재들이 권력의 중심에서 작동하고 있다.

따라서 이들이 처한 상황이 어려울수록 드러낼 발톱의 강도도 심화될 수밖에 없다. 그래서 이들이 내세울 또 다른 대국민 사기극을 항상 경계하면서, 이들의 이중적인 정치공학 공세에 대비해 나가야 할 것이다.

더자유일보, 2020년 6월 29일

'토착왜구', '친일파 파묘' 속에 체제전복 전략 있어!

**탈냉전시대 뒤 지배 이데올로그는
'민주주의'가 아닌 '종족적 민족주의'!
공화적 민주주의는 영미 권에 한정, 점차 보편성을 상실해 가!!**

소련이 붕괴된 후 맞이했던 소위 '탈냉전시대'에서 미국은 명실공이 원-톱(One-Top) 시스템으로 상당기간 국제질서를 관리했다. 클린턴부터 오바마에 이르기까지 사반세기를 넘는 기간 동안, 미국은 자유주의에 입각한 세계패권국가로서 '세계경찰'이라는 특유의 임무에 충실했다. 그러나 그 결과는 미국이 의도했던 바와는 달리 너무도 비참했다. 하버드대학의 월트(Stephen Walt) 교수는 전 세계에 민주주의, 평화, 그리고 인류 보편적 가치로서의 인권을 확대, 재생산해 내려는 미국의 선의(Goodwill)에도 불구하고, 대적하는 독재국가와 국제테러조직들

로 인해 미국은 마치 매일 전쟁이 일상화되는 '전쟁국가'의 면모를 띠게 되었다고 주장하고 있다.

미국은 스스로 탁월하게 여기는 '자유민주주의체제'를 널리 보급하고 자유무역과 인권을 옹호하는 적극적인 개입정책을 펴서 독재자와 공산주의자, 국제테러분자들을 깨끗이 몰아내려고 했다. 그리고 25년 동안 6조 달러에 가까운 어마어마한 미국국민들의 혈세를 낭비했고, 또 지구촌에서 자유투사(Freedom Fighter)로 불리는 수많은 꽃다운 젊은 미군들을 희생시켰다. 그럼에도 불구하고 미국은 자신이 원하는 단 하나의 민주주의국가도 국제사회에서 더 만들어내지는 못했다.

◇ 미국, 수많은 희생 치렀지만 민주주의 국가 더 만들지 못해

시카고대학의 미어샤이머(John Mearsheimer)교수는 민주당과 공화당의 합의 하에 실행된 미국의 '자유주의적 패권주의'(Liberal Hegemony) 외교정책은 당시 명백한 국제사회의 변화정향(Shift Point)을 간과했다고 주장하고 있다. 그것은 바로 미국이 철저히 자국의 국익위주로 펼쳐지는 국제사회에서의 '권력투쟁 본질'과 민족의 본질을 회복할 수만 있다면 그 어떤 전쟁도 회피하지 않는 강력한 민족주의적인 정향을 자만에 빠져서 제대로 읽지 못했다는 것이다.

결과적으로 지난 25년 동안 인도주의, 자유주의, 민주주의의 이름으로 펼쳐진 미국의 외교정책 헛발질은 미국과 경쟁관계에 있는 강대국들, 즉 중국과 러시아의 국익을 부차적으로 이롭게 만들었다고 볼 수 있다.

그런데 이들 중국과 러시아는 탈냉전사회 이후 국제사회가 강력한 민족주의적 정향으로 흐를 것이란 사실을 이미 인지하고 있었다. 다시 말해 중국의 시진평과 러시아의 푸틴이라는 반미적 강대국리더들은 스스로 자국의 강력한 민족주의(Hyper Nationalism)를 기반으로, 대미 대응전략을 이미 형성하고 있었던 것이다.

또 중국과 러시아는 여러 갈래로 나타나고 있는 지구촌내의 민족주의를 결집해 대미 대응전선으로 확대, 전파시키는 역할을 담당했다.

그 결과 자국의 역사전통과 문화적 배경에 맞는 여러 형태의 민족주의가 라틴아메리카, 중동 및 아시아전역을 완전히 석권했다. 그리고 이런 여러 형태로 나타난 민족주의 가운데 가장 강력한 대세는 바로 '종족적 민족주의'(Ethnic Nationalism)라는 낭만적 민족주의였다.

1차 대전 이후 소위 자유민주주의라는 체제가 미국주도로 국제사회를 장악했지만, 당시 영미 권을 중심으로 전지구촌에서 겨우 9%정도의 동조세력만이 존재했다. 이처럼 지금도 영미 권을 중심으로 하는 공화주의적 민족주의(Republic Nationalism)는 지구촌 일부국가에 한정돼 있다. 대부분이 소위 낭만적 민족주의(Romantic Nationalism)를 기저로 하는 종족적 민족주의 성향을 띠고 있는 것이다.

◇ 전 세계 종족적 민족주의 광풍 속에 '보편 인권' 개념 사라져

이런 상황에서 미국과 구라파 일부 선진국들이 주장하는 인류보편 가치에 입각한 '인권'(Human Right) 개념은 이제 '민족권'(Folk's Right) 또는 '민중권' 개념으로 전환되었고, 생명공동체 또는 피의 공동체로 엮어진 유기체적 전체주의 인식과도 밀접하게 접목하게 되었다. 역설적이게도, 작금에 공산주의를 표방하는 지구촌의 몇몇 국가들, 예를 들어 중국, 북한, 쿠바 등은 현실적으로 마르크스와 레닌이 울고 갈 정도로 더 이상 그 어떤 공산주의적 이념도 추앙하지 않는다. 대신에 격하게 나름의 종족적 민족주의에 몰입해, 전략적으로 세상을 뒤 흔들고 있는 것이다.

특히 세계 4대문명권이란 근거 없는 자부심과 오랫동안 아시아를 지배해 왔던 '중화질서' 또는 '천하질서' 관념에 빠져있는 중국은 서구에 대한 역사, 문화적 상대주의 아래 종족적 민족주의까지 덧붙여서, 엄청난 이념의 도그마를 형성하고 있다. 가장 큰 문제는 이런 중국식 관념과 이념을 현재 대한민국의 정권을 장악한 청와대주사파와 정부여당 위정자들이 종교처럼 신봉하고 있다는 점이다.

한때 독일을 통일했던 비스마르크 재상은 후기산업국가로 재탄생한 독일이 영국과 프랑스처럼 제국주의로 나가는 것은 허락했지만, 절대로 종족에 기반을 둔 제국주의로 나아가지는 말아야 한다고 강력히 경고했던 바 있다. 그러나 미래의 역사와 정치를 읽어내는 소위 '내공'이 없었던 독일의 얼치기 국민들은 결국 히틀러를 앞세워 같은 종족인 오스트리아를 합병했다. 이들은 게르만 민족이 지배하는 위대한 세상을 만들려고 '홀로코스트'와 전쟁으로 치닫는 엄청난 인류 대학살 극을 연출했던 바 있다.

◇ 중국의 천하질서 흔쾌히 받아들이는 청와대 주사파

문재인정권의 청와대주사파들과 집권여당은 북한과는 생명공동체로서의 종족적 민족주의를 강조한다. 또 중국이 주장하는 서구의 합리주의와 경험주의를 배척하는 아시아적 역사문화 상대주의, 즉 '천하질서'를 흔쾌히 받아들이고 있다. 결국 이들은 북한과는 하나가 되는 통일된 피붙이로서의 민족국가를 형성하고, 이후 한반도 전체가 중국의 천하질서 속으로 들어가서, 중국의 '속국'이 되는 것을 궁극적인 국가목표로 삼고 있는 것 같다.

어처구니없는 현상은 반일 종족적 민족주의에 입각해서 문재인정권의 위정자들이 뿜어내는 '토착왜구', '친일파 파묘', '죽창 들고 반일' 등과 같은 원시적 민족주의 슬로건들이 한국사회 내부에서 별다른 저항을 받지 않고 있다는 점이다.

◇ 법치 사라진 나라서 혁명 전리품 챙기기 바쁜 주사파 위정자들

이미 사법, 입법, 행정 권력을 장악해, 자유민주주의 체제혁명에 들어선 문재인

정권의 위정자들은 넘쳐나는 자신감으로 체제전복을 확신하고, 급기야 '법치'가 사라진 대한민국에서 자신들의 '혁명 전리품'들을 챙기기에 바쁘다. 그러니 아무리 윤석열 검찰팀이 이들의 부정부패를 찾아내어서 기소했다 하더라도, 이미 법치가 사라진 세상에서 이들은 자신들의 부정부패 행위를 천연덕스럽게 묵살해 버릴 것이다.

이제 대한민국 자유시민들은 지금까지 살아온 인생에서 제대로 세금 한 푼 안 내었던 얼치기 '체제 전복자'들의 기고만장한 '노획물 처리 과정'들을 당분간 침묵하면서 지켜볼 수밖에 없게 되었다. 며칠 전 국회에서 무차별적으로 법안들을 통과시킨 후, 희색이 만연한 채, 허공으로 내지르는 더불어민주당 김태년 원내총무의 불끈 쥔 두 주먹이 앞으로 어떤 법치파괴 괴물로 나타날 것인지, 자유시민들은 영원히 살아있을 대한민국의 위대한 역사 앞에 반드시 증언해야 할 것이다.

더자유일보, 2020년 8월 3일

문재인과 김정은의 동상이몽, 벼랑 끝에 선 북한 체제

**미, 중, 일, 러 4강 모두로부터 따돌림 받는
국제미아 김정은과 文 정권!
밤, 낮으로 강조하는 한반도 평화, 과연 그 끝은 어디인가!!**

직설적이며 폭압적인 화법을 사용하는 북한을 제외하고, 국제사회에서 통용되는 국가 간의 외교적 언사들은 대부분 완곡하고 부드럽다. 그래서 그 속에 내포된 '상징'(Symbol)과 '사인'(Sign)들을 읽어내는 능력이 한 나라의 국력으로까지 평가되기도 한다. 통일부-국정원-국가안보회의의 수장을 새로 임명한 후에 전격적인 대북협력 관계로 올 인 (All In)하고 있는 문재인 정권은 어떻게 하든지 남북한 간의 '국가연합' 이나 또는 낮은 단계의 '한반도연방제'를 구상하면서, 지속적으로 대한민국 '국민들의 정신세계' 부터 바꾸려고 거듭되는 기만적인 '평화공작'을 펴고 있다.

◇ **대북협력에 '올 인'(All In) 하는 문 정권**

 이들의 의지는 다소 시간이 걸리더라도, 대한민국 국민들의 대북저항요소를 말소시키고, 2년 후로 노정되어 있는 새로운 좌파정권창출로 이어지도록 하는, 목숨을 건 운명적인 길목에서, 남과 북을 하나로 묶는 정치공작을 고집스럽게 추진해 나가고 있다. 동시에 일본을 '친일'이라는 프레임으로 '국민의 숙적'으로 낙인찍고 매도하거나, 미국과의 한미동맹관계를 격하시키고 배제한 채, 중국과는 운명공동체로, 러시아와는 에너지 파이프라인으로 연결되는 북방정책의 거점지역으로 반복선전해서, 한국과 대륙국가와의 관계 제고가 한국의 운명을 좌우하는 필연적 미래 사실임을 한국국민들에게 각인시키고 있다.

 그런데 최근 문정권의 이런 관념적이며, 몽상적인 대북, 대중, 대러 관계를 위한 이들 나름대로의 기획과는 달리, 전혀 예상치 못한 문제들이 북한으로부터 터져나오고 있다. 북한은 일주일전 느닷없이 청나라시대 개혁을 외쳤던 황종희의 '명이대망록'을 거론하면서, '군주독재'를 반대한다고 나섰다. 군주가 천하를 위하지 않고 사리사욕에 눈이 멀어 국가의 이익을 사적 이익으로 동일시 할 경우, 국가가 멸망한다는 의미를 부각시켰다.

 덧붙여서, 북한은 명나라가 이민족인 청나라에 망한 이유가 바로 이런 봉건적 절대군주제로 인한 폐단 때문이었다고 강조했다. 그런데 대북전문가들은 이 대목에서 굉장히 황망했다. 왜 갑자기 이런 내용들을 발표했을까? 이는 지금까지 주체사상에 입각한 '유일영도체제'의 북한정치체제에서는 체제의 목숨과도 같은 '척수'를 도려내는 언사인데 말이다. 아니나 다를까, 며칠 후 최고실권자 김정은이 김여정에게 대한, 대미 정책을 포함해서, 일부 권한을 '위임통치' 한다는 발표가 나왔다. 대북전문가들에 따르면, 이미 당으로 규합되는 모든 보고서는 김여정에게 먼저 보고되고, 김여정이 일부 핵심내용들을 김정은에게 보고하는 형식으로 북한통치시스템이 위기관리시스템 형태로 자리를 잡았다고 한다.

만약 이정보가 사실이라면, 모든 북한의 실질적인 권력은 김여정이 틀어쥐고 있다고 봐야하며, 이제는 김여정이 북한의 2인자를 넘어서서 김정은과 북한을 '공동통치'하는 반열에까지 올라왔다고 봐야하는데, 이는 김정은이 멀쩡하다면 결코 불가능한 일임에 틀림이 없다.

◇ **북한, 통치불능가능성 징후 확산**

아무리 북한체제 자체가 비밀로 가득한 '은둔의 나라'라고 하지만, 나타난 바, 당-군 경쟁관계, 유일지도체제의 존속, 내부불안을 밖으로 쏟아내어 왔던 기존의 위협적이고 도발적인 정책패턴들을 고려한다면, 앞뒤가 너무 뒤틀려있다. 한마디로 전혀 합리적 접근과 분석이 불가능한 상황이 도래했다고 보여 진다. 아직 정확한 증거는 없지만, 아마도 김정은이 심각한 '통치불능상태'(Ungovernable Situation)에 빠져있다는 직관적인 판단이 보다 현실적이지 않을 까 하는 생각도 크다. 이렇듯 북한의 내부사정이 합리적 접근을 초월하는 뒤죽박죽인 상황이라면, 이제는 북한체제의 몰락을 구체적으로 생각하고, 이에 대한 현실적인 시나리오들을 가동하지 않을 수 없다.

트럼프대통령은 지난 3년 동안 북한에 대한 제재강도를 높이면서, 시종일관 잘 먹고 잘 살도록 해주겠다고 김정은에게 늘 강조해 왔다. 이는 북한주민들의 안녕을 위해서 김정은 유일지도체제를 버리라는 뜻이기도 한 동시에, 한편으로는 김정은의 '죽음'을 의미하는 것이기도 했다. 미국과는 달리, 입만 열면 김정은과 북한에 대한 일편단심의 사랑타령을 해대면서, 남북 간 협력 속에 최소한 낮은 단계의 연방제라도 맺자는 문정권의 한결같은 사랑도 결국 김정은에게는 '맹독'이 되었다. 이는 연속되는 자연재해와 코로나로 인한 체제유지 불안감, 지속되는 유엔제재로 인한 지독한 경제난 등, '생존의 기로'에 선 북한이 이제는 문정권이 원하는 '남북연방제' 조차도 감당해 낼 수 없는 형국이 되었기 때문이다.

북한당국으로서는 이렇게 저렇게 남한이 뒷거래로 '현금'을 좀 넣어준다면, 현 상황에서 가장 도움이 되는 일이겠지만, 이것도 현금에 코로나바이러스가 묻어 올까봐, 그리고 매의 눈으로 쏘아보고 있는 미 재무부당국자들의 눈을 피할 길이 막막해서, 그저 '그림의 떡'이 되지 않을 수 없다. 그러니, 이러지도 저러지도 못하는 북한당국을 놓고 시종일관 인정사정없는 애정공세를 펼치고 있는 문정권이 너무도 미웠을 것이다. 그래서 '소대가리' 운운하며 별별 욕을 다했지만, 문정권의 응용력이 '제로'인 것은 자신들만 모르고, 국제사회가 다 아는 사실인데, 결국 사랑의 결실은 없고, 그저 김정은의 애간장만 녹였을 따름이었다.

그래서 마침내 김정은이 정신적인 통치불능 상태에 빠진 것 같다. 뜬금없이 군주독제를 반대한다. 신하와 군주가 같이 통치하는 세상이 되어야 한다, 김여정과 당 간부들로 구성된 위임체제가 구성되었다, 등등의 얘기들은, 김정은의 이런 통치불가능 상태를 비밀스럽게 설명해 주고 있는 것이다. 그리고 이런 와중에서 미국과 중국 두 강대국들도 북한에 적극적으로 대응하지 않고, 적절한 거리를 두고 지켜만 보고 있는 상황인 것 같아, 북한 급변사태에 대한 의심과 두려움을 더욱 증폭시키고 있다.

◇ '집단지도체제'와 같은 새로운 북한체제 변혁 가능성 타진

이런 다급한 대내외 환경에서 전쟁이 아닌 진정한 평화가 한반도에서 유지되려면, 일단 김여정 중심이든지, 아니면 군부중심이든지 간에, 집단지도체제로 가서 북한 내부의 위기상황이 관리되고, 동시에 미국이 주도하는 한반도 주변 4강과의 협력과 문정권의 평화타령이 아닌, 새롭게 구성된 한국정부의 자유평화 통일 노력

이 덧붙여져야 하겠다.

 이런 과정에서 설사 예기치 않은 북한내부의 시행착오로 인해, 다소 시간이 걸린다 하더라도, 필히 베트남식의 공산당 집단지도체제하에 가능했던 것과 같은, 새로운 형태의 북한체제변혁이 뿌리내릴 수 있도록 한반도 안과 밖의 정치적 상황들을 조율해 나가는 수밖에 없다. 이것이 지정학과 연관된 국제정치의 모든 저주를 뒤집어쓰고 살면서도 한국전쟁의 폐허위에 조국근대화를 이루어 내었던 '자유대한민국'이 또 다시 살아나갈 수 있는 유일한 길이기도 하다.

더자유일보, 2020년 8월 25일

타락 악령 통치하는 대한민국, 과연 희망 있나?

**변종 마오이즘에 빠진 얼치기좌파 위정자들, 종말 사도로 변해!!
정치적 좌표를 잃어버리고 갈팡질팡하는 국민의 힘!!!**

악령의 탈을 쓴 채 여당국회의원이 된 정의연대 윤미향 사건, 중산층을 파괴하고 있는 김현미 국토부장관의 부동산정책, 국회에서 벌어지고 있는 추미애 법무장관에 대한 정부 여당 위정자들의 막무가내변호 등등, 극심한 인지부조화를 유발하는 기막힌 좌파위정자들의 '언사'로 '대한민국의 혼'은 넋이 나갔다. 악령들에게 영혼을 판 타락한 인성들이 내뿜는 천연덕스러운 뻔뻔함과 희랍신화에 나오는 침대괴물 '프로크루스테스'(Procrustean Bed)를 연상케 하는, 대한민국 역사 속에서 단 한번도 경험해보지 못했던 위정자들의 언행에 '구토감'을 참아내기가 너무 힘들다.

이들은 대한민국 행인들이 꼭 지나가야만 하는 길목을 막아선 채, 진영의 논리로 만들어 진 여인숙을 차려놓고, 짧은 침대와 긴 침대 중 하나를 반드시 선택하도록 강압하고 있다. 그리고 침대를 선택한 행인들의 키가 크면 다리를 자르거나 목을 잘라서 죽이고, 키가 작으면 몸을 늘려서 죽인 후, 행인들의 소유품들을 모두 가로채는 침대괴물과 유사한 '목적적 결과(End-Result)'가 담긴 행위'들을 자행하고 있는 것 같다.

이정도 되면, 주권자인 대한민국 국민들은 진영논리에 빠져 '의식'과 '감각'을 모두 지워버린 이들을 과연 합법적인 국가통치자들로 인정해야 하는 지, 또는 이들의 궁극적인 목적은 대한민국의 파괴가 아닌지, 근본적으로 자문해 보지 않을 수 없다.

◇ 文 정권, 변종 마오이즘에 빠진 대한민국 파괴자들

한때 필자는 이들 얼치기 악령들을, 혁명을 위해서는 수단과 방법을 가리지 말라는 혁명가 교리문답을 작성했던, 세르게이 네차예프(S. Nechayev)와도 비교해 보기도 했고, 적당히 정통 맑스, 레닌이즘에 물들었던 얼치기 좌파이론가들과도 비교해 보기도 했다. 그러나 정권찬탈 후, 3년 반이 지난 작금에 와서는 아무래도 이들의 정신세계는 철저한 위선과 기만, 사기와 거짓으로 점철된 그야말로 부패한 중국이 갖고 있는 '아시아적 야만'에 깊이 물들어 있는 것 같다. 즉 변종된 마오이즘(Maoism)과 긴밀히 접목되어 있음을 자각하게 된다.

특히 이들은 남과 북으로 갈라져, 자유민주주의와 전체주의라는 두 개의 체제를 유지하고 있는 분단된 한반도상황에서, 김일성주의로 대변되는 소위 '주체사상'에 빠져 있다. 즉 마오이즘 플러스 알파(Maoism + Alpha) 형태의 독특한 변종적인 좌경화사상을 유지하고 있다. 이들은 분명 상식에 기반을 둔 이성적 판단을 극단적으로 넘어서고 있다. 즉 특별한 자기진영만의 법과 도덕, 정의와 공정을 따로 두고 있다. 그 결과 최근 잘나가는 프랑스 소설가 로랑 고데(Laurent Gaude)가

정교하게 묘사하고 있는 '종말의 사도' 유형과도 비슷한 모습을 하고 있다.

"나는 발이 다섯 개고, 하이에나의 눈과 학살자의 손을 가진 괴물이다. 나는 역병과 같은 존재로 가는 곳마다 사람들을 울부짖게 만들고, 신조차도 멀찌감치 뒤로 물러서있게 만든 다...."

1948년 대한민국 건국 이후, 73년간을 자유민주주의체제 하에서 살아왔던, 양식과 상식을 보유한 대한민국 일반 국민들은 분단 70년 역사 속에서 경험하고 있는 한국과 북한의 달라진 언어체계 그 이상으로, 이제 이 변종된 얼치기좌파들의 언어세계와 정신세계를 이해하기 위해서, 새로운 '특별사전'이라도 만들어야 하는 기가 막힌 상황에 처해있다. 잘 알지도 못하는 민주주의를 앞세워 문민정부랍시고 민간인출신 대통령이 처음으로 국가통치를 한 이래로, 그 뒤를 이은 김대중, 노무현 좌파정권에서 자행된 '자유팔이', '민주팔이'라는 기막힌 위선과 기만전략으로 대한민국의 좌경화는 그야말로 급물살을 탔다. 그리고 이명박, 박근혜 우파정권의 이념 부재상황을 틈타, 촛불혁명이란 미명 아래, 문정권의 주사파 세력들이 합법적으로 정권을 장악했다. 이들은 급기야 체제전복의 위기로 자유대한민국을 몰아가고 있다.

지난 김대중, 노무현 좌파정권들은 그래도 국민이 무서운 줄은 알았다. 또 적당히 서민정책을 내세워서 국민 지지도를 높일 줄도 알았다. 그러나 작금의 문정권 주사파 위정자들은, 이들이 매일 쏟아내는 대한민국 파괴행위에서 보듯이, 국민은 안중에도 없다. 이들 얼치기 좌파 위정자들은 국민에 대한 두려움도 없다. 권력에 취할 대로 취해 있다. 뒤에서 조정하는 악령들의 속삭임에 여지없이 자신들의 영혼을 권력과 조직의 불구덩이 속으로 던져버리고 있다. 이런 '불나방' 같은 역할을 스스럼없이 해대고 있다. 그래서 양식과 상식을 갖춘 국민들에게 이들의 언행은 일종의 심리적 '공포'로 다가온다.

이들은 철저하게 이승만과 박정희를 역사 속에서 지운다. 또 대한민국의 건국일과 6.25전쟁의 기록을 제거한다. 애국가를 폄훼한다. 상해임시정부를 건국으로 자칭한다. 이어서 6.25 영웅 백선엽장군이 아니라, 공산주의자 김원봉을 '민족의 영웅'으로 앞세운다. 이런 모든 행동은 대한민국의 건국상징(National Symbols)들을 결단코 다 지워버리겠다는 정치적 목적 외에는 달리 해석할 방도가 없다.

신임 육사출신 국방장관은 한미동맹에 역행하는, 전작권 전환 당위성을 주제로 박사학위까지 받은 인물이다. 그에게 확실한 전작권 전환의 임무를 맡긴 것은 중국과 북한을 위한다는 것보다는, 문정권 위정자 자신들의 이념적 신념을 위해, 미국과 일본세력을 한반도에서 몰아내야 한다는 '객기'와 '자만심'의 발로라고 봐야 한다.

◇ **정통야당 존재감 상실한 국민의 힘의 '현상유지' 정책**

하루가 여삼추 같은 암울한 세월 속에서 다들 정신이 혼미하다. 그래도 정신을 차리고 불과 3년 반 전을 돌이켜만 보더라도, 세계 12번째 경제대국으로서 미국과 유럽의 선진국들이 겪었던 경제위기도 슬기롭게 넘어섰고, 튼실한 한미일 3각 동맹체제하에 대륙을 견제했던 미래지향적인 해양세력으로서의 대한민국이 자리매김하고 있었다는 사실을 쉽게 알 수 있다. 그러나 더욱 불행한 점은 이런 암울한 현실 속에서도 미래의 대한민국을 이끌고 갈 20대와 30대들이 이런 절박한 이념과 결부된 현실에 대한 문제의식이 적다는 사실이다. 그리고 이들에게 이념적 좌표를 찍어 줄 대한민국 정통야당의 정치적 존재감이 너무나도 미약하다는 사실이다.

정치적 좌표를 잃어버린 이름도 이상한 '국민의 힘'이란 정당의 현상유지정책은 악령의 지령으로 움직이는 침대괴물 유형이거나, 아니면 종말의 사도 유형을 한 이들의 '정치적 난장행위'(Political Rampage)를 더욱 부추기게 만들고 있다. 4차혁명시대, 5G 혁신과 최첨단 원자력기술을 선도해왔던 대한민국을, 작금에 통치하고 있는 얼치기 좌파위정자들의 체제전복 목표는 그저 대한민국의 완전한 파괴라는 것이 비로소 분명해 졌다. 통치능력을 상실한 채, 오직 선전, 선동을 통한 파국의 선동질만을 일삼는 이들의 정치공학과 사회공학의 결과로, 결국 플라톤의 '선동가'(Demagogue) 정의에서 제시되었던 한 예화처럼, 대한민국이라는 배가 '바다'가 아닌 '산'으로 가고 말았다.

하기야 소위 80년대 학생운동을 주도했던 586 주사파 세력들이 학생신분으로 제대로 된, 단 한 학기의 강의라도 들었던 적이 있었던가! 그냥 공부와는 담을 쌓고, 알 수 없는 곳에서 오는 강령으로만 움직였던 무능하고, 무식한 대학생들이 아니었던가! 이들은 부패와 패권본능으로 점철된 중국역사를 동경하고, 마오이즘으로부터 통치매뉴얼을 만들어서, 소위 '문빠'라는 홍위병도 만들고, 정치사기와 조작극을 자행하면서 지금껏 살아왔다. 그렇지만 솔직하게 고백컨대, 설마 자신들이 '언감생신' 대한민국 정권까지 잡으리라고는 미처 생각하지는 못했을 것이다.

그러나 무능하고 이기적인 무개념, 무이념의 자칭 보수우파라는 '야누스의 얼굴'을 한 무책임한 집권세력들이 이들에게 대한민국의 정통성과 정치권력을 무기력하게 그냥 공짜로 상납했다. 그럼에도 불구하고, 피해가지 못할 한탄스런 현실은 천우신조로 2년 후 정권교체가 일어난다 하더라도, 문 정권 하에서 이미 망가져버린 대한민국을 살려내기가 참으로 어렵게 되었다는 점이다.

그래도 작금의 파국상황을 성공적으로 넘어서고, 2년 후에 제대로 된 미래지향적인 대한민국을 재건하기 위해서는, 또 다시 자유애국시민들의 피와 땀과 눈물을 강조할 수밖에 없다.

더자유일보, 2020년 9월 19일

사라지는 자유민주주의, 돼지 목의 진주목걸이였나!

극단적 보수인 '반동'으로 치닫는 文정권 과연 어디로 가나!
부패관료와 불법율사를 꾸짖지 않는 사회, 과연 희망이 있나!!

후쿠야마(Francis Fukuyama)는 20세기말 동구권과 소련이 무너지는 정치적 상황에서, '냉전종식' 이야말로 파시즘적 전체주의에 대한 자유민주주의의 승리, 또 공산주의에 대한 시장경제와 자본주의가 승리한, 소위 역사발전 과정에서의 '종착점'이 완결되었다고 흥분했다. 인간의 심리적, 정신적, 물질적 욕구들을 충분히 만족시켜주는 자유민주주의야말로, 더 이상 다른 이념으로부터 도전받지 않고 영원히 존속될 이념이며, 그래서 앞으로의 역사는 그 어떤 대규모의 투쟁사도 기록하지 않을 것이라고 강조했다.

후쿠야마는 헤겔(Georg F. Hegel)의 '주인과 노예의 변증법'예를 들었다. 즉, 인간은 인정받기위해 경쟁을 하는데, 경쟁자가 돌연 죽어버린다면 자신의 승리를 알아줄 상대가 없기 때문에, 경쟁상대를 '노예'로 만들고, 그 노예로부터 무한한 복종의 기쁨을 향유한다는 것이다. 그러나 경쟁상대가 자신과 같은 재산, 지식, 권위를 갖고 있는 '자유인'이라면, 그와의 경쟁승리와 그 결과는 더욱 값어치가 있어진다. 인간관계에서의 '상호성'과 '존중'(Respect)은 자유인들로 구성된 자유민주주의 체제를 결과적으로 크게 확대시키고, 그 속에서의 경쟁결과도 더 큰 의미를 갖게 만든다는 것이다.

후쿠야마의 주장은 다분히 서구사상에 기반을 두고 있다. 또 그가 주장했던 '역사의 종말'이란 말이, 채 식기도 전에, 헌팅톤(Samuel Huntington)의 '문명충돌론'이 대두되었고, 현재 동양과 서양의 문명권을 달리하는, 미중 간 지역 패권전쟁이 날로 격화되고 있다.

공산주의의 창시자인 마르크스(Karl Marx) 조차도, 관계(Kwan-xi, Relations)와 양반계급(Scholar Gently) 등으로 특징지어지는 독특한 아시아적 '야만'에 대해 언급했던바가 있듯이, 서양의 관점에서 동북아 한미일 3국은 분명 '서양문명의 초점'으로부터 상당히 멀리 떨어져 있다. 그만큼 동양적 전통에서 유래되는 각 국가별 문화적 습속이 강하게 동북아국가들을 강타하고 있는데, 이는 전통과 민속, 민중(Folks)을 중심으로 독특하게 창조되어진, 독일에서 유래된 '정치적 낭만주의'(Political Romanticism)와 그 뿌리를 같이한다.

◇ **종족적 민족주의의 탄생과 한민족 신화**

빨리 제국주의로 나선 서양제국을 따라잡고, 부국강병에 기반을 둔 근대국가를 형성하기 위해서, 일본은 황제를 중심으로 종족적 단결을 부르짖었던, 독일의 '법제도'와 '독일정신'(German Geist)을 그대로 받아들였다. 일본 명치철학자들의 '국가론'과 '종족적 민족주의' 사조는 1899년 '무술정변'으로 피신했던, 중국 근대사상가인 '캉유웨이'와 '량치차오'에 전파되었고, 이는 다시 한국의 민족주의자 '신채호'에게 전달되어, 전대미문의 5천년역사에 빛나는 '한민족'이 그렇게 탄생하게 되었다.

결국 한중일 3국간 편차는 있겠지만, 일본발 종족적 민족주의는 현재의 중국과 한국의 정치정향에 지대한 영향을 미치고 있다. 특히 국가보다 '민족'을 앞세우는 文정권은 지난 73년간 유지해 왔던 대한민국의 자유민주주의체제를 역사 속으로 지우려고 안간 힘을 다 쓰고 있다.

돌이켜보건대, 근대 계몽주의 철학의 시대 순으로, 최초의 민주적 통치계약자인 홉스(Thomas Hobbs, 1588)를 비롯하여, 로크(John Rocke, 1632), 흄(David Humme, 1711), 스미스(Adam Smith, 1722), 벤덤(Jeremy Bentham, 1748), 밀(John S. Mill, 1806) 등으로 이어지는 영국의 경험주의에 입각한 계몽주의철학자 계보와 대륙의 합리주의 계보를 이어가는 파스칼(Blaise Pascal, 1622), 몽테스키외(B. Montesquieu, 1686), 루소(J. J. Rousseau, 1712), 토크빌(Alexis Tocqueville, 1805) 등으로 이어지는 프랑스 계몽주의철학자들의 문명적 철학계보는 칸트(E. Kant, 1724), 헤겔(G. F. Hegel, 1770), 마르크스(Karl Marx, 1818)로 이어지는 독일 철학계보와는 그 내용과 규모, 그리고 사상적 영향력 차원에서 분명히 확연한 차이가 난다고 볼 수 있다.

독일로부터 '서양'(West)으로 치부되었던 영국과 프랑스와 달리, 독일은 스스로 非서양권 또는 '동양'(East)으로 분류하고, 이성에 기반을 둔 철학기조보다는 '감성'과 '민속'에 기반을 둔, 낭만주의사조 속으로 깊이 심취해 들어갔다고 보여 진다. 결과적으로, 프랑스혁명 이후 갈라져 나오게 된 두 가지 형태의 이념체제, 즉 자유주의형 체제와 전체주의형 체제의 대립양상에서, 독일은 자유주의보다는 전체주의적 체제형태로 변모해서, 확대, 발전되어 나갈 수밖에 없는 철학적 기반이 영국과 프랑스보다 월등하게 강하게 작동하였다고 볼 수 있다.

서양의 역사 속에서 '개인의 자유'는 결코 추상적인 형태가 아니었고, 자유를 추구하고자 하는 개인으로서 국민들의 현실적인 '피와 땀과 고통의 산물'이었다. 자유민주주의는 그렇게 '고통'과 '피의 대가'로 만들어졌고, 민주주의의 상징인 자유와 평등이 언급되기 전에, 먼저 '국가의 독립'이 절대적으로 우선시 되어졌다. 독립된 국가가 먼저 선행되지 않고는 그 안에 자유, 평등, 박애정신은 존립할 수가 없었다. 그래서 모든 자유민주주의국가들이 근대국가로 거듭나는 과정에서 필히 수반되어져야 했던 여러 형태의 '전쟁'들을, 그 엄청난 희생에도 불구하고, 자유시민들은 전혀 두려워하지 않았다. 그리고 그 전쟁의 결과로, 더욱 결속된 독립국가로서, 자유민주주의를 공고화해 나갈 수 있었다.

◇ 근대국가로의 건국은 했지만 '국민건설'에 실패한 대한민국

반면, 대한민국은 그렇게 만들어지지 못했다. 주어진 해방과 치열했던 좌우이념의 공방은 이승만대통령의 탁월한 지도력과 한국전쟁이라는 희생을 치룬 후에도 제대로 된 '국민건설'(Nation-Building)을 이룩하지 못했다. 보통명사화하고, 박제화 된 자유, 민주에 대한 '몰가치' 속에서, 물질주의에 빠진 대한민국 국민들은 자유민주주의가 선물한 영광된 대한민국의 '기적'을 망각한 채, 종족적 민족개념을 앞세우는 反대한민국세력에게 정권을 빼앗겼고, 이제 고통스런 나날들을 보내고 있다.

남북한 '생명공동체'를 주장하는 文정권의 성격은 과거 프랑스혁명이후 프랑스와 독일이 거듭되는 혁명과 반혁명 속에서 동일하게 경험했던바 있는 바로 '수구'(Reactionary) '꼴통'인 '극도의 보수주의'(Extreme Conservatism) 성격을 띠고 있다. 중국의 '천하질서'에 복종하는 조선시대 '반상의 정치'를 21세기에 구현하려 하고 있기 때문이다.

문제는 양식과 상식이 통하지 않는 '내로남불'과 '자화자찬'의 억지 속에서, 대한민국세력에 대한 끝없는 '원한'과 '복수심'을 전개하는 이들의 언사가 민주주의사회의 탈을 쓴 '사회적 자연상태'(Social State of Nature)를 방불케 하고 있다는 점이다. 더 큰 문제는 그나마 버텨오던 입법, 사법, 행정, 국방영역에서의 소수엘리트들조차도 이제는 내놓고 文정권의 부패와 불법행위들을 감싸고돈다는 점이다. 아마도 文정권이 그들 스스로의 말대로, 20년 정도는 거뜬히 영속할 것이라고, 기회주의적으로 판단하고, 알아서 넙죽 엎드리는 모양새다.

그러나 묻고 싶다. 아무리 文정권의 체제전복을 위한 파괴행위와 이를 수반하는 정책결정들이 압도적인 권세로 보일지라도, 결코 역사 속에서 지워질 수는 없을 것이다. 그러니 지금까지 관료로, 법관으로, 장군으로 살아왔다면, 그 정도의 결과에 대한 '예측성'은 있어야 하지 않겠는가! 미친년처럼 날뛰는 '운명의 여신'(Fortuna)을 제압할 '탁월함'(Virtu)에는 미치지 못하더라도, 그 역사적 결과를 내다보는 '지혜'(Prudence) 정도는 있어야, 그나마 73년을 이어온 대한민국이라는 작금의 민주공화국이 생존할 것 아닌가 말이다!!

고통과 억압 속에서도 '나는 내 영혼보다 내 조국을 더 사랑 한다'고 외친 마키아벨리(Niccolo Machiavelli)의 '조국에 대한 충성심'이 저물어가는 대한민국위에 서럽게 그립다...

더자유일보, 2020년 10월 16일

체제탄핵이 아닌 국가탄핵,
결국 '민족통일전선'으로 나아가고 있어!

**대한민국, 외세로 인해 생긴 정치공동체 역사 속으로 사라져야!
대한민국 상징들을 지우고, 경제주체인 중산층 파괴 중!!
1975년 베트남 패망의 역사가 겹쳐지는 중!!!**

　대한민국 야당인 '국민의 힘'이 신명을 다해서 달라 들어야 할 정치적 부정, 부패문제들이 한 둘이 아닌데, 그저 의사당에서 목소리만 높이고 있다. 文정권의 독재행위에 만사 너무 안일하게 대응하고 있는 것 같아, 참으로 우려스럽지 않을 수 없다. 그래도 100명이 넘는 야당이 전원사표를 낸다는 마음으로 일체된 행동을 하면, 文정권도 상당히 당황하지 않을 수 없을 텐데, 마치 의원개인들의 사고가 뭔가로 부터 지배당하고 있는 듯이, 단한 명의 의원도 횃불을 들고 치고 나가는 용기를 보여주지 못하고 있다.
　더욱이 노쇠한 정객인 김종인 비상대책위원장은 자기 직책인 비상대책위원장에 어울리지 않는, 지속적인 친 호남행보만 감행하고 있어서, 보는 이의 눈살을 찌푸리게 한다. 그는 지난 8월 광주 5.18묘지에 가서 무릎을 꿇고 사죄하는 모습을 취한 뒤에, 며칠 전 '국민의 힘' 의원 48명을 대두하고, 전북지역을 방문했다.

그는 향후 '국민의 힘' 비례대표의원 중 25%를 호남인사로 채울 것을 약조하고, 낙후된 호남을 위한 '발전기금'을 착실히 마련하겠다고 나섰다. 서울과 수도권선거에서 거의 몰살당하고, 겨우 영남에서 대부분 당선된 국민의 힘 의원들이 자신들의 지역구는 접어두고, 대거 호남으로 몰려가 이런 짓거리를 하고 있으니, 이 사람들 정말 제정신인지, 아니면 원래 이념이 없는 그런 골빈 사람들인지 묻고 싶은 심정이 된다.

◇ 국민의 힘 김종인 위원장, 현상유지적인 안일한 정치 노름 멈춰야!

이들의 행동으로 인해, 자괴감에 몸부림칠 영남의 국민들과 보수우파성향의 유권자들은 이제 어디를 쳐다봐야 하는가? 쇄락한 보수층은 그들의 안중에서 사라져 버린 것인가? 무엇보다도 먼저, 김종인 위원장의 의식에 문제가 있다. 지금 文정권은 대한민국 자체가 '적폐대상'이기 때문에, 대한민국 안에 있는 모든 법과 제도가 모두 적폐대상이라고 생각한다. 다시 말해 김종인 자신을 비롯한 야당의원들 모두가 文정권의 적폐대상인데, 정말 김종인 위원장은 국민의 힘을 엉뚱하고 안이한 정치노름을 하도록 소의 고삐를 잡고 있는 것이다.

'5.18 특별법'을 만들고, 전라도지역을 이용해서, 애초부터 태어나지 말았어야 하는 대한민국을 완전히 역사 속에서 제거하려는 文정권의 의도를 간과하고 있고, 더 나아가 이들이 취하고 있는 일종의 '민족해방통일전선'과도 흡사한 '정치공학'을 제대로 읽어내지 못하고 있는 것이다.

당장 보더라도, 개인주도의 불법사모펀드에 국가기관인 공사들이 대거 투자하고, 이를 사전에 검증해야할 국가기관들이 비호했던 증거가 넘쳐나고 있는데, 이에 대한 수사는 제대로 진행되지 못하고 있다. 또 북한에 대한 안보태세는 이미 다 허물어졌고, 군 기강은 해이해 질대로 해이해 져 있는 가운데, 북한군에게 총맞아 죽은 해수부공무원에 대한 '결기'에 찬 문제제기도 사라졌다.

좌파기획으로 망가진 경제는 대한민국 중산층들을 몰락시키고 있는데, 엉망진창인 부동산정책으로 가진 자와 못가진자들 사이에서의 증오에 찬 진영논리만 '창궐'하고 있다. 국민의 피와 땀으로 이룩한 '한강의 기적'이 文정권위정자들의 눈에는 권력과 매판자본이 결탁한 '불의의 결과'로 비추어 지고, 그래서 이들은 대한민국 경제를 붕괴시킨 후에, 다시 자신들이 주도하는 국가에서 재건시켜야 할 대상이라고 생각하고 있다.

6.25 영웅들이 친일파가 되고, 애국가와 대한민국의 건국상징들이 모두 사라져야만 하는 '친일의 잔재'가 되었으며, 북한정권 창설에 기여한 김원봉이 민족독립군으로 추앙받아야 하고, 대한민국의 헌법은 상해임시정부에서 좌우합작으로 만들어진 임시정부 '강령'으로 새롭게 만들어져야 한다면, 文정권의 성격이 이미 백일하에 다 드러났다고 봐야 한다. 국가가 생존하고 나서, 그다음에 체제문제도 있는 것이다. 따라서 자유민주주의라는 '체제의 전복'이 아니라, 대한민국이라는 '국가의 전복'을 주도하고 있다면, 그 문제의 심각성은 체제전복보다도 더 크다.

만약 이들이 북한과 협력해서 가칭 '대한조선'이라는 '국호'를 만들고, 주권국가로서 국민들에게 주권을 지키기 위해 개인들의 목숨을 바치라고 합법적인 명령을 할 경우, 지금의 한국국민들은 어떻게 되는 것인가? 정말 재차, 삼차, 작금의 대한민국이 처한 상황을 생각하고, 또 생각해 봐야 한다. "외세를 배제하고, 민족은 당연히 하나가 되어야 하며, 전쟁은 절대불가이고, 평화는 지속되어야 한다". 어디서 많이 듣던 내용인데, 이 문구의 원조는 文정권이 아니다. 바로 베트남을 '적화통일' 했던 베트남 '민족해방전선'(NFL : 베트콩) 산하, '민족민주평화세력'이 주창했던 구호이다.

1967년 남베트남 야당 대선후보로 나섰던 "쭝 딘슈"는 입만 열면, 미군철수, 반전, 반미, 민족단결, 대화를 통한 평화구축 등을 내세웠다. 베트남통일 후에 밝혀졌듯이, 이 야당정치가는 북베트남 하노이가 직접 파견했던 간첩이었다. 베트남 적화통일이 대한민국에 주는 교훈은 베트남전이 '민족주의'를 앞세운 '정치투쟁'이었으며, 절대적인 힘의 우위를 확보하지 못하는 '평화협정'은 결코 지켜질 수가 없다는 냉엄한 '국제사회의 현실'이다.

文대통령도 입만 열면 종전선언, 평화협정, 민족은 하나, 남북한 영구적 평화구축 등을 강조하는데, 이제 북한은 미국본토를 겨냥할 수도 있는 핵무기시스템을 다 갖추었다. 이런 어마어마한 북한의 '힘의 우위'를 내버려두고, 무슨 의도로 북한에 굽실되는 '평화 쇼'를 벌이는 것인지, 이제 대한민국 전 국민이 다 알고도 남음이 있다.

◇ 文 정권의 평화 쇼, 베트남의 민족통일전선전술과 비교해 봐야

국민의 힘 김종인 비상대책위원장은 독일에서 박사학위를 했고, 이론 및 사상공부도 할 만큼 다 했기 때문에, 특히 나치에 동조했던 독일의 최고법학자인 '칼 슈미트'(Carl Schmitt)를 잘 알고 있을 것이다. 따라서 그가 강조했던 '진영의 논리'와 합법적인 '헌법 개정'을 통한 새로운 국가의 건설, 그리고 새로운 국가의 주권적 명령에 복종해야 하는 전체주의국가 속, '국민의 애환'도 그 누구보다 잘 알고 있을 것이다. 김종인 위원장과 국민의 힘 의원들은 작금의 文정권위정자들 '정치투쟁'이 '합법과 불법'이라는 정상적인 정치논리와는 거리가 멀어도 한참 멀다는 점을 깊이 고려해야 한다.

文정권위정자들이 강조하는 '주권'도 민주적 정통성이나, 국가의 주인으로서 국민의 의지를 표방하는 것과 많이 다를 수 있다. 이들이 강조하는 주권은 국가 탄생이전의 '가톨릭 보편주의'와 '제국'을 견제하기 위해 만들어진 '장 보댕'(Jean Bodin)의 '주권론'에 가깝기 때문에, 이들의 언어기만에 속아 넘어가지 말아야 한다.

　만약 文정권이 정치공동체로서의 대한민국이 근본부터 잘못되었고, 일본에 이어서 미국이라는 외세에 의해서 세워진 '위성국가'라고 생각하는 이들의 '현실적 타당성'들을 조금이라도 김종인 위원장이 인정한다면, 지금 국민의 힘이 나가는 길은 완전히 달라져야 한다. 처음부터 끝까지 아리송한 '표현'과 때로는 무지막지한 '궤변'으로 국민들을 현혹시키고 억압하면서, 진작 마음속에 있는 무서운 진실을 감추는 文정권위정자들에 대해 김종인 위원장은 단 한번이라도 이들의 행동과 사고가 베트남식의 '민족해방통일전선'과 가깝다는 생각을 해본적은 없는가!

　만약 그럴 수도 있겠다는 생각이 조금이라도 들 경우, 김종인 위원장과 국민의 힘은 보수우파를 재 결집시키기 위한 이념의 '정치적 빅 텐트'부터 다시 쳐야 한다.

더자유일보, 2020년 11월 9일

가덕도 신공항, 제2도련선 넘어
중국 태평양진출 돕는 교두보 된다!!

**상해와 연결, 중국 해운, 항공화물 이어주는 제2물류기지역할 담당!
미, 일의 대한 물류흐름 끊고, 부산을 중국 차이나타운으로 만들어!!**

내년 부산지방선거를 앞두고 뜬금없이 가덕도 신공항 건설문제가 튀어나왔다. 이미 김해국제공항의 확장이라는 결론이 나왔는데도 문정권 위정자의 말 한마디에 곧바로 없던 일이 되었다. 국민의 힘이라는 야당의원들은 다시 대구경북과 경남부산으로 갈려져, 이전투구 난장판을 만들고 있다.

부산의 국민의 힘 국회의원들은 하나같이 이 정권의 또 다른 마술피리소리에 속아서, 자신들의 영혼을 팔고 있고, 모두 다 가덕도 신공항이 하루빨리 건설되어야 한다며, '가덕도 신공항 특별법'을 발의하고 있다. '예비타당성조사'도 면제해주고, 작년 말 공수처 신설문제로 회자되기 시작했던 그 유명한 '패스트 트랙'도 도입한단다. 이들의 뒤에, '김무성'이라는 한때 이당의 당 대표를 했고, 대체적으로 '친중 노선'

을 띠며, 여당의 호남세력과도 친분이 있는 부산의 '정치대부'라는 인물이 무대 뒤의 그림자처럼 어른거린다. 왜일까? 부산시장에 출마하는가? 문정권의 '이중대'로서는 정말 딱 제격인 것 같다.

언론과 정치가들은 오로지 가덕도 신공항이 갖는 경제성만 얘기하고, 이와 연관된 지역 세몰이와 선거에서의 표몰이만 쉴 새 없이 언급하고 있다. 그 누구도 가덕도가 건설되면, 새카맣게 몰려올 '중국민항기'와 그 속에 숨어서 들어올 '중국전투기'들과 관련된 국제안보와 국제정치적인 문제는 전혀 언급하지 않고 있다.

'국제정치지리학'적인 관점에서 보면, 가덕도 신공항은 중국의 태평양진출을 열어주는 중국의 군사, 물류 교두보역할을 확실하게 담당할 수 있다. 그리고 대한민국의 해양진출을 책임져왔고, 여전히 미국과 일본과의 물류교두보역할을 해온 부산을, 중국의 '차이나타운'으로 만들 수 있는 지정학적 환경이 조성된다.

◇ **부산의 차이나타운화로 미국과 일본의 對韓 안보협력 차단**

지금 당장 '동북아시아' 지도를 펴놓고, 지리적으로 중국과 연결되어 있는 가덕도를 자세히 들여다보라! 이미 호남은 중국의 영향력아래 들어 간지 오래고, 이제 한반도의 중심을 넘어서 가장 오른쪽으로 치우쳐 있는 부산을 '중국 화' 할 수 있는 여건이 마련되려고 하는 순간을 맞이하고 있다. 대놓고 '친중반미'를 외치는 것 보다, 중국세력이 들어와서 그 지역을 장악하게 되면, 그냥 아무소리 못하고 '중국의 속국'이 되는 것이다. 그리고 공항은 항상 군사안보적인 문제와 밀접하게 결부되어 있고, 유사시 공항의 전략적 가치는 그 어떤 군사기지보다도 높다.

중국이 대한민국의 동남권을 장악하면, 자연히 인천공항은 허리가 잘려나간다. 수없이 인천을 들락거리는 미주, 일본, 유럽항공 물류도 잠식당할 수밖에 없는 강력한 차단벽을 만나게 되는 것이다. 이런 것들을 모두 생각한다면, 지금 중국은 문정권이 너무나도 기특해서 속으로 '문재인 만세'를 부르고 있을 것이다. 순식간에 자기마음대로 중국의 속국이 되겠다고 대한민국 국민들을 속이고, 번개에 콩 구워먹듯이 가덕도 신공항을 들고 나오는데, 제1야당의 국회의원들도 덩달아 같이 춤을 추니, 시진핑은 이들이 얼마나 고마울까?

미국은 중국을 포위하기 위해서 자유진영으로 구성된 대중 체크포인트(Check Points)들을 형성해 왔다. 최근 소위 '쿼드 (Quad) + 알파'를 구성해서 대중압박전략을 강화하고 있다. 그러나 '쿼드'는 고사하고 최소한 베트남, 싱가포르, 태국 등과 같은 알파그룹에는 속해줘야 하는 동맹국인 한국이, 미국의 대중 전략에 늘 삐딱하게 나온 것에 대해, 미국은 항상 탐탁지 않게 생각하고 있었다.

그런데 이제 대놓고 중국의 태평양진출 교두보를 마련해 주는 일종의 '세작' 역할을 문정권이 하고 있다고, 미국이 생각하게 된다면, 앞으로 밀려올 미국과 일본 주도의 국제정치적 후폭풍을 대한민국이 감당할 수 있을까? 심히 두렵다. 문정권의 사회주의화와 친중 예속화를 우려하는 대한민국 자유애국시민들은 최근에 들어와서 왜 중국 고위급 정치위원들이 부산을 방문하고, 부산에 대한 관심을 확대하고 있는지, 다시한번 심각하게 생각해봐야 한다.

◇ 도련선은 중국의 태평양 진출을 위한 거점 전략

부산이 어떤 곳인가! 부산이야말로 대한민국이 태평양을 향한 해양세력으로 뻗어나갈 수 있는 최적의 전략지역이다. 그리고 유럽으로 이어질 수 있는 대륙을 향한 출발점이기도 하다. 이런 부산을 중국은 자신들의 차이나타운으로 활용할 계획을 세우고 있는 것이다. 가덕도 신공항은 이런 중국의 대한반도 예속전략과 미국에 도전하는 중국의 태평양진출을 위해서 반드시 필요한, 인접국에 위치한 중국의 전략적 교두보가 되는 것이다. 중국이 '방어선'이라고 강조하는 '도련선'은 중국의 말 그대로 '방어선'이라고 믿어서는 안된다. 중국의 도련선은 바로 중국의 해양진출을 위한 '전략선'이며, 방어가 아닌 '공격선'인 것이다.

이미 중국의 제1도련선은 남중국해에서 중국의 회색지대전략(Gray Zone Strategy)을 앞세운 7개의 인공 섬 건설로 돌파되었고, 이제 일본을 넘어서서 태평양으로 진출하려는 제2도련선은 대한민국의 가덕도를 교두보로 쉽게 돌파할 수 있게 상황이 만들어 지고 있는 것이다. 내륙에 위치한 김해공항의 재확장만으로도 늘어나는 인적, 물적 항공부담문제들을 충분히 가름하고도 남는다. 실질적으로 지난 10년의 세월 속에서 이런 현실적인 문제들이 다 들어나서 국민들의 눈에 일일이 목격되지 않았던가!

자유대한민국이 그리고 역사와 전통속의 '자유부산'이 바로 옆에 위치한 무지막지한 중국 전체주의세력들에게 종속되어도 괜찮다는 말인가! 문정권과 중국의 복심을 읽어내고, 자유대한민국을 지켜내기 위해서 먼저 부산의 자유시민들이 궐기해서 막아서야 한다. 그리고 국민의 '교사역할'을 담당해야 할 대한민국 자유언론들은 제발 가덕도 신공항문제를 경제문제로만 치부하지 말고, 단 한번이라도 국제정치적인 관점에서 심층 해부해서, 적실성 있는 기사들을 써주기 바란다.

더자유일보, 2020년 11월 21일

막나가는 민주주의의 부정,
사회적 아노미현상 확대시켜!

'인지부조화'를 일부러 조장하는 文정권, 언제까지 참아야 하나!
사회적 아노미현상 확대되면, 엄청난 자살률 증가로 이어져!!
상식과 양식이 파괴된 세상, 이제 종교단체가 나서야 하지 않겠나!!!

대한민국 73년 헌정사에서 이렇게 지독하게 국민의 마음에 상처를 주고, '분노와 원한'을 쌓이게 만드는 정권은 처음이다. 문제는 국민의 모범이 되어야 할 文정권위정자들의 위선, 기만, 사기, 거짓말로 인한 국민들의 '인지부조화'가 아노미현상과 함께, '자살'이라는 극단으로 반영되어 나타날 수도 있다는 점이다.

깊어져가는 '분노'와 그로 인한 '원한'은 자기성찰이 불가능하게 만들고, 스스로 극복하기 어려워진 상황은 아노미현상을 빚어, 모두를 적으로 인식하는 무차별적인 파괴행위로 나타나거나, 극단적인 자기파괴인 '자살'이라는 심각한 사회문제를 야기한다.

소위 '세계화' 된 21세기 지구촌에서 여전히 강력한 영향력을 발휘하는 고전적 사회학자는 프랑스사회학자 에밀 뒤르켐(Emile Durkheim)이다. 그는 프랑스혁명 이후 전개되었던 극심한 안과 밖의 불안정한 사회 속에서, 유대교 랍비 집안에서 태어나, 율법에 따른 엄격한 종교교육을 받았다. 그러나 자신의 종교에 회의를 갖고, 스스로 무신론자임을 천명한 이후, 프랑스가 혁명의 후유증으로 제자리를 찾아가는 70년의 세월 속에서, 소위 현대 '사회학'이란 학문적 영역을 최초로 개척한 철학자로 자리매김했다.

◇ **프랑스 사회학자 뒤르켐의 자살론**

뒤르켐은 '자살론'(Le Suicide)으로 유명하다. '개인과 사회제도'는 분리될 수 없는 상호적 영향을 미치는데, 통합된 사회는 통합된 사회대로, 분열로 인해 억압과 규제가 심한 사회는 그런 사회대로, 극심한 '일탈' 현상을 겪는 개인들을 '자살'로 유도한다고 설명하고 있다. 이기적 자살, 이타적 자살, 아노미적 자살과 숙명적 자살 등, 사회과학적 통계를 사용해서 관념적 자살세계를 재단했던 뒤르켐도 1차 세계대전에서 아들과 제자들이 줄줄이 사망하자, 그 충격으로 1917년 방년 60세에 눈을 감는다.

파스칼(Blaise Pascal)은 인간의 '전쟁행위'는 어처구니없게도 '죽음'을 보지 않으려는 무신론자들의 '공포'에 기인한, 소위 '기분풀이'로서의 파괴행위로 보았는데, 무신론자였던 뒤르켐도 전쟁으로 인한 '가족의 소멸'이라는 실존적 충격이 그의 학문세계와는 무관하게 초월할 수 없었던 '죽음의 상처'가 되었다니, 한편으로 아이러니하기도 하다. 뒤르켐은 자신보다 17년 일찍 사망했던 니체(Friedrich Nietzsche)와 출신배경과 철학적 인식체계에서 적지 않은 동질성을 갖고 있다. 두 사람 모두 성직자의 자제였으며, 그럼에도 불구하고 두 사람 모두 무신론자였다.

니체는 사적인 이해만 따지는 기독교에 크게 실망했다. '사람 신'인 예수가 보여준, '보이면서도 보이지 않는 힘'에 대한 성찰은 없고, 무조건적인 신에 대한 복종만을 강조하면서, 무능력하게 타락해버린 기독교를 질타했다. 그래서 '용기'로 대변되는 '남성성'을 잃어버린 기독교는 죽었으며, 이를 극복하기 위한 '초인의 의지'를 강조했다.

공동체의 해체와 종교기능의 상실로 인한 인간의 자살동기를 분석했던 뒤르켕도 결국 약한 인간의 의지와 이를 악용하는 제도적 모순과의 역학관계를 심도 있게 분석, 설명하고 있다. 의지보다는 타성에 젖어 무능할 수밖에 없는 '너무나 인간적인 인간들', 그래서 '자살의 유혹'에 빠져드는 인간들에게 '초인의 의지'를 갈구하고 있다.

◇ 국내 각종 종교집단에도 대거 진출해 있는 대깨문들

입만 열면 정의, 평등, 공정, 평화 등을 강조하면서, 뒤돌아서서 온갖 위선과 사기, 부정과 부패를 일삼고, 이를 도구삼아, 자신들의 권력을 강화하려는 文정권위정자들을 보고 있노라면, 뒤르켕이 강조하는 사회적 일탈현상과 인지부조화로 인한 자살충동을, 마치 전염병처럼, 한국사회 전역에 의도적으로 퍼트리고 있는 것 같다.

거듭 반복되는 선전, 선동효과로 머릿속에 세뇌된 내용들을 지워버리기도 전에, 또 다른 차원의 세뇌공작이 연속된다면, 이 또한 양식과 상식을 가진 시민들이라면 정말 견뎌내기가 쉽지 않다. 또한 이성적 상식과 양식에 입각한 사회현상에 대한 분석은 시간과 노력이 들어간다.

이는, 다시 말해, 상당한 '지적 고통'이 따르는 인지과정이 수반되어야 한다는 말이기도 하다. 이런 고통과 어려움을 줄여주는 한 가지 방법은, 그냥 듣는 대로 주입된 이미지와 현상들을 생각 없이 믿어버리는 것이다.

가족, 종교단체, 시민공동체 등과 같이, 건전한 집단의식 속에서 개인의 존재가치는 쉽게 발견되지만, 비합리적이며, 감성적인 '집단적 쏠림현상' 속에서, 개인의 존재가치를 찾기란, 해변의 모래 속에서 바늘 찾기처럼 어렵다. 그래서 소위 '대깨문'이라는 집단의 탄생은 불문곡직 이성을 닫아버리고, 감성과 쏠림현상만을 쫓아 다니는, 거친 인간들의 동물에 가까운 야성적 본능이 원동력이 되었으리라 사려된다. 이성이 마비된 상태에서 반복되는 정보의 유입은 곧 바로 인간의 인식과정 자체를 쉽게 세뇌시키기 마련이기 때문이다.

놀라운 사실은 이런 '대깨문'의 일원들이 종교계에도 많이 진출해 있다는 사실이다. 불교나 기독교와 같은 '고등종교'야말로 이성과 합리성이 바탕 되지 않으면, 종교로서의 존립이 불가능함에도 불구하고, 버젓이 종교계에서 '대깨문'들이 활약하고 있는 것이다.

그래서 분별력을 상실한 종교단체, 특히 기독교 대형교회들이 진정 종교단체인지, 아니면 교세확장을 위한 사업단체인지를 묻지 않을 수가 없다. 분명한 기독교적 '기율'과 '신앙의 목표'가 있을진대, 교세가 확장되고, 그 속의 양떼들이 사회로부터 격리되어, 온전하게 보호받으며 편하게 살수만 있다면, 목회자의 사회공동체에 대한 사명은 다한 것인가!

사회공동체의 체제가 변질되고, '국민'이 '인민'으로 바뀌어도 괜찮다는 건가? 뭔가 文정권의 독재가 마음에 걸리지만, 섣불리 나섰다가 권력으로부터 '정'을 맡으면, 자신만 손해라는 생각을 하는 것은 아닌지, 교회연합성명서 하나 나오지 않는 작금의 현실이 도저히 믿어지지 않는다.

프랑스 루이14세 당시, 성직자들이 '왕권신수설'을 옹호하자, 백성들은 왕권신수설이 하나님의 의지인줄 알고 쉽게 그렇게 믿었다. 그것도 과학과 산업이 발전하고, 계몽주의철학자들이 사회혁신의 주도권을 잡기 전까지, 수백 년 동안 사기와 기만으로 가득 찬, 엉터리 교회들과 성직자들이 시키는 대로, 바보처럼, 노예처럼, 그대로 믿었다.

  지금 한국교회가 그 지경에 빠졌다면 과언일까? 21세기형 니체와 튀르켕이 작금의 한국사회에서 또 다시 나와야 한다는 것인가? '정교분리'는 교황청의 세력 확장으로 열세에 몰린 왕권수호자들이 '종교의 간섭'을 줄이고자, 정치와 교회를 분리시켜야 한다고 주장한 것이다. 그러니까 21세기 현재에는 '정교분리' 본연의 취지가 전혀 맞지 않기 때문에, 더 이상 정교분리라는 명제의 뒤편에 고등종교가 숨는 것은 종교 본연의 '기율'과 '목적'을 저버리는 정말 교활한 짓이다.

◇ 청와대 '불사파' 라는 깡패, 양아치 집단들

  이제 '청와대주사파'라고 불리지 않고, '청와대불사파'로 불리고 있다. 文정권 전에 존재했던 과거정권 같았으면, 벌써 10번도 더 몰락했을 정도로, 안과 밖의 정책실정과 부정부패로 이어지는 기만과 사기술이 범람했음에도 불구하고, 文정권의 권력은 더 크게 확대되었으니, '불사파'라고 불리는 것도 이해는 된다. 또 한편으로는, 마치 '조폭영화'에 나오는 '양아치깡패집단'들과 유사한 이름으로 '불사파'라고 불리는 것 같기도 하다. 어찌되었든지 간에, 이들로 인한 대한민국 파괴행위는 날이 갈수록 점점 더 심대해 지고 있는 것은 피할 수 없는 현실이다.

  민주주의는 좌와 우의 소수엘리트들 간 상호 전쟁이 불가피하며, 이들 소수의 엘리트들은 연대와 세력을 먹고사는 '선동가'들이기도 하다. 좌파 文정권은 권력, 세력, 연대, 친위대로서의 '아방가르드집단' 등, 모든 것을 다 가졌다. 반면에 반대편 보수우파들은 정말 그 어떤 세력도 제대로 형성하지 못하고 있다. 겁에 질렸는지, 아니면 개인적 실리만을 추구하는지, 제1야당인 국민의 힘은 文정권이 대한민국을 나날이 파괴해 가도, 여전히 듣기 좋은 중도, 실용, 협치, 원내투쟁, 대화와 타협 등만을 강조하고 있다. 때로는 '고성'을 지르기도 하는데, 이는 마치 합창대회에 나간 '합창단원의 일치된 소리' 같기도 하다.

그래서 믿을 수 있는 마지막 조직과 세력은 불교와 기독교 종교단체와 연합된 시민단체밖에 보이지 않는다. 대한민국의 체제가 바뀌고, '국민'이 '인민'으로 될 때는 이미 너무 늦다. 또 그때에는 그렇게 맹신했던 '정교분리'라는 사회적 가치도 당연히 흔적조차 없이 사라질 것이다.

'대한민국의 자살'을 유도하는 간악한 무리들에 대한 '호국불교'와 '호국기독교' 연합단체들이 신속하게 나서줄 것을 학수고대한다.

더자유일보, 2020년 12월 2일

文정권의 모택동식 전복전, 이제부터 속도 낸다!

갈팡질팡 '국민의 힘', 좌경화하면서 '수권' 청사진도 사라져!
남과 북, 이미 낮은 단계 연방제로 갔다고 봐야 한다!!

반문연대인 비상시국연대 등의 노력이 가시화되는 중에, 연초부터 서울시장후보로 안철수, 부산시장후보로 국민의 힘 출신 정치가들이 압도적으로 여론조사 선두자리를 지키고 있다. 정치공학에 찌든 정부여당 한편에서는 드디어 박-이 두 대통령 '사면카드'를 만지작거린다. 하지만 청와대 주사파 위정자들과 '문빠'들은 전혀 생각이 다르다.

합법적으로 권력을 장악해 '인민독재' 형태로 국가를 운영하고 있는 문 정권은 구체제 엘리트들을 증오하는 획일적 평등에 대한 국민적 열정을 적극 활용했다. 이들은 입법 권력을 주도해 법을 선별적으로 적용하며, 공포를 조성하고 있다. 그리고 법과 제도위에 세워진 대한민국이란 자유민주 공동체를 점진적으로 타락시키고, 변형시키는 바이러스를 심으면서, 체제전복을 위한 마지막 단계로써 '기동전'에 돌입하고 있다.

합리적으로 생각하면, 견원지간인 친이, 친박 야권정치가들을 단칼에 자중지란에 빠뜨리기에는 박-이 두 대통령 사면카드보다 더 좋은 카드는 없다. 또 정국상황에 따라서는 내각제 개헌카드를 내놓을 수도 있다. 점점 악화되는 우한코로나를 핑계로, 계엄령에 준하는 '공안정국'을 조성할 수도 있을 것이다.

◇ **이, 박 前 대통령들 사면, 절대 안할 것**

그러나 현재 문 정권은 인민독재를 위한 모든 수단과 도구들을 다 준비시키고 있다. 그때그때 민심의 향방을 포퓰리즘으로 선동하면서, 안되면 공수처를 비롯해, 경찰력을 동원한 공포정치의 준비도 이미 끝난 지 오래다. 그러니 '철면피'를 넘어서 '강철면피'인 문대통령이 새로운 정국돌파를 위해 자애로운 모습으로, 자신도 모르는 내용의 A4형 '정치선언'을 감행하는 바보 같은 모험을 할 이유가 없다. 그래서 '사면'이라는 어리숙한 사기와 기만전술을 절대 수용하지 않을 것이다.

이게 나라냐! 정말 이게 나라냐! 애국시민들의 격앙된 분노와 함께, 뭔가 새로운 정치적 분위기가 태동할 것 같은 정국상황은, 미안하지만 여전히 단번에 날아갈 수 있는 정치적 '신기루'와도 같다. 그래서 여전히 정부여당은 '반문연대'니, '비상시국연대'니 하는 재야의 움직임들을 비웃고 있다.

여기에는 문 정권 위정자들의 당연한 이유가 존재한다. 지금까지 4년 동안 성공적으로 끌어왔던 정치적 파르티잔(Partisan)전술이 진정 그들이 원하는, '새로운 인간형'(New Men)들을 상당부분 만들어 내었기 때문이다. 또 법과 제도를 모두 장악한 합법적인 권력의 위세로 얼마든지 영혼이 없는 '사물'(Things)과 같은 국민들을, 앞으로도 더 많이 개조해 낼 수 있다고 믿고 있기 때문이다.

◇ 인간의 말과 행동, 생각을 감금하는 文 정권의 파르티잔 전술

포퓰리즘과 기막힌 정치적 기만전술로 쇠약해진 국민들은 그저 자신들의 안락한 물질주의적 세상에 만족하면서, 공적미덕은 사생활에 감추고, 깊고 깊은 '정치적 무관심'의 세계로 빠져들고 있기 때문이다.

문 정권 위정자들이 감행했던 정치적 파르티잔 전술의 키워드는 자유 그 자체가 물질적 번영과 개인의 안락한 생활을 위협한다는 사기극으로 인간의 말과 행동, 그리고 생각을 감금시킨 일이다. 그리고 손에 쥐어주는 달콤한 현금으로 자유시민들을 스스로 가져야 할 용기와 모험정신, 사회적 역할과 책임의식, 창의력과 지도력을 완전히 포기하도록 만들었다는 점이다.

사회를 양분시키고, 공동체를 불신의 도가니로 만들며, 법과 제도를 신뢰하지 않도록 일상의 삶 속, 정의와 공정을 완전히 조작했다. 특히 이념과 불신의 바이러스들을 공동체 깊숙이 침투시킨 행위는 그 어떤 독재자보다도 타락한, 비열하고 악랄한 술법이었다. 영혼과 가치를 상실한 민주주의는 민주주의 안에서 자행되는 수천가지의 반민주적 행위들을 잉태하고 있다는 사실을 이용해서, 자유민주주의와 시장경제라는 대한민국 체제를 완전히 타락시켰다. 그 위에 합법적으로 체제를 전복시키는 파르티잔 형태의 전복전을 벌였다.

◇ 올해는 文 정권의 멘토인 중국 공산당 창당 100주년

기실, 국가 간의 전쟁은 눈앞의 보이는 적을 향해 내부적인 단결과 결기를 다질 수 있는 의외의 국내적 정치 상황들을 만들어 낼 수 있다. 그러나 안에서 일어나는 전복전은 눈에 보이지 않는다. 그리고 무차별적인 분열과 파괴가 벌어진다. 그리고 설사 체제전복에 성공하지 못하더라도 그 악의적 여파는 '국가영혼의 타락'이라는, 치유되기 힘든 잔인한 결과를 불러온다.

올해는 문정권위정자들이 자신들의 '멘토'(Mentor)로 생각하는 중국공산당의 창당 100주년이다. 그리고 중국공산당이 강조해 온 소강사회가 실현되는 해이기도 하다.

현재 궁지에 몰려있는 중국이 아직까지 소강사회라며 선전, 선동하는 일은 현실에서 잘 나타나지 않고 있다. 하지만 중공건국 100주년인 2049년에는 미국을 넘어서는 패권국이 되겠다는 암묵적인 결기는 여전히 만연하다. 중국의 법제도와 경찰과 군대를 이용한, 전체주의적 국가주의를 그대로 답습하고 싶어 하는 문정권 위정자들로서는 자신들의 장기권력 장악의 정치공학 '로드 맵'이 중국의 '패권달성 해'와 정확히 맞닿아 있다.

◇ 文 정권, 모택동 전술을 대한민국 체제전복에 활용

자생적으로 인민독재를 유발시키고, 그 힘으로 중국대륙을 적화시킨 마오저뚱의 파르티잔 정치전술을, 문정권 위정자들은 반세기이상의 시대적 시간대를 넘어서서, 동일하게 자유대한민국의 체제를 전복시키는데 적극적으로 활용하고 있다.

근대국가 개념에서 '영토'가 의미하는 바는 가히 절대적이다. 그럼에도 불구하고 문 정권은 대한민국의 영토개념을 서둘러 와해시켰다. 그리고 북한과의 생명공동체를 주장하면서, 이제는 코로나백신까지 먼저 제공하자는 관념에 사로잡혀 있다. 그야말로, 중국을 섬기는 남과 북이 이제는 완전히 정신적인 단계를 넘어서는 현실적인 단계에서의 낮은 단계 연방제를 이루고 있다고 봐야 한다.

향후 문 정권 위정자들은 서울과 부산 지방선거를 놓고 상상을 초월하는 정치공작과 그 어떤 불법적 행위도 다 자행할 수 있다고 가정하고, 치밀한 대응체제를 만들어 내어야 한다.

현재 반문연대에 공감하는 후보들의 여론조사가 좋게 나온다고 해서 자만하면

안된다. 또 국민의 힘 후보자들과 안철수 등 반문 후보자들 간 상호 협력적 관계가 깨질 경우 겨우 살려낸 작은 '희망 불씨'도 여지없이 물거품처럼 사라질 것이란 사실을 항상 기억해야 한다.

더자유일보, 2021년 1월 6일

文신년회견에
숨겨진 음모

여전한 자화자찬과 내로남불, 국민들만 초상집이다!

나날이 침몰하는 대한민국을 매일 목도하면서도, 남의 다리에 '고약' 붙이는 것 같은 한심한 처방만 내놓는 문대통령이란 사람이, 코로나 바이러스 뒤에 숨어, 기상천외한 '비대면' 형식을 빌어, 신년기자회견에 나섰다.

그는 청와대 참모들과 연습을 많이 했는지, 시종일관 '혈색 좋은 얼굴'로, 듣기는 좋지만 전혀 현실성이 없는 아리송한 얘기들만 앵무새처럼 시종 반복했다. 그런데 아무래도 그 내용들 뒤에는 또 다른 정치적 '기만'과 '공작'이 숨겨져 있는 것 같다. 자유대한민국이 침몰한다면, 당연히 대한민국 국민 1호인 문대통령도 비통한 얼굴로 국민들이 처한 어려운 삶을 애통해 해야 하는 것이 정상이다.

그러나 언론에 도배되듯이 매일 터져 나오는 불법과 권력비리문제, 부동산과 주식폭등문제 등등에도 불구하고, 문대통령은 마치 딴 세상 사람처럼 '심정'이 편안해 보인다. 이제 마음을 비우고 모든 것을 다 내려놓았나? 전혀 그렇지 않다. 권력의 화신처럼 적폐청산과 촛불혁명을 부르짖던 '내로남불'의 '기개'는 보이지 않지만, 뭔가 자신의 뜻대로 잘 되어가는 것 같은, 그런 느낌을 받는다.

◇ 문대통령이 숨겨놓은 '한 방'은 뭘까?

그래서 문대통령은 창밖으로 부딪치는 폭풍우에도 불구하고, 내면에서 넘쳐나는 근거 없는 자신감, 또는 정신승리에 따른 '자기체면'이 마치 '기분풀이식 유토피아'를 꿈꾸게 만드는 것 같다. 그렇다면 뒤에 숨겨둔 '한 방'들은 과연 뭘까? 양식과 상식을 가진 보통 인간이라면 자신이 망쳐놓은 대한민국 5천만 국민들의 원망이, 심지어 '반역자'라고 불리는 것이 두려워서라도 밤잠을 설치면서 눈 밑이 꺼멓게 타들어가야 한다. 그런데 전혀 이런 기대치와 다르게 희색이 만연한 얼굴로 문대통령을 바꾸어 줄 수 있는 그 숨겨둔 시나리오들은 과연 뭘까?

"구정 전에 놀라운 부동산대책으로 부동산문제를 한방에 해결할 것이다." "최고의 방역시스템과 함께, 백신공급으로 올해 하반기에는 코로나 바이러스문제를 다 해결하겠다." 이런 거짓과 기만공작은 이제 국민 모두가 다 사기인줄 알지만, 몇 가지 눈에 띄는 다른 언급들이 발견되었다. 먼저 문정권의 턱밑에 비수를 들이대고 있는 윤석열 검찰총장과 최재형 감사원장을 인정했다. 문 대통령은 이들은 문 정권에서 임명한 공무원들로써, 이들의 행위가 정치적이지 않다는 점을 '콕 집어서' 피력했다.

◇ 왜 윤석열과 최재형은 내 사람이라고 했을 까?"

다시 말해 지금까지 그 난리를 펴왔던 윤-추 갈등문제와 최재형 원전감사문제에 대한 더불어민주당의 반발과 대깨문들의 난리를 잠재웠다. 대신 윤석열과 최재형 두 사람이 문 정권 사람인 것을 강조했다. 그것은 언제든지 문대통령은 이들과 다시 협력할 수 있다는 암시를 준 것이다.

기실, 시중의 여론조사를 믿기는 참으로 힘들다. 하지만 그래도 참고사항정도는 된다고 간주한다면, 최근 압도적으로 차기대선에서 1등후보로 등장하고 있는 이재명경기지사가 불러대는 '문비어천가'가 예사롭지 않게 들린다. 문정권은 이미 운명의 마지노선인 '차기대선'에서 정권재창출을 위한 여러 형태의 대선용 전략 시나리오들을 마련하고 있다. 이는 경우에 따라서는 윤석열과 최재형을 자기사람으로 회유할 공작시나리오들까지 다 만들어 놨다는 얘기가 된다.

물론 당사자인 윤석열과 최재형이 문정권의 회유를 받아들이지 않을 확률은 차고도 넘친다. 하지만 글쎄... 권력과 돈으로 무장한 파렴치한들이 겁박하거나 회유하지 못했던 시대적 영웅은 없었다. 그리고 윤-최 모두, 다소 부정적으로 보면, 믿음이 잘 가지 않는 '영혼부재의 관료'들 아닌가! 그러므로 살아온 인생과 가족들의 안위를 생각해서, 윤-최 모두 국민들로부터 주어진 임기라는 소임을 다하고, 정치라는 더러운 우물에 손을 담그지 않고 퇴임하는 것만으로도, 묵시적인 성공사례가 될 가능성이 아주 높다.

◇ **두려운 박원순식 막장 드라마**

윤-최 모두는 지난해 박원순 서울시장사건을 잘 기억하고 있다. 그래서 문정권이 휘두를 수도 있는 인면수심의 막장드라마가 더욱 두려울 수도 있는 것이다. 어느 날 갑자기 황급하게 북한산에 올라간 박시장이 자살했다는 뉴스가 마치 짜 맞춘 듯이, 그렇게 국민의 혼을 쏙 빼놓듯이 언론에 도배되었다. 이미 서울시민이 가장 좋아하는 등산로가 되어서, 곳곳에 CCTV가 설치되어 있는 북한산자락에서,

어처구니없는 사람 찾기 'TV쇼'가 벌어졌다. 훤하게 다 잘 보이는 상황을, 마치 짙은 안개가 끼어서 잘 안 보이는 듯이 헤매면서 그렇게 시간을 보냈다. 경찰수색대 군견 한 마리면 1-2분 안에 찾아내었을 사건을, 왜 경찰 몇 중대를 풀어서, 수색하고 난리를 폈을까?

결국 자살인지, 타살인지 구분도 안되는 '변사사건'을 부검도 하지 않은 채, 또 성추행사건이라는데, 본인과 피해자의 통화내역에 대한 핸드폰 포렌식 조사도 하지 않은 채, 그냥 강제로 '서울시장장례'로 묻어버리고, 재빨리 화장해 버렸다.

◇ 文 정권 내내 끊이지 않는 의문사들

사건 전모에 대한 국민적 의문이 꼬리를 물고, 현재에도 추잡한 사건에 대한 피해자들의 아우성이 터져 나오는데도, 문 정권은 눈썹 하나 까닥하지 않는다. 문제는 지난 4년 동안 문 정권 하에서 이런 식의 사건처리와 피해자에 대한 겁박과 회유사건이 줄을 잇고 있다는 점이다. 정경심과 조국사태로 시작된 권력형 비리문제와 대한민국 중산층을 괴멸시키려는 경제 및 부동산 정책은 이미 어제, 오늘의 일이 아닌 것을, 대한민국 국민들 모두 너무 잘 알고 있다.

그런데도 문정권의 권력은 약해지기 보다는 더욱 강해지고 있다. 이제는 자신들이 살기 위해서라면, 그 어떤 불법과 부정행위도 자행할 수 있다는 위기의식을 대한민국 국민들은 '묵시적'으로 또는 '본능적'으로 느끼고 있다.

대한민국 국민들이 문대통령으로부터 느끼는 위기의식에 휘발유를 뿌리듯이, 남북한 간에 '짜고 치는 고스톱'은 여전하다. 북한 김정은은 8차 당대회에서 핵 무력을 무려 36차례 강조했다. 압도하는 핵전력으로 북한이 남한을 통일하겠다는데도, 문대통령은 대화와 협력, 위장된 평화의 중요성만을 강조하면서, 국민을 속이고 있다.

◇ **남북한과 중국의 동북아 운명공동체**

'소대가리', '머저리'라는 치욕을 감수하면서도, 남북한 간 이런 엇박자를 내는 것은 누군가 남북 정상들 위에 군림하는 '보이지 않는 손'이 이들 남북 간에 고의적으로 엇박자를 내도록 유도하고 있다고 봐야 한다.

결국 시진핑-김정은-문재인 3자로 엮어지는 '동북아 운명공동체'를 놓고, 권력순위 1위인 시진핑이 권력순위 2위인 김정은을 시켜서, 권력순위 3위인 문재인과의 엇박자로 미국의 대중, 대한반도 정책 혼란을 유발시키는 교묘한 전략, 전술을 가동시키고 있는 것이다. 안타깝게도 남-북-중 운명공동체는 곧 다가올 대한민국의 '경제 폭망'으로 인한 문정권의 소멸을 기대할 수 없도록 만든다.

현재 2008년 미국 발 금융위기 당시 풀렸던 1조 달러의 4배 이상인 4-5조 달러가 코로나문제로 미국 내부에 풀려 있는 상황에서, 미 '연준'의 이자율 인상 가능성은 백신수급에 맞춰서 '초읽기' 단계에 들어갔다. 한국은 부동산가격 급등과, 참으로 단어조차 저속한, '동학개미', '서학개미' 주도로 주식활황이 거듭되었다. 한마디로 실물경제는 없고, 여기저기 노름판들만 조성되어 있다.

◇ **한국 내부 혼란은 오히려 文 정권 체제전복 마중물**

그래서 이자율 변동에 따른 경제적 충격문제를 놓고, 겁이 난 '한국은행총재'가 연일 '경고등'을 켜고 있는데, 정치공작을 앞둔 문 정권은 지나치게 유유자적, 안빈낙도다. 이미 남-북-중 운명공동체 인식은 공고화되었고, 3국가 간의 외교적, 경제적 이익카르텔은 오래전에 완성되었다. 한 번도 경험하지 못한 세상에서, 그래서 단 한 번도 이 '반역적 사실'을 언급한 사례도 없었지만, 문 정권은 철저하게 자유대한민국의 '주권'을 중국과 북한에게 벌써 넘겨주었다.

그래서 대한민국내부에서 터져 나온 혼란은, 그 크기가 크면 클수록, 문정권이 원하는 자유대한민국의 '체제전복'과 그들만의 '혁명'을 위한 기가 막힌 '마중물'이 되게 되어있다. 문대통령은 인간다운, 너무도 인간다운 모습으로 변장한 '악령'의 모습으로, 오늘도 자유대한민국과 자유애국시민들을 철저히 희롱하고 있다.

더자유일보, 2021년 1월 20일

인민민주주의와
자유민주주의

**진보적 자유주의와 결탁한 문화상대주의, 결국 종말을 부르나!
文 정권 주사파 악령들, 양아치본성 가리려니 사기 칠 수밖에!!
이성이 사리진 말초적 감성시대, 자연법사상까지도 위협해!!!**

◇ **사회적 자연 상태와 인간적 근엄성**

상대주의라는 '사회적 자연상태'(Social State of Nature), 감성에 잠식당한 이성적 논리는 결국 목소리 큰 놈과 사기와 기만에 능숙한 놈들을 절대 당해 낼 수 없다. 인간은 본능적으로 내부적인 자격지심은 가능하면 숨기려하고, 동시에 외부적으로는 고상한 척, 잘난 척, 힘센 척하며, 우아하게 보여 지는 자신의 거짓모습에 집착하게 만든다.

지난 4년 집권기간 동안, 한번도 경험하지 못한 세상을 보여주고 있는 문정권 위정자들을 놓고 이런 저런 말들이 많다. '양아치'에서 시작해서 사기꾼, 위선자, 시정잡배, 얼치기 이념가, 악마의 탈을 쓴 인간 등등, 그야말로 좋은 얘기는 하나도 없다.

지금까지 인류역사에서, 싸워야만 하는 상대지만, 존재를 인정할 수밖에 없는 나름대로 위대한 '악당' 또는 '적'들도 많았다. 패전의 책임을 지고 목을 내놓는 장수에게 보이지 않는 갈채와 존경을 피력하는 경우도 적지 않았다. 비록 적이지만, 자신이 믿었던 이념과 가치를 위해서 기꺼이 목숨을 바치는 책임있는 태도와 이로 인한 인간적 '근엄성'(Dignity)에서 무시할 수 없는 상대의 존재감을 느끼게 만든다.

적폐수사가 한참이던 文 정권 집권초기, 청와대 내정에서 대통령, 비서실장, 그 밖의 여러 참모들이 흰 와이셔츠차림에 체인점 커피를 한 개씩 들고, 희희낙락, 박장대소하는 사진에서, 아마 너무도 어울리지 않는 이들의 어색한 '기만적인 몸짓'으로, '구토'를 느낀 국민들이 꽤 많았을 것이다.

◇ 이익 카르텔이 만든 새로운 인간형

개헌시도, 종전선언, 민족통일, 반일, 반미 등을 내세우며, 북한과 하나 되는 맹종적인 종북적 태도를 모태로, 북한도 의아해하는 일방적인 대한민국 체제전복을 도모했었다. 동시에 체제혁명이란 미명아래, 이들은 또 수많은 권력형 부정부패와 비리를 함께 저질렀다. 결국 4년이란 시행착오 끝에 드러난 진상은, 자신들의 권력 장악과 자금 확보를 위해 그리고 자신들의 영구집권과 이익 카르텔주도의 '새로운 인간형'들을 창출하기 위해, 이념을 강조하는 체제전복이나 북한과의 근거없는 통일전망을 내세운 것 뿐 이었다고 보여 진다.

지금까지 대통령이란 자가 자기도 알지 못하는, 얼마나 많은 이념적으로 아리송한 이야기들을 했던가! 국민들을 헷갈리게 해놓고, 언제 그랬냐는 듯이 정상적인 유체이탈 발언도 가끔 했다. 결국 이런 사기극의 결론은, 권력과 돈을 장악하고 영구화시키기 위해서 문정권 주사파들은 자신들의 이념가치에 따른 체제전복이란 대의명분을 슬쩍 이용했던 것 같다. 그러니까 완전한 이들의 사기극 놀음에

일부 대한민국 국민들이 놀아난 셈이다.

지정학적으로 4대 강대국에 둘러싸여 있는 한반도의 통일과정이 국내적인 역량만으로는 절대 불가능한 상황에서, 밑도 끝도 없이 '하나의 민족'을 내세워, 한반도 평화통일을 이루겠다는 이들의 발상자체가 사기극이었다는 사실이 이제야 백일하에 드러난 것이다.

◇ **이성의 몰락과 'Nation'**

이성의 몰락과 문정권의 출현에 대한 보다 근원적이며, 사상적인 이유들을 찾아보자. 서구 계몽주의 철학자들은 밤하늘에 빛나는 별과 같은 영롱한 인간의 이성으로, 모든 국민이 평등하고, 자유로운 법과 제도를 만들어 낼 수 있다고 보았다. 그럼에도 불구하고 산업혁명과 근대국가의 탄생과정에서 출몰한 여러 형태의 상황적 변수들로 인해서, 인간의 이성에 기반을 둔 국가체제는 '인민민주주의'와 '자유민주주의'라는 두 가지 체제형태로 나타났다.

그런데 근대국가 생성과정에서 탄생한 'Nation' 이란 존재가 결과적으로 이성에 기반 한 '인민민주주의'와 '자유민주주의' 체제 모두를 크게 뒤 흔들어 놓았다. 감사하게도 서구 근대문명을 일본의 메이지 철학자들이 그 개념들을 모두 한자어(조화)로 정의해 주었고, 특히 아시아 국가들은 그 성과로 인해 서구적 근대 개념들을 정립하고, 제대로 된 근대국가로 나아갈 수 있었다. 그러나 한 가지 유감스러운 것은, 국가, 국민, 인민, 민족 등등 여러 형태로 번역되어 나타나는 'Nation'에 대한 분명한 정의는 없었다는 점이다. 아마도 메이지 철학자들도 서구개념에서의 'Nation'을 명징하게 구분해 내기가 상당히 힘들었을 것이다.

시카고 대학의 미어 샤이머(John Mearshiemer) 교수는 전통적 자유주의가 '진보적 자유주의'로 나아갈 수밖에 없었던 요인으로 산업혁명, 민족주의, 복지정책추구 등의 3가지 요인을 들고 있다. 특히 '생존'을 위해 필히 국가를 만들어야 했던, 지정학적으로 여러 형태로 존재했던 'Nation'들의 '위기의식'과 산업화와 세계화에서 동반되었던 시대적 변화에 따른 'Nation'의 변이과정들이 다양하게 존재했다고 강조하고 있다.

그 결과 이성에 입각한 인민민주주의와 자유민주주의 모두가 'Nation'에 의해 크게 도전받게 되었다는 것이다. 하기야 국제주의를 내세웠던 인민민주주의 형태인 국제공산주의도 노동자가 주인이 되는 국제주의보다는, 동질적인 노동자국가들을 참혹하게 유린했다. 독일의 침공에 당황한 스탈린 조차도, 소비에트군대는 '조국'을 위해 싸워야 한다고 일갈하지 않았던가!

◇ **변종적 문화상대주의**

그래도 인간의 이성에 입각한 프롤레타리아 혁명분자, 예를 들어 한국의 운동권 'PD' 계열들은, 나름 열심히 이성적인 논리를 전개했지만, 민족주의 화된 '변종 마오이즘'으로 무장한 얼치기 민족해방분자, 다시 말해 주사파 운동권 'NL'계에 의해서 뼈도 못 추리고 정복당하지 않았던가! 결국 이성적 논리가 통하지 않는, 듣도 보도 못했던 혈족적 민족을 등에 업은 이념적 사기꾼들에게, 그리고 이들이 품어내는 감성적 억지논리에 이성적인 'PD'계는 속수무책으로 당할 수밖에 없었다.

개인의 자유와 시장논리에 입각한 전통적 자유주의보다는 시민사회에 대한 국가개입이 엄청나게 늘어난, 민주당 주도의 진보적 자유주의 형태로 미국은 뒤도 안돌아 보고 시종일관 달려 나갔다. 그런데 작금의 미국은 2차 대전이후 유럽과 중국으로부터 유입된 변종적 '문화상대주의'(Post-Modernism)로 인해서, 한편으로 극심한 내부적 고통을 동시에 받고 있다.

진보적 자유주의도 명징하게 인간의 이성을 기반으로 하는 이념체계이며, 시대의 변화와 적절하게 균형을 이루어나가면 좋은 성과를 기대할 수도 있는 개념이다. 그러나 인간의 감성을 강조하는 문화상대주의와 진보적 자유주의가 결탁하면서, 미국사회는 지금까지 단 한번도 경험해 보지 못했던 역사, 문화, 정치경제, 사회문화, 인종이란 총체적인 영역에서, 진실, 사실, 현실에 반하는 극심한 '상대주의'가 창궐하고 있다.

막 출범한 바이든 행정부의 각료들은 한마디로 문화적 상대주의 차원에서 발현되는 '인종전시관'이 되었다. 특히 미 국무부 국제안보담당차관으로, 대북제재해제와 정전협정체결을 지속적으로 주장해 왔던, '종북주의자' 흑인여성(Bonne Jenkins)을 임명한 것은, 가히 충격적이다.

미 민주당이 유지하고 있는 그래도 이성에 기반한 진보적 자유주의가 바이든 행정부에서 유지되어 나갈지 참으로 걱정이 크다. 만약 감성이 지배하는 문화적 상대주의와 변종적 형태의 좌익사상을 미국사회가 버텨내지 못한다면, 아마도 지구촌적인 종말론이 대두될 수밖에 없을 것이라는 참담한 생각마저 든다.

◇ 십계명과 열린 자유사회

인간의 가치, 재산과 생명권, 행복추구권을 지켜주는 입헌민주주의 또는 자유민주주의라는 법치제도의 근저에는 '자연법사상'이 깔려 있다. 거창하게 말해서 자연법사상이지, 아주 쉽게 말해, 이는 인간으로써 가져야 할 가장 기본적인 이성적인 마음을 말한다. 더 쉽게 말하면, 그냥 성경에 나오는 '십계명'이라고 생각하면 된다. 그 주요 강령은, '살인하지 말라', '남의 것을 도적질하지 말라', '부모에게 효도하라', '이웃을 사랑하라', '정직하라', '성실하게 노력하며 겸손하게 살아 라', 그리고 '하느님'(진리) 이외의 '잡신'(문화상대주의)들을 섬기지 말라, 등등이다.

한국과 미국은 동일하게 자유민주주의를 체제로 삼고 있는 '열린사회'이다. 그러나 주어진 해방과 독립, 습속으로 작용하는 유교질서의 영향으로, 근대적 관념이 뒤떨어진 한국사회의 근대적 퇴행성은 미국보다 훨씬 더 심하다. 그래서 정말 어이없게도 작금의 문정권이란 얼치기 마오이즘을 빙자한, 거대한 사기꾼 정치집단을 대한민국 국민들이 대면하면서 크게 고통 받고 있다. 더 큰 문제는 전지구촌이 당면하고 있는 이성을 상실한 감성위주의 상대적 문화주의와 전 세계에 창궐하고 있는 혈족적 민족주의로 인해서, 이성의 주체인 인간들이 살아갈 미래가 지나치게 암울해 보인다는 점이다.

  말도 안되는 '내로남불'과 '자화자찬'은, 감성으로 똘똘 뭉쳐진 인간들에게는 그저 무시해도 좋거나, 때로는 이상적으로까지 보여 질 수도 있다. 그러나 인류에게 주어진 가장 기본적인 자연법사상이 조롱당하고 끝내 사라질 경우, 인간의 존재의미와 역사문명도 함께 사라진다는 사실을 절대 잊지 말아야 한다.

리베르타스, 2021년 2월 1일

국내정치

그만큼 속고도
아직도 文에게 미련이 남았나?

권력 사유화와 독점은 독재의 독배!
권력욕, 인간의 본성이자 역사의 무덤!!
독재권력 맛들인 文정권, 절대 권력 못 내려놓을 것!!!

◇ 국민통합? 말할 자격 있기는 한가?

文 정권 위정자들의 정치공학, 참으로 현란하다. 윤석열 검찰총장에 대한 열성적인 국민적 지지가 워낙 뜨거우니까, 마지못해 이 위협을 먼저 깨뜨리려는 정치공작의 전면에 文대통령을 먼저 내세웠다. 철면피를 넘어 '강철 면피'를 한 문대통령은 A4용지를 통한 신년사에서, 마치 아무 일도 없었던 것처럼 자애로운 대통령의 모습으로, '국민통합'이란 단어를 재차에 걸쳐 강조하고 나섰다.

그러나 거듭된 '국민 갈라치기'로 '통합'이란 말이 대한민국 사회공동체에서 얼마나 비참하리만큼 유린당했는가 하는 점은 이미 대한민국 국민들 전체가 일상의 삶으로 느끼고, 크게 격분하고 있다. 통합? 갑자기 왜? 답은 명징하다. 전직대통령으로서 가장 오랫동안 감옥생활하고 있는 박근혜 전 대통령을 사면시켜, 작금의 '윤석열에 대한 국민적 열기'에 찬물을 뿌리려는 공학적 의도다.

文 정권 스스로 일개 평검사를 벼락출세 시켜 서울중앙지검장으로 올리고, 소위 '적폐 수사'를 진두지휘하게 했던, 윤석열 검찰총장에 대한 나쁜 이미지를 조작하려는 것이다. 나아가 윤 총장의 적폐 수사에 걸려서 억울하게 감옥생활을 하고 있는 박근혜 전 대통령을 따르는 이들에게, 윤 총장의 과거 행적을 부각시켜 윤과 박 두 세력이 서로 증오하면서, 피터지게 싸우게 만들려는 공작이기도 하다.

어깨 위에 붙은 두 눈알들이 360도 회전하는 '간재미'처럼, 일단 박 대통령 사면을 선행해서 먼저 밑 '간'을 볼 참이다. 사면 후, 박-윤 두 세력 간에 충돌이 일어나서, 윤 총장의 국민적 지지도가 내려간다면, 그래서 자신들이 원하는 조작된 현실이 실현된다면, 슬그머니 이명박 전 대통령도 사면시키려 할 것이다. 윤 총장 세력과 박근혜 세력 간의 충돌이 상호 파괴적이란 점이 현실로 증명되면, 마치 '견원지간' 같은 친이-친박 세력 간 상호대립도 향후 짭짤한 정치적 재미를, 文 정권에게 던져 줄 수 있음은, 부수효과 쯤 될 것이다.

◇ 코로나 현금 포퓰리즘, 지방 선거 정조준

만약 이런 식으로 문 정권 위정자들이 그려내는 정치공학적인 시나리오가 성공한다면, 선거를 앞두고 전 국민을 대상으로 풀어대는 '코로나 위로금'이란 '현금 포퓰리즘'으로 文 정권은 서울과 부산에서의 지방선거를 독식할 수도 있다. 文 정권은 내년 대선에 이르기까지 이미 수많은 정치공학, 사회공학적인 시나리오들을 갖고 있다. 서울과 부산의 지방선거에서 야권이 승리한다고 하더라도, 文 정권은 그 상황에 맞춘 또 다른 정치적 파르티잔(Partisan) 전술이 준비되어 있다.

예를 들면, 이미 '국민의 힘' 당은 '이원집정제' 개헌을 당론으로 정하고 있으니까, '국민의 힘' 당을 동원한 이원집정제 개헌 논의를 꺼내어서 정국을 장악할 수도 있고, 공수처나 입법권을 장악해 법을 통한 '공포정치'와 국민을 현혹하는 현금 포퓰리즘으로 정국을 장악할 수도 있다.

또 다른 시나리오로는, 아예 윤총장 세력과 文 정권이 '재결탁' 하는 기상천외한 공학적 전략을 채택할 수도 있을 것이다. 이미 文 정권 위정자들은 '천의 얼굴'로 국민을 기만하고 사기 쳐왔다. 그러니 윤총장 보고도 '우리가 남이냐'면서, 그리고 '우리의 지지'로 오늘의 윤 총장이 있지 않았느냐면서, 뻔뻔스럽게 명분을 내세우고, 서로 협력하자고 제안할 가능성도 충분하다.

특히 검찰총장을 비롯한 검찰내부개혁을 위한 모든 노력들이 '애국의 충정'에서 파급된 내부적 갈등이 아니었냐면서, 이제 국민과 대한민국을 위해, 이 엄중한 코로나시국을 넘어서기 위해, 서로 힘을 합치자고 너스레를 떨 수도 있다. 이런 상황에 대해 윤 총장이 어떻게 대응할 것인지는 현재 예단하기 상당히 힘들지만, 일단 윤 총장을 속이기 위한 '명분과 논리'의 힘은 상당부분 이들이 갖추고 있다.

◇ 현재 진형형인 디지털 시대의 부정선거 가능성

이런 시나리오들은 물론이고, 현재 文 정권 위정자들로부터 가장 경계해야 할 점은, 작년 4.15 총선이후 지금까지 내내 논란이 되고 있고, 미국 대선에서도 미 헌정사상 초유의 난리가 난 것처럼, 디지털기재를 이용한 선거부정행위를, 다시 말해 눈뜨고 코 베어가는 기가 막힌 선거 부정행위 가능성 여부일 것이다. 그리고 디지털 선거 부정행위 가능성 외에도, 예를 들어 호남지역에 있는 열성 지지자들을 부산과 서울지역 이리저리로 비밀리에 이주시켜서, 친여성향의 유권자들을 미리 서울과 부산지역에 추가 투입하는 '합법'을 가장한 선거 부정행위도 아울러 경계해야 한다.

물론 투표주소지 사전 이전의 경우는 실질적으로 선거결과에 큰 타격을 주기는 힘들다. 하지만 만약 '박빙의 승부'가 예측될 경우에는, 이 또한 절대 무시 못 할 선거결과를 가져다 줄 수도 있다. 서양속담에 '지옥으로 가는 모든 길은 선의로 포장되어 있다'는 말을 인용하지 않더라도, 이미 文 정권의 위선과 기만으로 가득 찬 '공정'과 거짓과 사기로 점철된 '정의'는 양식과 상식을 갖고 있는 모든 대한민국 국민들로부터 이미 버림받았다.

지난 4년 동안 현실에 반영된 文 정권을 단순히 이념적으로 개념화하면, 이는 분명한 좌파독재 좌파파시스트들이 추구하는, 전체주의정권이라고 말할 수밖에 없다. 이들은 '진보'라는 거짓의 가면을 쓴 채, 중세 조선시대로 돌아가, 자신들의 권력을 영구히 공고화하려는 '반상의 정치'를 획책하는 반동적인, '초극도의 보수주의자'(Extreme Conservatism)들이라고 불려 질 수도 있다.

◇ **권력의 사유화, 전체주의의 길목**

이들은 자신들의 소유화된 권력을 '영구화' 시키는 것이 지상목표이고, 종북, 종중 성향의 文 정권 주사파 위정자들의 선택에 의해서, 필히 대한민국 체제가 바뀌는 최종적인 목적지를 향해 나아가야하는 '회귀 불능'의 독재정권이라고 말할 수 있다. 그러니 이런 점들을 이해한다면, 자유대한민국 수호 또는 애국의 관점이라는 거시적인 차원을 떠나서, 노동자의 삶과 개인의 이익관점이라는 미시적 차원에서 보더라도 대한민국 노동세력들이 문 정권과 정치적 이념과 이해를 동일시하는 것은 완전한 모순이다.

文 정권 위정자들은 대한민국 노동계가 원하는 그런 북유럽적인 사회주의자들이 아니다. 이 말은 결국 이들의 머릿속에 노동자·농민을 위한 세상은 없고, 북한식 전체주의적 관념과 아집만이 존재한다는 뜻이 된다. 그러니 소수가 장악하는

독재 권력과 사유화된 권력을 영속시키기 위해, 이들은 궁극적으로 노동계도 무참히 짓밟고 희생시킬 것이라는 점을 곱씹어 봐야 한다.

    감옥에 있는 두 전직대통령들도 일종의 '정치적 몸부림'을 좀 쳐줘야 한다. 文 정권도 이제 정권 말기에 진입했기 때문에, 적당히 정치적 사건을 만들어 주면 언론들도 앞 다투어 보도하게 되어 있다. 따라서 文 정권이 혹시 사면을 고려한다고 하더라도, 이를 즉각적으로 거부하고, 친이·친박 세력이라는 특정 정치집단이 아닌, 대한민국 전체를 위한 통합된 목소리를 내줘야 한다.

    물론 아직까지 文 정권의 박-이 두 전직 대통령에 대한 사면결정을 속단하기는 힘들지만, 현재 세간에서 먼저 사면이 고려되고 있는 박근혜 전 대통령이라도 좀 더 적극적인 '정치적 몸부림'을 쳐 줘야 한다. 이미 권력을 완전히 장악했고, 제도권 내에 깊숙이 뿌리내리고 있는 文 정권과 그 추종세력들을 종식시키기 위해서는 자유대한민국과 야권세력들이 하나가 되는 특단의 노력과 협력들이 필요하다.

    개별적인 정치적 원한과 사적 이해, 그리고 권력욕망으로 인한 '일탈행위'가 발생하는 순간, 자유대한민국은 영원히 역사 속에서 사라지게 되어 있는 작금의 암울한 현실을 절대 잊지 말아야 한다.

리베르타스, 2021년 1월 10일

文정권, 이제 '이승만 지우기' 와 反美몰이 나선다!!

지독하게 뿌리 깊은 한국 좌파 역사!!
6. 10 민주항쟁 이후 좌파들 '민주 팔이'로 진지 구축!!
진지구축 후 성역화 확장!!!

　한반도에 주어진 해방정국은 2차 대전 종식 후 나타났던 강대국들의 영향 하에서 남북 모두 국가가 만들어지지 않은 상태였다. 따라서 미-소간의 냉전적 국제질서가 한반도를 지배하는 상황에서 소위 우파세력들은 조선조말기로부터 이어지는 지주세력과 미군정에 참여하는 세력들이었다. 그리고 좌파세력들은 당시 국제공산주의이론을 따르는 사람들이었다. 이승만대통령의 건국은 조선조에서 이어지는 전근대적 농업사회를 혁파하고, 국제공산주의세력을 배제시키는 가운데 이루어진 혁명적 국가건설이었다. 그가 실시했던 토지개혁은 대한민국이란 근대국가를 형성하는 초석이 되었다.

그러나 지주세력출신의 우파세력과 국제공산주의자들의 좌파세력을 동시에 배제한 이승만대통령의 건국혁명에 반감을 품은 내부세력 또한 크게 늘어났다. 특히 자유민주주의체제로의 국가건설에 반감을 품은 좌파세력들은 지속적인 내부공작을 통해서, 대한민국 정부에 저항했다. 급기야 북한이 주도했던 6.25전쟁으로, 대한민국 내에서는 결국 좌와 우가 극명하게 갈리는 거대한 역사적 분기점을 도출했다.

◇ 수면 밑 좌파, 민주화 바람 타고 급속 확산

이후 수면 밑으로 숨어든 좌파세력들은 군부정권 이후 등장한 문민정권들이 주창했던, 소위 '민주화'라는 바람을 타고, 급속도로 대한민국사회에 확산되기 시작했다. 그리고 이어지는 좌파정권의 창출을 기반으로 좌파세력들이 사회적 기득권을 완전히 장악하는 문재인 정권에까지 이르게 되었다.

문제는 6.25전쟁은 물론이고, 이후 냉전과 신냉전 과정에서 보았듯이 한반도의 최종적인 운명은 '강대국 중심'의 국제정치적 요인이 가장 크게 작동해 왔다는 분명한 역사적 사실을 문재인정권의 좌파세력들은 전혀 인정하지 않고 있다는 점이다. 이들은 과거 회귀적이며, 소위 신식민주의(Neo-Colonialism)라는 그들만의 이념적 도그마에 빠진 사람들이다. 이들은 아직도 대한민국이 강대국의 경제적 식민지 상태에 놓여 있다고 주장한다. 또 이를 믿고 있다.

따라서 이들에게 한반도를 둘러싼 국제정치의 중요성과 이를 바탕으로 하는 외교안보의 역학관계는 그냥 '배제'하거나 '해체'하면 되는 것이지, 보완하고 발전시켜야하는 문제는 아니다. 그리고 한반도에서 동맹관계를 기반으로 하는 '세력균형'이 무너져 나타날 수 있는 국제정치적 파급효과에 대해서도 이들은 종족적 민족주의에 입각한 소위 '민족의 자유' 관념에 빠져서 관심조차 두지 않고 있다.

마치 북한의 대외선전선동을 보듯이 이들은 그저 일본제국주의와 미제국주의자들을 대한민국에서 몰아내기만 하면, 그래서 이를 위한 국내적인 혁명을 완수하기만 하면 그 다음에 외세가 어쩔 수 있겠는가? 하는 정도로 국내정치와 국제정치를 동일시하고 있다. 이미 사법, 입법, 행정 3권을 모두 장악한 문재인 정권은 권력의 힘으로 온갖 '부정선거의 시비 거리'를 모두 잠재우고, 포퓰리즘이라는 '마술 피리'로 대한민국 국민들의 합리적인 이성적 판단을 계속 흐리게 만들었다.

◇ 청와대 집권여당이 '자유민주' 체제 전복 시나리오 가동

결국, 국가가 시민사회를 장악했고, 이미 '정치영역'과 '사회영역'이 동일해진 상황에서, 오래 전에 타락시킬 대로 타락시킨 자유민주주의체제를 재차 전복하기 위한 구체적인 시나리오를 청와대와 집권여당을 중심으로 '재가동'하고 있다. 이들은 북한이 자신들의 진정성을 받아만 준다면, 그래서 점진적으로 '남북연합'이나 '남북연방제'와 같은 방향으로 갈 수 있다면, 외세를 배제하고 자주적인 남북통일을 도모할 수 있을 것이라고 굳게 믿고 있다.

그런데 최근에 이들의 남북연합 시나리오에 심대한 문제가 생겼다. 북한 김여정의 발언에 입각해서, 북한 군부가 개성공단 내 남북연락사무소 건물을 폭파해 버린 것이다. 그리고 이어지는 김여정의 발언에 따르면, 백두혈통의 행동대원으로 나선 북한 군부가 이보다 더 심각한 도발을 할 수도 있다는 예측을 가능하게 만들고 있다. 이런 상황에 직면해서 문재인 정권은 크게 당혹해 하고 있다. 북한은 2019년 2월 하노이 미북회담 결렬의 모든 책임을 문재인 정권에게 돌리고 있다. 북한의 최고 존엄을 희롱한 문재인정권이 이를 보상하는 길은 당초 남북정상회담에서 약속했던 대규모 대북경제 지원이었다. 하지만 이 또한 유엔의 대북제재에 막혀 별다른 진도가 없었다.

현재 북한은 북한 백두혈통의 친위대역할을 담당하는 평양에서조차도, 배급이 중단될 정도로 심각한 경제위기다. 그리고 끊임없이 발생하는 양강도에서의 반란에 가까운 '인민저항' 속에서, 손상될 대로 손상된 김정은이라는 최고 존엄의 운신 폭은 극도로 축소될 수밖에 없다. 결국 이완되는 북한체제를 결속시키고, 더 이상 최고 존엄에 대한 구설수를 잠재우기 위해서는 김정은을 대신해서 악역을 맡아줄 대역이 필요했다. 지금 그 역할을 가장 믿을 수 있는 그의 수족인 김여정이 하고 있다고 볼 수 있다.

◇ 김여정은 악역 맡고, 김정은이 깜짝 중재자 맡을 것

당분간 김여정의 대남 도발 수위는 지속될 것이다. 북한의 도발 수위에 트럼프 대통령과 문재인정권이 적극적으로 대응하게 되면, 그 때 북한 김여정과 한미 양국의 3자 관계 중재자로 김정은이 깜짝 등장할 가능성이 높다. 결국 김정은의 대리인 또는 후계자로써, 김여정이 움직이는 것이 아니라, 김정은이란 북한 최고 존엄의 존재감을 위해서, 김여정이 한국과 미국에 대한 김정은의 외교적 책임 회피용으로, 악역을 담당하며, 현재 상황을 주도하고 있다고 볼 수 있다.

남과 북을 혈족적 민족주의 관념으로 파악하고 있고, 21세기 신식민주의적인 국제관계에서, 대한민국을 규정하고 있는 문재인 정권으로써는, 남북관계 진전을 위해서, 이제 '반미'로 돌아설 가능성이 그 어느 때보다 높아졌다. 탈북자들의 대북 삐라 전송행위를 막지 못해, 북한의 도발을 유발했다는 '말도 안되는' 상황에 대한 책임을 지고, 김연철 통일부장관이 사임했으나, 향후 들어설 신임 통일부장관은 이제 노골적으로 유엔대북제재를 묵살하고, 남북 경협을 추진하는 행동대원이 될 것으로 보인다.

신임 통일부장관의 막무가내 행동들을 지원해 주기 위해서, 문재인 정권은 현재의 신식민주의 상황을 가능케 했던, '친미파' 이승만대통령 지우기와 '종전협정'과 '평화협정'을 반대하는 미국의 대한반도정책을 싸잡아, 적극적인 '반미' 여론 조성에 몰입할 것으로 보인다.

더자유일보, 2020년 6월 29일

자유시민, 新전대협 외침 호응해서
文정권 독재와 싸우자!

'법의 통치'와 '법에 의한 통치' 구분 못하는 한국사회!
탈북자 인권단체 만도 못한 한국사회 지식인들!!
전체주의 사회에서 지식인들의 권익이 보장되나!!!

Procustean Bed

국민이 주인이 되는 근대국가(Modern State)와 왕이 주인이었던 전근대국가(Pre-Modern State)의 차이점을 단 한마디로 가르라고 한다면, 이는 바로 '법의 통치'(Rule of Law)이다. 법의 통치는 선거를 통해 선출된 국민의 대표자들이 의회에 모여서 법을 제정하는 입헌민주주의를 의미한다. 이는 주권자인 국민 개개인의 자유가치와 생존권과 연관된 제반 권리들을 가장 잘 보호해 줄 수 있는 제도적 장치이기도 하다.

이 제도적 장치의 가장 뚜렷한 목적은 만인이 법 앞에 평등하다는 명제를 기저로, 입법, 사법, 행정 3권 분립을 통해 살아있는 실질적 권력을 확실하게 견제하는 것이다. 이미 지구상에서 사라져버린 구소련의 헌법은 당시 가장 앞서가는 선진화된 민주주의의 내용들을 담고 있었다. 그러나 실질적으로는 그 헌법위에 공산당이 존재했으며, 헌법내용을 무시하고 당이 자의대로 법을 집행하는 무법치 사회였다. 따라서 비록 소련과는 다소 다른 변종적인 형태의 사회주의국가를 운영하고 있더라도, 현존하는 중국, 북한, 쿠바와 같은 사회주의국가들에서 결코 법의 지배는 존재하지 않는다.

◇ 중국, 북한, 쿠바서는 '법의 지배'(Rule of Law) 존재 않아

대한민국 건국 이후 73년 동안 권위주의 정부 또는 문민정부라는 형태로 여러 형태의 정부가 등장하였지만, 대한민국의 헌법가치인 자유민주주의와 법치가 지대하게 훼손당한 적은 단 한번도 없었다. 그러나 입만 열면 민주와 자유를 강조하며, 광장의 촛불을 기반으로 등장한 문재인정권의 출범이후, 역설적이게도 대한민국의 법치가 심각한 도전을 받고 있다. 그 훼손정도도 날로 심해지고 있다.

한 보수청년단체가 문정권을 비판하는 대자보를 단국대에 붙인 사건에 대해서, 당사자인 단국대학이 그 어떤 피해도 없고 괜찮다고 하는데도, '건조물 침입죄'로 행위자에 대해 법원은 50만원 벌금형의 유죄판결을 내렸다. 그 후 지난 6월 28일 신 전대협 (전국대학생대표자협의회)이 전국 420여개 대학에 이를 비판하는 대자보를 붙였다. 그 내용은 지난 군부권위주의시절 반정부데모에 나섰던 대다수 대한민국 장년세대의 심금을 울리고도 남는다.

'신 전대협'은 지난 시절 민주화운동으로 고초를 겪었던 김지하 시인의 시를 인용해서 '타는 목마름으로, 민주주의 만세'라는 제목 하에 '민주 말하던 자들이 집권하자 민주를 탄압하고', '인권 말하던 자들이 집권하자 인권을 탄압하며', '독재타도 말하던 자들이 정권장악하자 독재 권력을 행사하고 있다'고 강조하고 있다.

◇ 文 정권 최종목표, 중국식 디지털전체주의

　신 전대협은 文 정권이 하루하루 그럴듯한 명분으로 단속과 규제를 확산해서 국민들의 목을 조아오고 있으며, 결국 이들이 추구하는 최종목표는 '중국식의 디지털전체주의의 완성'이라고 밝히고 있다. 지난 3년 동안 문 정권은 일방적인 중국식 천하질서에 대한 동조, 중국식 헌법을 모방한 검경수사권 조정과 공수처 설치, '차이나게이트'로 통용되는 엄청난 규모의 권력을 앞세운 자본유착, 중국의 4.15 부정선거 개입설 등, 중국과 수많은 검은 정치적 연결고리들을 진행했다. 이 고리들이 수면위로 떠오르면서 급기야 청년세대들도 이를 끊으려고 저항의 깃발을 든 것으로 보인다.

　文 정권의 독재에 맞서서 대학청년들이 자유대한민국 회복을 위한 '불쏘시개'가 되겠으니, 선배 장년세대들이 그 뒤를 부탁한다는 마지막 메시지는 문정권의 합법적인 등장을 막지 못했고, 대한민국의 현실을 방조하고 있는 장년세대들의 가슴을 울리기에 부족함이 없다. 프랑스 철학자 몽테스키외(Chale De Montesquieu)는 그의 역작 '법의 정신'에서 어떤 정치체제든지 체제를 유지하기 위해서는 '원칙'(Principle)들이 필요한데, 군주정에서는 '명예'(Honor), 민주정에서는 시민들의 '덕목'(Virtue), 전제정에서는 '불안'(Fear)이 지속적으로 유지되어야 한다고 강조하고 있다.

◇ 몽테스키외의 법치 정신, 文 정권 독재 한마디로 정리해

　그는 또 '민주정'에서 선출된 권력자들이 자신들의 부정, 부패를 은폐하기 위해서 국민들을 함께 부패시킨다면, 이것이야말로 체제의 존속을 해치고, 국민들을 가장 불행하게 만드는 행위라고 일갈하고 있다. 몽테스키외의 일침은 문재인 정권의 부패, 국민들의 눈과 귀를 틀어막으려는 포퓰리즘 정책, 3권을 장악한 뒤 독재

로만 치닫고 있는 작태를 한마디로 정리하고 있다.

법의 통치는 멀리하고, 온갖 규제와 법률들을 만들어서 마치 조지 오웰(George Orwell)의 소설 <1984>와 같은 전체주의 사회형국을 만들려고 벌어지고 있는 난장판들을 보면서 대한민국 자유시민들의 마음은 '시민적 덕목'과 '미래에 대한 희망'보다는 암울한 '두려움'으로 가득하다.

다음 세대를 책임져야 할 신 전대협 대학청년들의 피맺힌 외침은 동트기 전 새벽닭의 경고라고 볼 수 있다. 이제 대한민국 자유시민 모두가 나서서 정의로운 청년들의 외침에 호응해야 한다. 또 이들과 함께, 文 정권의 독재와 한국사회의 전체주의화에 단호히 맞서야 하겠다.

더자유일보, 2020년 7월 2일

박원순 사태로 드러난 文정권 권력투쟁

**이상적 현실주의자가 아닌 현실주의적 이상주의자가 되어야!
'포퓰리즘'이라는 막장 드라마의 한계!!
내부암투 들어선 악령들, 스스로 종말 예견!!!**

파울로 코엘로는 그의 저서 <연금술사>에서 세상의 가장 뛰어난 지혜는 현실주의적 이상주의자들로부터 찾을 수 있다고 강조한다. 그는 치열한 시장논리와 역사적 사실에 기초하여 자신들이 처한 당면한 현실을 철저히 이해하면서, 보다 나은 세상을 위한 숭고한 이상을 펼쳐나가는 그런 지도자의 그림을 '연금술사'로 묘사하고 있다. 그렇다면 이와는 반대로 '이상주의적 현실주의자'는 누구일까? 아마도 이는 혁명의 이름으로 자신들의 부와 권력을 영구화하려는, 정치공학에 밝은 작금의 얼치기 청와대 주사파 이데올로그들이 아닐까 싶다.

이들이 그려내는 이상의 이름은 철저히 현실을 기만하기 위한 위선과 거짓세상으로 뭉쳐져 있다. 또 이들은 자신들이 희구하는 전체주의 세상을 위해서 구질서 파괴본능이 모든 '장소'와 '공간'을 현실적으로 지배하는 구조를 공고화하고 있다. 이런 묘사는, 어쩌면 이들의 본질을 지나치게 형이상학적으로 설명하는 감상적인 표현일 수도 있다. 며칠 전 자살한 박원순 시장 사건의 저변을 분석해 보면, 이들의 정체는 이상주의적이라는 표현조차도 과분하다. 이들은 냉혹한 권력의 화신들이 아닌 가하는 생각이 깊다.

오거돈 前부산시장의 성추행 사건은 이미 고발된 사실을 4.15 총선 이후 처리하는 것으로 고발당사자와 합의를 보았다. 그렇게 마치 아무 일도 없었던 것처럼 시간을 끌어 더불어민주당이 '총선공작'을 마무리한 이후, 사회문제화 되었다. 그런데 박원순 시장의 경우는 이 경우와는 완전히 다르다. 문재인대통령이 부동산대책을 위한 공급확대 안을 제안한 후, 그린벨트 해제문제가 정부여당에서 거론되었다.

그런데 박원순 서울시장이 그린벨트 해제에 반대하고 나섰다. 그리고 7월 6일 서울시는 미래세대를 위해서 정부여당의 그린벨트 해제 안에 반대한다는 성명서를 냈다. 그리고 3일 뒤 박원순 시장은 직원 성추문과 연관된 예측사실만 남긴 채, 아무런 대응 없이 그냥 자살했다. 만약 박시장이 정부여당의 원안대로 그린벨트해제에 찬성하고, 순순히 문대통령의 지시에 복종했더라면 어떻게 되었을까? 아마도 박시장의 성추행문제는 지연되거나, 묵살되었을 가능성이 아주 높아 보인다.

◇ 사라져가는 非주사파 육두품들, 권력투쟁의 시작 알려

박시장을 비롯해서 2016년 더불어민주당 대선 경선에 참여했던 후보들 모두가 곤경에 처한 사실은 결코 우연처럼 보이지 않는다. 당시 가장 위협적이었던 안희정 前지사는 성폭행문제로 현재 3년6개월의 형을 받고 수감 중이며, 앞으로도 2년여의 세월을 감옥에서 보내야 한다. 그리고 대선경선 3등을 했던 이재명 경기지사도 부정부패의 문제도 아닌 집안문제로 고발당해, 7월 16일 대법원 최종판결을 앞두고 있다.

文 정권은 이재명 지사의 대법원 판결과정을 투명하게 국민들에게 알리기 위해, 16일 대법원판결과정 전체를 유투브 또는 언론방송 매체를 통해 실시간 중계한다고 한다. 이재명 지사 문제를 대법원 전원합의체에서 다루는 점과 이를 실시간 중계하는 형태를 고려한다면, 이재명 지사는 실형을 선고받고 지사직에서 물러날 가능성이 아주 높아 보인다. 왜냐하면 그냥 아무렇지 않게 덮고 넘어갈 문제였다면, 이런 대규모 실황중계를 미리 예고하지는 않았을 것이기 때문이다.

결국 더불어민주당 차기 대선후보군은 안희정을 비롯해서 박원순, 이재명, 김경수 모두 치명적인 흠결로 이제 차기 대선에 나설 수 없게 되었다. 그렇다면 청와대는 이낙연 前총리를 전폭적으로 지원하는 것일까? 그렇게 보이지는 않는다. 경기고 졸업 후 대학을 가지 않고 사법고시에 합격한 박원순과 고등학교 졸업 후 공장에 다니다가 고학으로 사법고시에 합격한 이재명은 시민단체를 통해 정치권에 들어선 공통점을 갖고 있다. 그러니까 이들은 1980년대 소위 주사파 운동권들과는 기본적으로 학맥과 태생이 다르다.

◇ 주사파 위정자들, 권력형 부패 막장드라마 덥기에 총력전

그리고 이들은 노무현 전 대통령의 정계입문과정과도 흡사하다. 또한 노무현 전 대통령의 비서출신인 김경수도 소위 '노빠'라는 지지 세력을 등에 업고 정계에 입문했다. 그럼에도 불구하고 김경수도 눈에 보이지 않는 청와대 핵심세력들로부터 이런저런 견제와 압박을 받고 있는 것이다. 그렇다면 이들은 중심세력에 근접할 수 없는, 말하자면 신라시대의 '육두품' 급이었다는 말이 된다. 상황이 이렇다면 과연 이들이 강조하는 소위 '성골'은 누구인가?

현재 윤석열 총장의 입지가 흔들리면서 그가 추진했던 울산부정선거문제와 신라젠을 비롯한 '라임' 및 '옵티머스' 주식 및 사모펀드관련 부정부패문제도 축소되고 있다. 그리고 조국문제가 희미해지는 가운데, 정경심재판도 흐지부지해질 가능성이 아주 높아 졌다. 설마 조국이 부활하는 것은 아닌 가하는 기가 막힌 막장드라마도 이제는 충분히 가능하게 되었다.

겨우 총선 3달이 지났다. 그런데 이 오만한 독재 권력은 스스로 절제력을 상실한 것처럼 보이며, 장막 뒤에서 심각한 내부권력투쟁을 벌이고 있는 것 같다. '포퓰리즘'으로 국민들의 눈과 귀를 속일 수는 있다. 하지만 이렇게 하루가 멀다 하고 권력 막장드라마가 벌어지면 이들의 종말도 그만큼 앞당겨 질 수밖에 없다.

더자유일보, 2020년 7월 15일

文 정권,
끝내 중국식의 인민민주독재로 가!

약탈 식 진영논리로 공포정치 만연시켜!
'대깨문'서 '대깨조'로, 내로남불 文 홍위병들 대폭 늘어!!
자의적 법제정, 선별적 적용으로 행정 독재 완성시켜!!!

文 정권의 약탈적 진영정치를 통한 전리품 획득에 위정자의 탈을 쓴 악령들의 희색이 만연하다. 그리고 이들의 자화자찬과 터무니없는 '내로남불' 선전선동으로 대한민국 국민들은 매일 정신없는 불안한 날들을 보내고 있다. 여론수렴이나 공론화과정도 없다. 정책입안에 따른 검증시뮬레이션 작업도 없다. 거수기형태로 법제화되어 실행되는 독재자의 아마추어리즘은 1958년 중공의 마오저둥이 실시했던 대약진운동 당시 유명했던 '제사해' 사건을 떠올리게 한다.

◇ 중공, '재사해' 사건으로 3천만-5천만 명 굶어 죽어

최고영도자가 중공인민들의 환경개선과 곡물생산을 위해 4가지 해악원인 모기, 파리, 쥐, 참새 등을 박멸하라는 한마디에, 10억 인구가 일제히 나섰다. 그러나 인사고과에 목말라하는 공산당원들로 인해 쉽게 눈에 보이는, 그들의 업적을 쌓을 수 있는 죄 없는 '참새'가 주요 타깃이 되어버렸다. 끝없이 이어지는 소달구지에 실린 참새더미의 처참한 퍼레이드들이 일일전과로 언론에 대서특필되었다. 1958년 한해에만 참새 2억1천만마리가 도살당했다.

재미난 사실은 넘쳐나는 10억 중공인력을 십분 활용해서 참새들이 전기 줄이나, 둥지에서 쉬지 못하게 흔들어, 이들이 탈진해서 저절로 공중에서 떨어지도록 만들라는 소위 '탈진사냥' 수법이 하명되었다는 점이다. 당시 도구나 약품이 변변치 못한 상황에서, 사람이 벌레인지, 벌레가 사람인지 구분도 안 되는 척박한 중공의 환경에 달련된 인민들은 정말 놀랍게도 참새들을 시도 때도 없이 괴롭혀 탈진시켰다.

더욱 신기한 것은 이런 중공 인민만이 할 수 있는 반이성적, 야만적 행위들이 실질적으로 이들이 참새들을 잡는데 일정 부분 효과를 냈다는 점이다. 그러나 1959년 먹이사슬이 깨진 중공의 대지는 메뚜기 떼의 습격으로 황폐화되었다. 설상가상으로 가뭄까지 덧붙여져, 학계 추산 3천만 명에서 5천만 명 정도가 굶어 죽었다. 이런 상황에서 독재자의 넘쳐나는 또 다른 인민사랑은 대약진운동 7년 후 영국을 따라잡고, 15년 후에는 미국을 따라잡을 수 있으니까, 인민들이 거주하는 생활의 터전이 곧 신천지가 될 것으로 가정하고, 인민들의 거주이전을 금지시켰다는 데서 정점을 이룬다.

오랜 중국역사 속에서 황허지역이 가뭄이나 천연재해로 흉년이 들면, 그 곳 인민들은 대륙의 하단부에 있는 양자강유역으로 이주해서, 그곳에서 생명을 부지하고 살수가 있었다. 그 반대의 상황에서도 양자강에서 황허로 이주해 인민의 생명을 부지할 수 있었다. 마오저둥의 인민사랑으로 만들어진 거주이전 금지법은 흉년이 든 지역인민들을 그 자리에 앉아서 굶어죽게 만들었다. 죽은 자의 인육을 먹거나 돌아가면서 상대의 자식들을 잡아먹는 처참한 광경은 차마 눈뜨고는 볼 수 없는 참혹한 광경이 아닐 수 없었다.

당시 3천만 명의 남북한 인구를 넘어서는 친애하는 중공인민들을 굶겨 죽인 후, 위대한 아마추어독재자는 옆집 친구인 소련의 또 다른 아마추어영도자 후르시초프에게 부탁해서, 연해주에 있는 참새 2십만 마리를 중공으로 수입했다. 그리고 '제사해' 운동 규정에서 참새를 바퀴벌레로 슬그머니 바꿨다. 자신의 인민을 3천만에서 5천만 명을 아사시킨 후에 위대하신 아마추어영도자는 미안하다거나, 개선하겠다는 성찰의 메시지는커녕, '이쯤 했으면 됐다'는 의미로, '완러' 한마디 외쳤다.

왜냐하면 위대하신 아마추어영도자께서는 절대로 과오를 범하지 않는 신적인 존재이기 때문이었다. 이런 아마추어리즘과 내로남불의 형상은 현재의 문 정권과 '대깨문'들의 언행에서 차고 넘친다. "우리 '인이' 하고 싶은 대로 뭐든지 해도 된다"는 대깨문의 선전, 선동은 중공의 홍위병과 너무나도 닮았다.

현재 대깨문과 대깨조 (조국수호연대)를 포함해서 문재인대통령의 콘크리트지지층은 30% 정도 나오는 것 같다. 양식과 상식이 파괴되고, 사회적 정의와 공정이 자신들의 선호에 따라 달라지는 인지부조화의 세상에서 대깨문과 대깨조의 '완장 질'은 이제 날이 갈수록 더 심해지고 있다.

중국의 또 다른 아마추어 지도자인 시진핑은 그다지 문재인대통령을 좋아하지는 않는 것 같다. 그런데도 문재인대통령의 '스토킹'에 가까운 '從시진핑'과 '從中' 태도는 날로 더해가고 있다. 별로 예쁘지 않다는 데도 한번만 안아달라고 달려드는 인구 5천만, 세계 12번째 경제대국인 한국을, 다시 말해 굴러들어오는 호박을, 중국이 마다할 이유는 전혀 없다.

◇ '대깨문'으로 종사하는 한국사회 내의 조선족 경계해야

그래서 그런지 20만 명이 넘는 상당수의 한국거주 조선족들이 대깨문에서 역할을 담당하고 있다. 중국내부에서도 한국에 대한 물밑공작이 외교안보, 사회문화 차원에서 놀랄 만큼 심각하다. 따라서 중국이 문 정권을 대미 최종병기로 사용하지 않을 이유가 없다. 문 정권의 국내통치과정과 그 목적적 결과 또한 마오저둥의 행적을 그대로 답사하고 있다. 참으로 대한민국의 앞날이 걱정되지 않을 수 없다.

대한민국 검찰 및 행정관료들은 영혼이 없는 조직이 아니라, 국가와 국민을 위해 헌신해야 한다. 또 대한민국 헌정질서를 지켜내야 한다. 그리고 국회의원들은 지역구민들의 이해만 대변하는 존재가 아니라 국민이 선출한 대통령과 동일하게, 대한민국의 헌정질서를 최우선으로 지켜내는 대변인이 먼저 되어야 한다.

따라서 대통령이 대한민국 헌정질서를 유린하고, 국민들을 파탄의 구덩이로 몰아넣을 가능성이 확실 할 경우에는, 목숨을 걸고 이를 저지해야 한다. 이는 너무도 당연한 국민으로서의 책임이다. 이들이 갖는 주권적 의무를 간절하게 믿고 싶다.

더자유일보, 2020년 8얼 8일

루소의 '법치',
개인의 자유 보호할 '신의 선물'

루소를 전체주의자로 악용한 로베스피에르!
루소의 일반의지는 자유의지와 통치정통성의 문제!!
文정권 법치파괴자들, 하나같이 '법치'를 가장한 법치 파괴자들!!!

　　　　　　　　　　　　루소(J. Rousseau)자신이 그렇게도 경계했던 인민이라는 이름의 '우민'들이 루소 자신을 전체주의자의 화신으로 만들어 놓았다. 프랑스혁명 이후 자코뱅의 로베스피에르(M. F. M. Robespierre)가 단순하게 해석해 놓은 루소의 사회계약론이 21세기 현재에도 전 세계적인 현상으로 자리 잡고 있다. 로베스피에르는 위대한 사상가 루소가 '대의제'를 부정하고, '삼권분립'도 부정하며, 국가와 인민을 연결해 주는 그 어떤 시민사회의 결사체들도 부정했다고 강조하며, 그 어떤 집회도 인원이 28명을 넘어서는 안 된다는 '칙령'을 내렸던 바 있다.
　전 인민이 하나가 되는 전체주의혁명의 위대함을 외쳤던 감성적인 한 혁명가에 의해서, 그의 일생을 통해 시종일관 '인간의 자유'와 '시민의 자유'의 중요성을 주장해 왔던 루소라는 한 철학자가 전체주의와 독재를 옹호하는 삼류 이념가로 전락하게 되었다.

◇ 文 정권의 얼치기 삼류 이론가들, 루소 논리 맘대로 악용

현재 대한민국을 장악하고 있는 얼치기 삼류 이념가들도 자신들의 모든 행위의 근거와 자신들의 무결점적인 도덕적 타당성을 강조하면서, 이를 위한 최고의 이념적, 철학적 명분으로 루소의 논리들을 거들먹거리면서 악용하고 있다. 이념의 도그마에 빠진 자들은 이념에 대한 접근을 학문적으로 하지 않는다. 왜냐하면 끊임없는 '회의'와 '사유', 그리고 학자로서의 자신에 대한 '성찰'을 인간의 덕목으로 삼는 사람들에게는 도그마란 절대 존재하지 않기 때문이다.

마치 교리문답처럼 강령으로 주어진 내용들을 달달 외워서, 잘 알지도 못하는 깊은 철학적 내용을 담은 고유명사들을 보통명사화해서, 그저 자신들의 행동강령으로 또는 깃발로 내세우고 있을 뿐이다. 그래서 이들은 회의도, 성찰도, 그 어떤 후회도 하지 않는다. 왜냐하면 '무결점의 교리' 대로 행동했기 때문이다. 설사 인간이기 때문에 이들도 조금의 실수와 시행착오가 있을 수 있다고 보지만, 이 또한 얼마든지 인민들이 참아내어야 할 역사적, 인민적 의무로 여긴다. 그래서 이들은 결코 교화되지 않는다.

루소의 일반의지는 공동체에 의해 취해진 결정들의 총체이다. 공동체와 공동체 성원들의 자아를 동일시함으로써, 일반의지에 대한 복종이 곧 자신에 대한 복종이 된다. 이는 바로 공동체성원들의 '자유'를 의미한다. 일반의지는 인민들의 개별적 의지를 포함시킬 경우, 그 본질이 바뀌기 때문에, 개별적 의지의 총합인 '전체의지'와는 반드시 구분되어야 한다. 사회계약은 시민들 사이에서 평등을 수립하고,

동일한 계약조건에서 동일한 권리를 향유하게 만든다. 따라서 이 계약의 본질에 의거해서 인민들의 일반의지에 따른 모든 행위들은 모든 시민들에 대해 평등한 의무와 권리를 부여한다.

◇ 루소가 말하는 인민의 '덕목' 과 '법 앞에서의 평등'

이 말의 의미는 주권자로서 한 '국민체'(Corps de la Nation)에 속한 모든 성원들이 사회적 계급이나 빈부격차와 관계없이 모두 법 앞에서 평등함을 의미한다. 루소는 일반의지가 진정 일반적이 되기 위해서는 '전체'로부터 나와서 '전체'에게 바로 적용되어야 한다고 말하고 있다. 기실 이 부분에 대한 시대적 오해가 많지만, 루소의 철학 전반을 이해한다면, 이는 일반의지야말로 법의 입법과 집행에 있어서 필히 따라오는 '이중의 일반성', 즉 '의지의 일반성'(법철학)과 '대상의 일반성'(법 앞에 평등)을 강조하는 것으로 해석되어야 한다.

또 그는 법이 좋은 인민들을 만들기도 하지만, 인민들 또한 좋은 법을 만들어야 하기 때문에, 인민들이 무지몽매해서 개별적인 대중으로 전락할 위험이 크다고 말한다. 또 인민집회에서 능동적이어야 할 시민들이 수동적인 정념에 사로잡힌 '신민'으로 존재할 경우, 언제든지 무법천지인 '자연상태'(State of Nature)로 되돌아갈 수 있다고 경고한다.

루소의 사회계약이 취약한 것은 '자유'보다는 '질서' 개념을 앞세운 홉스의 사회계약론과 달리, 일관되게 '인간자유'의 원리를 끝까지 관철시키려고 했기 때문이다. 이는 인민 스스로 '자유를 거부할 자유'까지 루소는 인간의 자유를 허용했다는 것을 의미한다.

그러니 루소가 평생토록 갈구했던 바람직한 일반의지의 실현은 바로 '시민적 덕성'과 '시민적 자유'의 결합형태로 나타나야 한다. 그러나 인간을 시민으로 만들기 위한 효과적인 '탈자연화' 과정, 다시 말해 인간의 감성적 본성을 뛰어넘는 일들은 현실적으로 너무나도 어렵다고 말하고 있다. 그렇기 때문에 루소는 언제든지 개별적 '특수의지'가 '전체의지'로 대변되는, 소위 엉망진창이 되는 사회, 결과적으로 전체주의적 사회로 회귀하는 상황을 항상 경계했다.

◇ 루소, '특수의지' 가 '전체의지' 로 가는 전체주의사회를 항상 경계

루소는 어릴 적부터 불우한 환경에서 성장했다. 그는 자연을 벗 삼아 방랑했던 일종의 자생적 철학자였다. 그리고 그가 처했던 정치사회적 환경은 작금과는 비교도 안될 만큼 정형화되지 못한 불안정한 환경이었다. 그러므로 루소가 대의제와 국가와 개인을 연결하는 시민사회적인 중간매개체들을 부정한 것은 이런 제도들이 당시 미숙하기 짝이 없었기 때문이다.

예를 들어 루소는 선출직 대의원들이 선출자들과 짜고 그들의 이익만 대변하며 늘 사리사욕에만 빠져있다면 이는 몸을 파는 창녀와도 같다고 말했다. 루소는 당면한 시대적 상황을 굉장히 부정적인 관념으로 바라보았다고 볼 수 있다. 그렇듯이 한 철학자의 정신세계를 이해하기 위해서는 그가 당면했던 개인적, 시대적, 사회문화적 환경도 반드시 고려해야 한다. 이를 충분히 고려한다면, 루소에 대한 현재의 '몰이해'(Misperception)는 상당부분 줄어들 것이다.

결국 루소도 법철학과 법 앞에서의 평등을 강조했듯이, 근대국가로 이어지는 길목에서 반영되는 계몽주의철학자들의 가장 큰 '철학적 화두'는 바로 '법치'였다. 이 법치야말로 공동체속의 주권자인 개인의 가치와 생명, 행복추구권을 가장 잘 보호해 준다. 신이 인간에게 선물한 위대한 제도이기 때문이다.

작금의 대한민국체제를 흔들고 있는 추미애, 조국, 최강욱, 한상혁, 김명수, 이성윤 등등 보이지 않는 악령들이 시키는 대로 인생이란 무대 위에서 역겨운 춤을 추고 있는 어두운 그림자들은 역설적으로 모두 법조인출신들이다. 대학운동권 출신들로 이념의 도그마에 빠진 이들의 정신세계에는 '법철학'과 '법치'라는 단어가 존재하지 않는다. 하루가 멀다 하고 과거 유신시대나 자유당 시절에서도 보지 못했던 법관들의 진영논리에 빠진 '자의적인 정치적 판단'들을 보고 있노라니, 그저 기가 막힐 뿐이다.

이들이 노리는 것은 공동체와 개인을 파멸시키는 바로 '법치의 파괴'다. 이런 명약관화한 사실들을 눈치 채지 못하고, 자유시민들이 이에 저항하지 못한다면, 어떻게 될까? 루소가 그렇게 우려했던 무지몽매한 우민들로 인해 전체주의로 흘러가는 국가의 운명을 막아내지 못할 것이다.

더자유일보, 2020년 8월 10일

8.15 궐기,
文독재 저항 마지막 기회

3권 분립 붕괴, 자유대한민국 증발 위기!
사법부 타락, 시민단체 목숨 건 투쟁만 남아!!
8.15 시민 궐기, 뿔뿔이 흩어진 '합창대회'는 되지 말아야!!!

　2017년 대선 승리 후에 국회 앞에서 대통령 선서를 하는 문재인 대통령의 모습은 미래를 담보해 줄 것 같아 희망이 있었다. 그리고 문대통령 자신도 자유대한민국의 첫 번째 국민으로서의 책임과 의무를 다할 것이라고 거듭 맹세하면서 국민들에게 무한 신뢰감을 주었다. 그가 대한민국이 한번도 경험하지 못했던 세상을 만든다고 일갈할 때, 민주사회에서 대다수의 일반적인 정치인들이 내보이는 다소 과장되고, 배포가 큰 대인 배처럼 행동하는 것이겠거니 생각했다. 그러나 이는 필자의 완전한 오해와 착각이었다.

　이어지는 문정권의 국정운영 5개년계획안을 보고 경악을 금할 수 없었다. 72년의 자유 대한민국 역사에서 처음 들어보는 그들만의 체제전복을 위한 사회주의적 또는 전체주의적 어휘들이 대거 등장했기 때문이다. 그 중에 대표적인 것이 '주권자 민주주의', '생성적 권력', '내 삶을 책임지는 정부론' 등이었다. 즉 주권자 민주주의는 박근혜 정권 탄핵에 앞장섰던 촛불시민들만이 대한민국의 진실된 주권자이고, 건국 이후 70년을 넘게 실행해 왔던 기존의 민주주의는 '좀비' 민주주의이기 때문에, 촛불시민이 파수꾼이 되는 '파수꾼' 민주주의로 이를 박멸시켜야 한다고 강조하고 있다.

◇ 주권자 민주주의, 생성적 권력, 내 삶을 책임지는 정부론

살아오면서 대의민주주의, 입헌민주주의, 자유민주주의 등과 같은 용어들은 흔히 회람되는 일반 용어들 이었다. 하지만 듣도 보도 못한 주권자민주주의, 좀비민주주의, 파수꾼민주주의는 동서고금을 통틀어 지구촌 어느 국가에서 사용하는지 그 근거가 전혀 없다. 그저 삼류 얼치기 이념가들의 상상 속에 존재하는 자기들만의 생경한 어휘들이라고 정리할 수밖에 없는 것 같다. 그런데 이런 '촛불인민' 대 '반 촛불인민'적인 '이분법적 갈라치기'는 주권자 민주주의에 이어져 강조되는 생성적 권력과 상호 밀접한 연관을 갖는다.

일단 '국민이 주인이 되는 정부'라고 겉치레 휘장을 쳐놓았다. 그러나 그 속으로는 국민으로부터 위임받은 권력, 즉 제한된 임기와 제한된 권력의 사용만을 허락하는 기존의 형식적, 절차적 민주주의의 형태가 아니라 선거를 통해 국민 개개인이 권력행사를 허용했다는 점을 강조한다. 그래서 이 정통성을 바탕으로 전혀 제어되지 않는 '독점적 권력'을 사용할 권리를, 다시 말해 초헌법적인 권한을 국민들이 부여했다는 의미로 받아들인다.

이는 분명히 레닌이 주장했던, 국민으로부터 선출된 자들이 행사할 수 있는, 중

앙집권적 일당독재권력으로 이어지는, '민주집중제'를 의미하는 것이다. 이럴 경우 국민 개개인이 하나가 되어 만들어 낸 유기체적인 권력의 총체로 이를 대표하는 '총통'이나 '수령'의 등장이 당연시된다. 즉 전체주의적 통치체제가 나오는 것이다.

그러니까 생경하고 아리송한 표현 속에서 △주권자민주주의→△생성적 권력→△내 삶을 책임지는 국가 순서로 이어지는 과정에서 합법을 가장해서 체제를 전복하는 기획 시나리오는 문 정권 초기 국정운영계획에서부터 이미 들어 있었던 것이다.

◇ 文 정부 출범 국정운영계획에 들어있던 체제 전복 시나리오

그러므로 이제야 문정권이 강조했던 '한 번도 경험하지 못했던 나라'는 북한과 낮은 단계의 연방제를 추구하면서 궁극적으로 전체주의적 사회주의를 모색하는 그런 나라였다는 것이 간접적으로 증명되었다. 중국과는 운명공동체, 북한과는 생명공동체를 형성하는 남-북-중의 유기체적인 사회주의 연결고리 속에서, 이제는 대놓고 '시뻘건'(Red) '대명'(Great Ming) '천지'(World-Order)에 남-북-중이 '하나의 공동체'를 이루고 있음을 적나라하게 드러내고 있다.

문제는 문정권의 지난 3년 6개월 동안의 통치과정과 입헌주의와 법치주의 파괴과정에서, 대한민국의 3권이 완전히 이들에게 장악 당했다는 점이다. 향후 공수처법이 가동될 경우, 검찰과 입법부의 시녀화가 가중되고 한국사회 전역에 걸쳐 '진지'를 구축한 문 정권 홍위병들의 약탈적 진영이익 표출이 폭발적으로 늘어날 것으로 보인다.

17세기 이후 계몽주의철학자들이 강조하는 근대국가로 향하는 정치철학 속에서 전제정치에 대한 국민 또는 시민의 '저항권문제'는 여러 형태로 나타나고 있다. 그 대표적인 사례가 존 로크(John Rocke)의 '국민저항권'(The Right of Revolt)이기

도 하다. 그런데 여기서 현실에 반영되는 또 다른 문제는 대의제 민주주의가 성립되고, 어떤 형식이든지 간에, 국민의 선택을 받은 정권이 권력 장악 이후 독재를 할 경우, 이에 저항할 수 있는 제도적인 방법이 극히 제한적이라는 사실이다.

자유민주주의의 선두주자로 인식되고 있는 영국, 미국, 프랑스와 같은 제도적 선진국들은 대의제민주주의 하에서 독재 권력을 방지하는 마지막 보루로 '사법부의 역할'을 강조하고 있다. 이들 국가들은 그 어떤 정치세력이 등장하더라도, 사법부의 독립을 제도적으로 각인하고, 민주주의사회의 치명적인 약점인 '소수독재'(Monopoly) 가능성과 선동가의 거짓선동(Demagogic)으로 인한 체제타락을 사법부가 나서서 '방지' 또는 '저항' 할 수 있도록 만들어 놓았다.

◇ 독재권력 방지하는 마지막 보루인 사법부도 타락

따라서 대한민국 사법부까지 타락시킨 문정권의 현재 입지는, 자신들이 희망하는 사회주의적 전체주의화로의 길을 막아설 그 어떤 제도적 저항조직이나 정치세력도 없기 때문에 굉장히 유리하다. 이제 마지막 남은 것이 바로 보수우파 애국시민들이 이끄는 '시민단체'들이다. 이들이 죽기를 각오하고 문 정권에 덤벼들지 않으면, 문정권의 헌법적 위반사항들도 헌법재판소가 제대로 관리 못하는 상황에서, 대한민국의 자유, 민주적 질서를 강조하는 '헌법적 가치'는 분명히 사라지게 된다.

그래서 이번 8.15 광화문집회야말로 대한민국 자유애국시민들이 마지막으로 문정권의 독재를 막아 설 수 있는 소위 '낙동강전선'이다. 만약 이번 시민궐기대회마저 일상적인 민주시민들의 스트레스 해소 수준의 '합창대회'로 끝난다면 대한민국은 역사 속으로 증발될 가능성이 아주 높다.

좌파처럼 노조와 같은 상위조직이 있는 것도 아니고, 그 어떤 외부적 지원도 없는 척박한 상황에서, 진정 애국심 하나로 버텨내고 있는 우파애국시민단체들의 노고를 모르는 바는 아니다. 그래도 이제 모든 제도권이 몰락한 상황에서, 오로지 믿을 수 있는 구석은 애국시민단체 그대들 밖에 없기에, 온 힘을 다해서 운명의 기로에 서 있는 자유대한민국의 마지막 낙동강 전선을 사수해 줄 것을 당부한다.

더자유일보, 2020년 8월 14일

테르미도르 반동에 바짝 다가선 文 정권 벼랑 끝 상황 자신만 몰라!!

전 세계 언론이 규탄하는 북한군의 만행, 그저 덥기에만 허둥지둥!
인간의 의식과 상식을 벗어나 점점 악령의 얼굴이 되어 가는 文!!
"다음은 너 차례다" 외친 '당통'의 목소리 메아리쳐 온다!!!

R. Pierre.

역사는 반복된다. 2백년전 프랑스혁명과정에서, 1792년 9월 학살로 귀족과 성직자 1600명을 단 사흘 만에 단두대에서 처형시켰던 당통(Georges Danton)은 바로 깊은 회의에 빠진다. 혁명이란 미명아래 '완장' 찬 인민이란 이름의 폭도와 이들의 만행을 고뇌하는 당통은 결국 인민에게는 단두대의 머리 대신 빵이, 광장의 피보다는 포도주가 더 필요하다는 것을 인식하게 된다.

혁명공회위원장인 로베스피에르(maximilien Robespierre)를 '위선자'로 몰아세웠던 당통은 결국 권력투쟁에서 지고, 혁명동지였던 로베스피에르에 의해 단두대의 이슬로 사라진다. 형장으로 끌려가던 당통의 수레가 로베스피에르의 집을 지날

때, 당통은 "다음은 너 차례다"고 크게 외쳤다. 자신의 아집과 권력에 취한 로베스피에르는 개인숭배를 통한 절대 권력을 탐했고, 자신에게 반하는 모든 이들을 '덕이 부족한 자'로 몰아, 사형시켰다. 그리고 당통의 외침처럼 끝내 로베스피에르도 1794년 7월 26일 '테르미도르 반동'으로 단두대의 이슬로 사라진다.

◇ 덕이 부족한 文 정권, 매일 경천동지할 사건 남발

 인민독재를 꿈꾸는 대한민국의 위정자도 '덕이 부족한 자'인지, 하루가 멀다 하고 경천동지할 사건들이 계속 생긴다. 그러다 보니 이제 바다위에 떠 있어야 할 배가 갑자기 산으로 올라갔다는 괴기한 뉴스가 나와도 그저 무덤덤한 평상적인 일상처럼 느껴지는 단계까지 왔다. 그러나 '덕이 부족한 자'들이 내놓는 특유의 '내로남불 미소'와 '자화자찬의 생소한 몸짓'들은 상식과 양식을 갖춘 대한민국 국민들을 낯 뜨거운 '창피함'과 지워지지 않는 '모멸감'으로 내몰고 있다.

 9월 22일 저녁 9시 북한군은 "상부지시"를 받아, 바다에서 부표를 잡고 6시간이상 매달려 있던 대한민국 해수부 공무원을 총으로 사살했다. 그리고 죽은 시체위에 기름을 부어 화장해 버렸다. 당시 총소리와 화장하는 불빛은 고스란히 국군의 첨단기제 속에 기록되었다.

 이 공무원은 북방한계선에서 어로단속을 수행하던 중, 실족 또는 실수로 물에 빠져 20시간 이상을 표류했을 가능성이 높다. 그는 두 아이의 아버지이자, 대한민국 국민이었다. 그런 그에게 대한민국 국방부는 확인도 되지 않은 '월북행위'라는 오명을 씌웠다. 그리고 그렇게 북한군으로부터 총살된 후, 화장되는 극악무도한 북한군의 행위를 변호했다. 이 소식은 청와대에 일찌감치 전해졌지만, 종전선언과 남북한 '생명공동체'를 강조하는 文의 유엔연설은 그대로 전 세계로 퍼져 나갔다. 그리고 대한민국 국민들은 이를 까맣게 모른 채, 3일의 시간을 보냈다.

◇ **청와대 뭉개는 사이, 외신들 북한군 만행 긴급보도**

한 대한민국 국민의 목숨이 촌각을 다투는데, 이런 사실을 보고받은 청와대와 대통령은 24일, 결국 해수부공무원이 총살되고 사망한 이후, 국가안보회의 (NSC)를 열었다. 그러나 대통령은 안보실장에게 회의를 맡기고, 김포시에서 열렸던 기업행사관련 '아카펠라' 합창공연을 관람했다. 한국 국내신문보다 외신들이 먼저 이와 같은 기막힌 사실들을 전 세계로 퍼 날랐다. 미국의 WP, NYT, 영국의 BBC, The Guardian, 프랑스의 Le Monde는 물론이고, 중동의 알자지라(Aljazeera) 방송도 북한군이 한국 공무원을 사살하고, 화장했다는 내용의 기사를 대서특필했다.

문제의 심각성이 전 세계로 퍼져나가자, 이제야 청와대와 국방부는 슬쩍 유감, 또는 재발방지 정도의 미연적인 대북 강경태세를 취하는 듯 보이고 있다. 그러나 여전히 이인영 통일부장관은 남북화해와 평화만을 외치고 있다. 여당 최고의원은 이번 사건으로 남북관계개선의 중요성이 부각되었다는 망언을 하고 있다. 결국 정부여당의 '덕이 부족한 자'들은 대한민국 국민들이야말로 사육되어야만 하는 '동물'이거나, 의식과 감각이 없는 '사물'이어야 함을 강제적으로 주입시키고 있는 것 같다. 그래서 시간이 조금만 지나면, 국민들의 머릿속에서 모든 사실들이 저절로 잊혀 질 것이라고 굳게 믿고 있는 것처럼 보인다.

◇ **디지털 전체주의로 치닫는 文 정권**

디지털 전체주의를 의심받는 4.15부정선거문제, 부동산허가제에 이어서 '부동산청'을 만들어 부동산가격을 잡겠다는 발상, 공수처의 현실화, 야당과의 야합을 통한 헌법 개정에 대한 우려, 대한민국을 역사 속에서 지우려는 주도면밀한 상징공작들, 경제위기를 덮기 위한 무차별적인 포퓰리즘 확산, 마치 조지 오웰(George Orwell)의 소설 "1984"를 연상케 하는, 코로나 전체주의 양상, 등등, 정말 이들의 대한민국 파괴를 위한 악행은 끝이 없다.

내로남불, 자화자찬의 한번도 경험하지 못했던 그래서 단두대로 가야 할 '덕이 부족한 자'들이, 추석 한가위 가족모임조차도 와해시키려는 공작을 시도하고 있다. 하지만 이제는 추석 차례 상 앞에 모여 앉은 성난 대한민국 민심은 아무도 막을 수 없고, 이는 곧 현실로 결집될 것이다.

시작부터 지금까지 주도면밀하게 자유대한민국을 파괴하려던, 그래서 그들의 잘 이해되지 않는 아리송한 '악행'과 '만행'은 이제 그들이 원했던 결말을 향해 달려가고 있는 듯 보인다. 그러나 文정권은 곧 다가 올 성난 '테르미도르 반동'이 대한민국 전국 방방곡곡에서 잉태되고 있음을 자신들만 아직 모르고 있다. 그래서 인간의 역사는 거듭 반복된다.

더자유일보, 2020년 9월 26일

文정권 코로나 방역사기,
中디지털전체주의 예행연습

**넘쳐나는 진단키트, 왜 약국서 개인에 팔지 않나!
자유대한민국 주권, 국민적 자유의지 산물임을 명심해야!!**

인간은 각각의 '자유의지'(Free Will)를 갖고 살아가며, 이로 인한 각각의 다른 시각(Perspective)을 형성한다. 따라서 인간의 감성과 이성을 깔아뭉개는 사이버세계(Syber-World)는 실존적 현실세계가 아니다. 그런데 인간의 지능을 인공지능으로 대체하고, 인간의 감정과 의식을 거듭되는 기계적인 '반복선동'이나, 근거 없는 '재화'를 뿌리는 포퓰리즘(Populism)으로 왜곡하면, 이는 곧 바로 전체주의로 가는 '지름길'이 된다.

작금의 대한민국 현실을 보고 있노라면, '진리성'(Ministry of Truth)을 통해, 진실과 사실을 왜곡시키고, 언론과 방송을 통한 거듭되는 반복선동으로 인간의 이성을 마비시키는, 마치 조지 오웰(George Orwell)의 소설 "1984"식 전체주의로 한 발 더 나가고 있는 것 같아 보인다.

◇ 文 정권, 코로나 비상정국 가장해 중국식 디지털전체주의 실현 시도

첨단기술로 사이버세상을 지배하면서, 동시에 소위 '디지털 전체주의'(Digital Totalitarianism) 기제를 통한 통합적 감시체제가 완벽하게 가능해 진 것이다. 개인정보를 담고 있는 'QR코드'로 인간 행동과 내부적 시각까지도 통제하고, 인의 '무의식 세계'까지도 선도 및 통제가 가능하게 되었다. 이미 중국은 이런 식의 사이버주민통제가 가능해 졌다. 중국을 동경하고 우러러보는 文정권도 코로라 비상정국을 가장해, 중국식의 사이버주민통제를 통한 디지털전체주의를 실현하려고 하고 있다. 예를 들어, 시청자들이 주말에 TV를 통해 열심히 드라마 또는 영화를 보고 있는데, 난데없이 '긴급보도'라는 빨간 자막이 나오고, 어김없이 국무총리가 나와서 코로나상황을 '준전시상황'으로 인식해야한다며, 가족들이 모이는 추석방역 상황을 철저히 경계해야 한다고 주장한다.

시청자들의 반응은 일단 크게 놀랬다가 금방 실망한다. 서울 상공에 적기가 나타났거나, 북한의 미사일이 발사되었을 경우에나 나올 법 한 '빨간 자막'에 크게 놀랬다가, 이제 거의 일상화되어가고 있는 코로나 상황을 준전시상황이라고 강조하며, 추석에도 거리두기를 실천해야 한다는 식상된 내용에 실소하며 실망한다. 한편의 희극 같은 상황이다. 지금까지 살아오면서 영화에서나 봄직한 장면임에 틀림 없다. 하지만 지금 대한민국에서는 이런 어처구니없는 文정권 발 공익광고와 그 안에 내포된 국민협박성 발언들이 실질상황으로 작동하고 있다.

전철운영시간 내내 틀어대는 방역수칙과 범칙금에 대한 위협방송과 음식점과 카페에서 적어내야 하는 개인 신상기록 등은 이제 모든 것이 하나로 통합되어서 일상생활이 되었다. 그래서 조금만 지나면, 국민모두가 文정권이 주장하는 '정책당위성'에 세뇌(Brainwashing) 될 수밖에 없다. 아마도 이미 국민 대다수가 세뇌되었다고 보인다.

◇ **대한민국, '유사전체주의'라는 새로운 상황**

정부는 反정권 성향의 집회자와 종교단체를 꼭 집어서 코로나방역을 해치는 反사회적 범죄단체로 몰아붙인다. 대면접촉을 피해 차량으로 시위하겠다는 단체에게도 경찰청장이 직접 나와서 면허정지를 포함한 법적 대응을 협박하고 있다. 이런 어처구니없는 상황은 대한민국이 '유사전체주의'라는 새로운 상황에 처해 있음을 여실히 반증한다.

지난 4월에 독일 슈투트가르트 차이퉁(Stuttgart Zeitung)紙는 한국의 방역상황을 칭송하면서, 이미 한국의 코로나 진단키트가 전 세계 150여 개국에 걸쳐서, 1조원 상당 이상으로 수출되었음을 밝힌바 있고, 그 수량도 2억 개를 넘어선다고 했다. 2억 개면 대한민국 전 국민이 4번 이상 자가진단을 해볼 수 있는 수량이 아니던가! 이제는 세계 여러 나라에서도 진단키트를 양산해, 진단키트 가격이 지난 4월의 kg당 123만원에서 60만원대 이하로 떨어졌다. 그리고 한국 내 진단키트 생산시설도 그때 보다 더 늘어났다. 테스트 이후 진단결과도 18시간에서 이제 6시간 정도로 줄어들었다.

그렇다면 싼 값에 자가진단키트를 약국이나 편의점 등을 통해서 전 국민에게 보급할 수 있다. 그래서 개인이 스스로 진단하게 하면 국민들이 코로라 공포로부터 벗어나서 생업에 전념할 수 있도록 만들 수 있다. 그러나 文정권의 방역당국은 그렇게 하지 않는다. 한때 세계 언론으로부터 칭송을 받았던 정은경 방역청장은 현재 편파적으로 방역행위 대상자들을 찍어서 앵무새처럼 되풀이하고 있다. 왜 일까? 당연히 대한민국 국민 전체를 통제하기 위한 文정권의 의도를 따르고 있기 때문이다. 설사 정 청장 본인 스스로 양심에 따른 내부적 갈등이 있었는지는 몰라도, 작금의 편파적인 방역정책 행위는 추후에 공직자로써 응분의 책임을 져야할 부분임에 틀림이 없다.

한국은행이 드디어 한국경제가 2008년 금융위기 때보다 더 나쁜 상황이라고 발표했다. 하지만 주요 방송과 언론 그 어디에서도 이에 대한 심각한 분석대응 기사를 찾아볼 수가 없다. 자영업이 내려앉은 지도 오래됐다. 그러나 국민을 자각시켜야 하는 주요 언론사들은 자영업자들에게 정부지원금 얼마를 주니 마니, 또 건물주들의 임대료 삭감을 법으로 정하는 내용 등, 국민 선동적 정쟁기사 거리들에만 몰두하고 있다.

◇ 文 정권 전체주의 도박 속에 서민들만 죽어나

'전세금폭등'으로 서민들은 더욱 비참해졌다. 학교를 못가고 화상교육으로 대처하는 교육현장은 부익부, 빈익빈이 극심해졌다. 먹고살기 바빠서 부모가 챙기지 못하는 서민자식들은 화상교육이고 뭐고 컴퓨터 앞에 앉아 하루 종일 게임을 하거나, 아예 집밖에서 유흥꺼리를 찾아 방황하고 있다. 반면, 중상층은 지금이 사교육을 통해 교육편차를 높여서 자식들의 교육경쟁력을 높일 절호의 기회로 보고 있다. 그러니 文정권의 전체주의 도박 속에 대한민국 서민들만 죽어나고 있다. 이 또한 이들의 주도면밀한 정치공학적 기획 아래 이뤄지는 대한민국 파괴행위가 아닌지 의심스럽다.

자유민주주의 하에서 주권자인 국민 개개인은 개인의 자유를 지키고자 하는 '법치의 수호자'이기도 하다. 따라서 文정권으로 인한 '법치의 위기'는 '실존의 위기', 즉 개인의 자유의지에 대한 구속이며, 모든 상식과 양식을 가진 문명국민에 대한 억압이다. 이렇게 저렇게 부정, 부패를 일반화하고, 자유를 박멸하려는 文정권의 새로운 계층(New Class)들은, 마치 조폭조직처럼 신속하게 늘어만 가고 있다. 그러나 아무리 상황이 좋지 않다고 해서, 자유대한민국을 지키려는 자유시민의 존재감도 같이 멀어지지는 말아야 한다.

자유의지를 가진 자유로운 개인들이 만든 것이 바로 지금의 대한민국 '주권'이다. 그래서 대한민국 자유시민 개개인은 어떤 상황에서도 자유대한민국을 지켜내야 할 '주권자' 임을 절대 잊지 말아야 한다.

더자유일보, 2020년 10월 2일

민족과 국가 구분 못하는 文정권
대한민국 체제위에 '민족' 군림

**거듭되는 文 종전선언 요구, 북한은 쳐다보지도 않아!
유엔에 등록된 두 개의 독립국가 무시하고 오로지 민족은 하나!!
체제 넘어선 민족개념 한반도 적화통일의 길 열어줘!!!**

독일 역사학자 프리드리히 마이네케(Friedrich Meinecke)는 서구에서의 민족국가(Nation-State) 유형을 두 가지 형태로 보았다. 하나는 영미 식 '민족국가', 정확히 번역하면 '국가민족(State-Nation) 유형으로, 통치질서(Political Order)가 철저히 국민들의 동의에 의해서 실행되는 형태다. 이는 국민적 동의를 만들어내기 위해, 반드시 시민사회의 활성화가 필수불가결한 국가유형이다. 따라서 영미 식 민족국가에는 국가란 무엇 인가?  라는 질문보다는 정부란 무엇 인가? 라고 묻는 질문이 일반적이다. 특히 미국은 근대국가로서의 민족국가가 먼저 만들어지고, 그 뒤에 '국민'으로서의 '민족'이 만들어진 전형적인 사례이기도 하다.

그러므로 영미 권에서의 민족은 그야말로 '국민' 또는 '시민'을 지칭하는 단어이며, 국가에 귀속된 국민들의 애국심은 '시민적 민족주의'(Civic Nationalism) 형태로 반영되어 나타난다. 그리고 국가의 안정을 도모하기 위한 통치 질서와 시민사회의 상관관계는 상호보완적이며, 수평적 관계로 형성된다.

반면, 독일의 민족국가(Nation-State)는 '민중'(Folks)개념의 민족이 국가와 시민사회위에 군림하고 신성시된다. 이는 이웃나라였던 프랑스혁명의 여파를 차단하기 위한 대佛 '안티체제'(Anti-System)로 역할하게 하고, 나아가 폭발적인 독일통일의 원동력을 만들어내기 위해, 제도적으로 시민사회위에, 통치 질서가 형성되도록 만들었다. 따라서 시민사회는 철저히 국가의 하위개념으로 작동되어야 한다.

독일에서의 '민족개념'은 영미 권에서의 국민이나 시민개념과는 완전히 다르다. 나폴레옹에 의해 정복당했던 프로이센은 후기산업화에 성공하고, 통일독일을 최대한 빨리 형성하기 위해, 혈족으로서의 단결을 강조하는 '독일정신'(German Geist)을 창조했다. 그 결과 독일인들의 국익을 위한 애국심은 종족적 민족주의(Ethnic Nationalism)로 발현되어졌다. 결국 전체주의로 이어진 종족적 독일정신은 유럽에서의 1차 대전과 2차 대전의 근본원인이 되었다.

근대독일의 제도는 근대일본으로 전파되었다. 특히 종족개념을 강조했던 독일정신은 일본정신의 '화혼'으로 계승되었고, 특이하게 동양적인 일본 전통문화의 '습속'과 연결되어, 서양으로부터 유입된 모든 것을 반대하는 '문화적 정풍운동'으로 확대되었다. 그 결과 서양으로부터 유입된 형태의 근대적 '메이지유신' 조차도 일본 내부에서 상당한 저항에 부딪치었고, 이로 인한 정치적 역경을 경험했던바 있다.

◇ 일제 저항 민족운동, 제국주의를 배척하는 종족적 민족주의로 변질

　일본으로부터 식민지한국으로 유입된 '종족적 민족주의'는 역설적이게도 일제치하에서 일본에 대한 저항운동으로 확대되었고, '동포' 또는 '피붙이'로서의 '한민족'이라는 단일민족의 종족개념과 이와 관련된 '한민족공동체'라는 전대미문의 비현실적인 신화들이 크게 양산하게 되었다. 일제에 저항했던 한민족이라는 종족적 민족주의는 곧바로 해방 후 미군정에 대한 저항으로 나타났고, 마침내 미국식 민주주의를 도입했던 대한민국에 대한 저항으로까지 발전하게 된다. 다시 말해 일제나, 미제나, 그 어떤 제국주의로부터의 영향도 인정할 수 없는 한민족문화에 입각한 혈족적인 민족국가를 만들어야 한다고 주장하는, 좌익적 민중들이 대한민국 내에서 기하급수적으로 늘어났던 것이다.

　결과적으로 이런 좌익적 민중들은 민족과 국가는 다르다는 비현실적인 세계사관을 형성하였고, 5천년 역사에 빛나는 한민족문화에 입각한 '한반도 민족'을 바로 세우는 것이 서양에서 유입된 체제이념에 입각한 대한민국이란 '국가'보다 훨씬 더 중요하다고 보았다.

　바로 이런 인식을 갖고 있는 좌익적 민중들을 기반으로, 현재 대한민국의 정권을 잡고 있는 文정권의 위정자들이 들어섰다. 이들의 세계관은 서양으로부터 유입된 민주주의를 표방하고 있는 대한민국이 아닌, 북한의 세계관을 추종하고, 남북한 간 종족적 민족주의에 입각해, 하나로 통일된 민족국가를 세워야 한다는 몽상적인 혁명적 사명감에 자신들을 불사르고 있다. 그래서 이들은 1948년 대한민국의 건국을 인정할 수 없으며, 명실공이 좌우와 민족진영이 합작해서, 3.1독립운동 이후, 상해에 세운 1919년 임시정부를 실질적인 '건국'이라고 억지를 부린다. 그래서 文정권의 위정자들은 올해 광복절 기념식에서처럼 '대한민국'을 빼고 '우리나라'(Our Country)라고 대한민국을 칭하면서, 의도적으로 모든 대한민국의 국가상

징들을 하나씩 지우는데 혈안이 되어 있다.

그런데 문제는 文정권이 북한으로 인해 자가당착에 직면하고 있다는 점이다. 이는 한민족끼리 자주통일을 하자며, 文정권이 내세우는 '민족통일'을 북한이 점점 더 부담스럽게 받아들이고 있기 때문이다. 북한에 의한 해수부공무원 피살 및 실종사건에도 불구하고, 내로남불의 文정권이 거듭 되풀이하고 있는 '종전선언' 발언에 북한이 제대로 대응하지 않고 있다.

'우리민족끼리', '민족은 하나다' 등과 같은 사상은 북한의 김정은 정권과 文정권이 공유하고는 있지만, 강대국경쟁을 포함해 실질적인 대내외적인 '권력(Power)과 연관된 권력변이'는 '사상동조'와는 완전히 다르게 나타난다는 사실을 권력의 화신인 북한 김정은은 너무 잘 알고 있기 때문이다.

결국 트럼프대통령의 재선 선거전인 10월에 준비하려했던 미북 정상회담과 관련된 '깜짝쇼'는 문정권의 '원맨쇼' 미수로 끝났다. 중국과 북한은 文정권의 국제정치를 무시한 과도한 무리수들을 경계해 왔음이 적나라하게 드러난 것이다. 특히 북한은 文정권이 취하려고 하는 남북한 국가연합이나, 낮은 단계 연방제 또는 고려연방제 자체를 비현실적으로 보고 있다.

◇ 하노이회담이후 文 정권에 노골적으로 압박 가하는 북한

북한은 지난 미북 하노이 정상회담에서의 치욕적 결과를 되풀이 할 수는 없다. 왜냐하면 더 이상의 최고지도자 과실은 북한체제 단속과 결속에 치명적인 문제를 불러일으킬 수 있기 때문이다. 북한의 입장에서는 푼돈 정도의 통치자금을 비밀스럽게 내어주는 한국보다는 일본과 거래하는 것이 훨씬 더 났다고 볼 수도 있다. 일본과 '국교수교' 함으로써, 북한이 받을 수 있는 약 1천억 달러규모의 배상금은 북한통치자의 영속적인 통치자금조달과 북한경제 재건에 절대적으로 도움이 된다.

이런 상황을 지켜보면서 기가 막힌 것은 한국의 동맹국인 미국이다. 북한이 일본과 협력하게 되면, 그야말로 文정권의 대북관계 및 미북 정상 간의 가교역할은 치명적인 타격을 입게 된다. 동시에 文정권은 생존하기 위해서 국내적으로는 권력을 통해 국민저항을 억누르고, '유사전체주의'를 실행할 수 있는 형태로의 헌법 개정을 시도할 가능성이 높다. 결과적으로, 文정권은 중국과 외교안보적으로 더욱 밀착할 수밖에 없게 된다.

미국은 이런 상황을 결코 원치 않는다. 그리고 지금도 미국의 대중국 포위망에 이런 저런 핑계로 동참하지 않는 동맹국 한국이, 미국의 한국경제제제로 인해, 급속하게 반미형태로 국내정치를 몰고 가는 것 또한 원치 않는다. 다만 미대선 이후 후속결과에 따른 중장기적 차원에서의 대아시아정책은 공화당이든지, 민주당이든지 간에, 시나리오별로 분명하게 마련해 놓고 있을 뿐이다. 그러니까 민주, 공화 양당 모두 대중, 대북 스탠스에는 큰 차이가 없다.

민족을 체제보다 상위개념으로 두면서, 자유민주주의라는 서양의 제도를 유입한 대한민국을 역사에서 지우고, 민족중심의 한반도 통일국가를 세워야 한다는 몽상적인 관념에 찌들어 있는 文정권 위정자들은 자신들의 자살행위에 가까운 대내외적인 정책결정의 함수가격들을 제대로 인식하기는커녕, 파악조차도 못하고 있는 것 같다. 다만 이들이 벌이고 있는 안과 밖의 정책과실들로 인해, 대한민국 국민들과 기존의 동맹국 및 파트너국가들이 지독한 몸살을 앓고 있다.

더자유일보, 2020년 10월 9일

생존 위협받는 文,
예상 못할 통치력 발휘하나?

이념도 없고 소신도 없는 反혁명주의자들, 이들의 정체는 수구 꼴통!
권력의 힘으로 자금획득에 혈안인 文정권, 과연 제정신인가!!
밤 잠 못자는 文, 살기위한 기상천외한 선택 할 건가!!!

　　정치경제, 외교안보, 사회문화 등, 총체적인 영역에 걸쳐, 대한민국 국회에서 매일 터져 나오는 말도 안되는 청와대발 사건들의 연속 속에서, '진영 논리'로만 일관되게 대응하는 여당국회의원들은 정말 청와대의 하수인들임에 틀림이 없는 것 같다. 이들의 양식과 상식을 져버린 알아들을 수 없는 논리의 '자화자찬'과 일관되게 뻔뻔한 '내로남불'의 언사를 굳이 한마디로 정리해 보자면, 이들은 진정한 '싸구려정치인'들이다.

　　덕이 없고, 목소리만 큰 이들은 이념도 없고, 국정운영을 위한 쇄신도 없다. 그저 권력의 결집체인 청와대와 호응해서, 시키는 대로 대한민국을 흠집 내고, 그동안 피땀으로 쌓아왔던 국민들의 결실들을 자신들의 주머니 속으로 훔쳐내기에 열중하고 있다.

20세기에 창궐했던 사회주의사상은 20세기를 넘기지도 못하고 소련이 망하면서 끝이 났다. 그럼에도 불구하고 文정권이 내놓는 진보적 사회주의사상이, 만약 일말의 현실적 적실성이 있다고 가정한다면, 이들과 비교되는 마르크스는 '신선'이고, 마오저뚱은 '선생'이며, 김일성은 뚝심 있는 '학생' 정도가 될 것 같다.

◇ **권력과 부에 몰입하는 얼치기 이념가들**

마치 불에 뛰어드는 부나방처럼, 일방적으로 권력과 부에만 몰입하는 '바보들의 행진'을 보는 것처럼, 적당히 주어진 권력을 이용해서 겁박하면, 불안해하는 국민들이 자신들의 국정운영을 마음대로 재단할 수 있도록 쉽사리 자신들을 위한 정치적 환경을 만들어 줄 것이라고 순진하게 믿고 있다. 그러나 이미 이들의 축척된 만행에 국민적 반발이 극에 달하고 있고, 더 이상은 참을 수 없다는 국민적 결기가 날로 제고되고 있다. 그러니 어렵사리 이제 현실을 깨달은 싸구려 정치인들이 쓸 수 있는 방법은 아마도 권력에 의한 '공포정치' 뿐일 것이다.

만약 이들이 진정 국민들로부터 공포의 대상이 된다면, 이런 상황은 영락없이 집단적 광기에 의한 전체주의적 독재로 반영될 가능성이 아주 높다. 왜냐하면 이들의 근본적인 속성이 반혁명적인 극단적인 보수주의, 다시 말해 '수구 꼴통'에 기반을 두고 있기 때문이다.

'법의 정신'(De l'esprit des lois)을 집필했던 프랑스 철학자 몽테스키외(S. L. Montesquieu)는 여러 형태의 정치체제 중에 '공포' (Fear)를 통한 전형적인 독재정치, 다시 말해 '법치'를 통치의 근간으로 하는 '공화국'이 가장 우려해야 하는 '종말적' 정치형태로 '전제정치'를 들고 있다. 권력실세들이 연루된 부패사건과 결부되어, 국회의 대검국감을 배경으로 펼쳐지고 있는 작금의 군상은 윤석열 검찰총장 하나를 두고, 여당은 물론이고, 청와대, 법무장관 등이 하나같이 윤총장을 쫓아내기 위한 총력전을 펴고 있는 희극적인 모습이다.

그래서 이를 지켜보는 국민들의 관심은 나날이 높아가고 있다. 바쁜 일상에 쫓어 별로 관심을 크게 드러내지 않는 국회 대검국감에 대한 시청률이 10%를 기록했으니, 이는 TV 인기드라마 평균 시청률보다도 훨씬 높다. 국민들의 높은 관심이 무서웠나? 아니면 독재자로 불리어지는 것이 무서웠나? 이런 국정혼란 속에서도 검찰총장 임명권자인 文대통령은 아무런 말이 없다. 아직까지 청와대비서진들의 정치공학적인 판단이 나오지 않은 것인지, 아니면 대통령 스스로 윤총장 사임 결정을 유보하고 있는 것인지 알 수가 없다.

두 차례의 지난 대선과정을 거치면서 분명하게 나타난 바는 文대통령이 우유부단하고, 놀라울 정도로 무능하다는 점이다. 그럼에도 불구하고 어떻게 만들어 졌는지, 그 구체적인 내용은 아리송하지만, 그에 대한 그의 스토리(His Story)는 분명 대중을 움직였고, 그 덕분에 대통령에까지 당선되었다. 그러나 이제 대한민국 국민 모두가 소위 '그의 스토리'를 근본적으로 의심하고 있다.

'이념과 유토피아'(Ideology and Utopia)를 쓴 철학자 만하임(Karl Mannheim)은 정치의 역사과정이야말로 좌우지식인 사이에서의 끊임없는 갈등과 투쟁관계라고 정의하고 있다. 과연 좌나 우의 엘리트들 중에 어느 편이 대중을 동원할 수 있느냐가 핵심적인 관건인데, 대중동원을 위한 필수적인 선동은 대부분 '정치적 사기' 또는 '거짓말'로 귀결된다.

◇ 너무 지나친 기만과 거짓말, 결국 '공포정치'로 덮을 수밖에 없어

문제는 그 사기가 광범위한 군중들을 대상으로 하는 '사기'(Fraud)인가, 아니면 개인적, 정치적 이해를 위한 '거짓말'(Lie)인가 하는 점이다. '역사는 엘리트들의 무덤'이라고 강조했던 고전적 엘리트이론가 파레토(Vilfredo Pareto)의 격언은 점점 더 사유화되면서 독재로 나아가는 권력은 자신들의 내부적 갈등과 사적이해를 극복하기가 힘들어지고, 그 결과 종국적으로 너무 많은 거짓말을 남발하게 되며, 결국 이를 덮기 위해 '공포정치'로 갈 수밖에 없게 된다는 사실을 함축하고 있다.

文대통령은 마키아벨리(Piccolo Machiavelli)가 '군주론'(The Prince)에서 강조하는 '사자의 힘'과 '여우의 지혜'를 겸비한 탁월성을 갖춘 권력자는 결코 아니다. 또 文대통령의 언사는 역사적 인물로 등장했던 모든 정치가와 사상가들이 대중동원을 위해 행했던 일종의 '사기' 선동과는 거리가 멀다. 왜냐하면 文대통령의 사기는 역사발전과정을 운운할 이념적 근거가 전혀 없는, 수구적이며, 자신들의 진영을 위한 사적이해의 발로인 임기응변적인 거짓말들로 대부분 구성되어 있기 때문이다.

개인적으로 독재자는 되기 싫고, 민중적 지도자인 포퓰리스트가 되기에는 능력이 모자라는 文대통령의 생존과 관련된 갈등은 결국 청와대비서관들의 독점적 권력행사와 이들이 제공하는 A4용지에 의지할 수밖에 없는 그의 처지에서 온다. 그래서 文대통령은 지속적으로 유체이탈적인 연설을 할 수밖에 없고, 그 결과 뻔뻔한 그의 얼굴은 지속적으로 신문지면과 방송을 탈 수밖에 없다.

그러나 文대통령이 확실하게 알아야 할 사실은 청와대비서들을 중심으로 내려지고 있는 명령들로 현재 행정 부처들이 짓고 있는 '권력형 범죄'와 이들이 주관하는 대한민국파괴를 위한 '여적 죄'는 고스란히 대통령이 모두 책임져야 한다는 것이다. 그러니 몹시 늦었지만, 또 현실적인 가능성도 별로 없어 보이지만, 文대통령이 소위 '거느릴 줄 아는 지도자', 정치적 덕목을 갖춘 지도자다운 지도자로 거듭나지 않을 경우, 현재 발생하고 있는 모든 대한민국 파괴행위와 그 희생에 대한 책임은 文대통령이 다 져야 한다.

◇ 지도자의 덕목에서 '덕목'은 '전사의 용기'를 말해

'지도자의 덕목'이란 합성어에서 '덕목'(Virtue)이란 단어는 원래 라틴말 '탁월함'(Virtus)에서 왔고, 어미에 붙은 '비루'(Vir)는 '남성'을 의미한다. 그리고 이 남성성은 바로 '용기'를 상징한다. 그러므로 지도자의 덕목이란 용기를 가진 지도자의 '전사적 행위'라는 뜻이 된다.

나라가 이정도 되면 정말 갈 때까지 간 것이다. 윤총장은 국감에서 살아있는 권력도 수사하라던 文대통령을 아직도 믿는다고 답했다. 검찰청 공무원수장으로서, 당연히 국민이 뽑은 대통령을 신임하지 않을 수 없다. 그래서 그렇게 말할 수밖에 없는 상황에 대한 이해는 가지만, 아마 윤총장의 분노에 찬 속마음은 자신의 말과는 완전히 다를 것 같다. 文대통령이 진영의 이해를 위해 윤총장을 해임시키는 결단을 내릴 것인지, 아니면 윤총장을 저격하는 추미애 법무장관을 해임할 것인지는 두고 볼 일이다.

비록 맨 날 눈앞에 대고 읽어대는 A4용지에 무슨 지도자의 덕목이 있겠는가마는, 그래도 생존을 위한 '인간의 본능'은 전혀 예기치 못할 다른 행동을 유발할 수도 있지 않겠는가! 국감에서 일 당 백으로 싸우고 있는 윤총장의 모습이 하도 늠름해보여서, 현실적으로 전혀 불가능해 보이는 文대통령에 대한 비현실적인 과도한 상상을 한번 해 본다.

더자유일보, 2020년 10월 23일

백척간두 文정권,
왜 윤석열 두려워하나!

상식과 양식이 다른 두 세계의 공존인가! 혁명인가!
윤석열 문제와 한반도 국제문제 동시에 폭발한다!!
윤석열 다음 제거대상, 최재형 감사원장!!!
자가당착에 빠진 文, 그래도 자기 사람이라고 할 건가?

2020년 文정권, 상식과 양식이 다른 두 세계의 평행선이 대한민국이란 국가를 둘로 완전히 나누어 놓았다. 얼굴색하나 변함없이 추미애법무장관은 대한민국 헌법초유의 사건들을 속전속결로 터트리고 있는데, 작심한 이들의 굳은 안중에는 대한민국 국민이란 존재하지 않는다.

다음달 2일, 윤석열총장에 대한 징계위원회를 개최해서, 즉각 징계 처분한다는 법무부의 메시지가 나오자 마자, 전국 평검사회의가 소집되고, 고검장들도 적극적으로 반발하고 나섰다. 추미애장관은 갑자기 왜 이렇게 서두르는 것 일까? 마치 사막에서 목마른 자가 오아시스를 찾아서 앞뒤를 가리지 않듯이, 눈에 뛰게 허겁지겁하는 그녀의 행동에는 분명한 정치적 이유가 존재한다.

최재형 감사원장이 제출한 '원전감사보고서'에서 산업부가 고의로 삭제했던 파일들이 복구되었다. 그리고 그 속에 '북한원전건설지원' 관련 문서 10건이 '복원'되었다.

◇ 탈원전은 국내용, 북한에는 원전지어 주겠다는 文 정권

2018년 제1차 남북정상회담으로부터 제2차 남북정상회담 사이에 집중적으로 작성된 문건들은, 북한에 원전을 건설해 주는 사안과 함께, 과거 북한에 중수로를 건설해 주는 프로젝트였던 'KEDO'에 참여했던 전문가 및 기술자들의 명단들까지 포함되어 있었다. 비밀스런 사실들이 밝혀지자, 산업부관계자들은 남북한 통일 후를 안중에 둔, '장기전망보고서' 일 뿐이라고 평계를 대었지만, 얼마나 더 많은 구체적인 사안들이 들어가 있는지는, 향후 추가적으로 파일들이 복구되면 모두 백일하에 드러날 일이다.

文정권의 탈원전 정책은 단 한번의 공청회도 제대로 그치지 않고, 일사천리로 진행되었다. 엄청난 손실을 무릅쓰고, 고리1, 2호기 폐쇄에 이어, 건설 중이던 3, 4호기도 중단시켰다. 그리고 더 이상 원전건설은 대한민국에서 사라질 것이라고 대내외에 천명했던 바 있다.

文정권이 세계 최첨단 기술을 가진, 한국의 원전산업을 도태시키는 이유는 환경 및 재난관리영역과는 거리가 멀다. 가장 유력하게 의심받는 이유 중 하나가 한반도 유사시 엄청난 전기량을 필요로 하는 평택 미군 기지를 무력화시키는 것으로 지적되고 있다. 또 다른 이유는 한국의 원전산업을 고갈시킴으로써, 한국이 필요에 따라 개발할 수도 있는 핵무기를 '원천봉쇄' 하겠다는 것이다. 그야말로 한국을 핵으로부터 완전히 '무장 해제' 시키는 방안이었다.

북한 핵을 이고 사는 한국의 대통령이 모국인 한국에 대해서는 원전의 완전한 해체를 지시하고, 대신 핵개발로 국제사회의 '암적 존재'가 되어 있는 북한에 원전을 지어주는 계획을 갖고 있었다면, 이는 분명한 대한민국에 대한 '이적행위'로 볼 수 있다.

　살아있는 권력에도 칼을 들이대고 있는 윤석열총장은 이미 조국사태, 울산시장 선거, 그밖에 여러 형태의 권력형 비리를 수사함으로써, 文정권의 미움을 받아, 이런 저런 정치적 급박에 시달리고 있다. 그러나 文정권은 이런 문제들을 일단 권력의 힘으로 눌러서, 국내정치 이슈화되는 것을 막고 있지만, '북한원전건설문제'는 완전히 차원이 다르다. 특히 북한 핵문제에 대한 원칙적 해결을 주장하는 미국의 바이든 행정부가 출범하든지, 아니면 기존의 트럼프행정부가 이어지든지 간에, 文정권이 행했던 북한과의 뒷거래를 좌시하지 않을 확률은 매우 크다.

　만약 원전폐쇄에 대한 부당성을 수사하고 있는 대전지검이 북한과 文정권의 밀거래사실을 밝혀내고, 이것이 국내정치 이슈화하면, 임기말기로 향하는 文정권은 안과 밖으로 살아남기 힘들게 된다. 그래서 이들은 부랴부랴 윤석열을 저지시켜야 하고, 그 다음에는 최재형 감사원장을 눌러서, 감사원 발 원전폐쇄 부당성에 대한 검찰수사를 불문곡직 막아내야 한다. 그렇지 않으면 자신들이 죽는다는 사실을 너무도 잘 알고 있다.

◇ 사회혼란을 위해 독해가 불가능한 '인지부조화' 의 세계 조장

　지금까지 文정권 위정자들은 자신들이 강조해 왔던 "한번도 경험해 보지 못한 세상"을 만드는 과정에서, 온갖 사회적 부정부패행위는 다 저지르고 있다. 완전히 다른 세상을 만들기 위한 '사회혼란' 조작용으로, 이들은 '언어'가 다르고, '문법'이 다른, 그래서 완전히 '독해'가 불가능한 다른 세상의 '정신세계'를 자의적으로 드러내고 있다. 하나도 이치에 맞지 않는 세상을 만들어 놓고, 국민들의 반발이 극심해지자, 이것을 '정책'이란 말로 희석하면서, 적당히 포장한 뒤, 계속 대한민국사회를 뭉개고, 망가뜨리고 있다. 사실, 이들의 대한민국 파괴 전략은 지금까지 자신들의 의도대로 '상당한 성공'을 거두었다고도 볼 수 있다.

文정권이 성공을 거두는 데에는, 단지 단순하게 나타난바 현상만 쳐다보는 '국민의 힘'이란 제1야당의 도움이 매우 컸다. 이들이 내포하고 있는 '대한민국전복'에 대한 통일전략, 전술을, 제1야당인 국민의 힘은 현재 전혀 간파하지 못하고 있다. 文정권의 권력유지 배경에는 분명히 북한과의 비밀스런 협력과 '정치 쇼'가 포함되어 있다.

지금까지 미국이 이를 용인해 주었지만, 임기 말기에 들어선 文정권이 지속적으로 미국을 교란시키기에는 이제 밑천이 다 드러났다. 미국의 반중 연합전선에 文정권만이 두드러지게 보이콧하기에는, 자신들이 저질러 놓은 국내외적인 엄청난 범죄 사실들이 너무도 많다. 곧 윤석열, 원전감사수사, 최재형, 文정권의 대북 연결고리, 미국의 반발 등으로 이어지는 대형이슈들이 터져 나올 것이다. 그래서 궁지에 몰린 文정권이 국민의 힘에게 지분을 약속하고, 제왕적 대통령제 개헌을 위한 눈에 보이는 '정치속임수'를 다시 한번 쓸 수도 있다.

국민의 힘은 文정권위정자들이 지금까지 줄 곧 써왔던 인식의 '페러다임'(Paradigm)이 다른 '체제전복'을 위한 '복합전략'(Complex Strategy)에 절대로 또 다시 휘말려 들어가지 말아야 한다. 대한민국의 존폐위기를 구할 수 있는 마지막 기회를 의원내각제니, 이원집정제니, 하는 새로운 권력구조개편을 위한 '헌법개정안'으로 날렸다가는, 대한민국 역사에 길이 남을 '위대한 바보'(Great Idiot)들로 각인될 것이다.

더자유일보, 2020년 11월 27일

공화주의정신이 없는 공화정, 반드시 전체주의로 간다!

물질주의 속 원자화되는 이기주의, 그 어떤 사회적 결속도 거부해! 현실 부정하거나 남 탓하지 말라! '설마'가 나라 망친지 오래다!!!

문 정권 위정자들은 자신들이 저지른 과오에 대한 성찰이나 반성은 전혀 없다. 그때그때 상황에 따라 축구골대를 옮겨가면서 핑계를 댄다. 때로는 '적반하장' 격으로 '국민'과 '시장'을 나무라고 고함을 질러댄다. 참으로 '돌연변이'들이 울고 갈, 별종들임에는 틀림이 없다. 이들은 평생 듣도 보도 못한 '내로남불'과 '자화자찬'으로, '이슈'로 '이슈'를
덮고, '인지부조화'를 일으킨다. 이렇게 국민의 의식을 흐리게 한 뒤에, 슬쩍 자신들이 원하는 규범과 제도들을 선점해 버린다. 그리고 거듭되는 선전과 선동으로 논리에도 맞지 않는 엉터리 같은 규범과 제도들을 공고화한다.

이를 지켜보는 양식과 상식을 갖춘 국민들은 근본적으로 언어와 문법이 달라, 대화할 수없는 이들을 쳐다보며, 그저 멍하니 난감할 수밖에 없었다. 그러는 사이에 자유대한민국이 사라져가고, 이들이 희망하는 '전체주의적 사회주의' 세상으로 슬금슬금 흘러가게 만들었다.

이런 도중에 문 대통령의 행동대장인 추미애 법무장관이 일으킨 '난장판'으로, 다행스럽게도 이 정권의 정체가 모두 드러났다. 다급해진 문 대통령은 한시바삐 '공수처'를 출범시켰다. 문 정권이 저지른 모든 권력형 부정부패를 다 덮고, 임기후의 문 대통령이 안위할 수 있는 자신들만의 세상을 만들고자, 허겁지겁 시동을 걸었다.

그러나 한번 가만히 생각해 보자. 원래 윤석열 검찰총장은 문 정권 위정자들이 입에 침이 마르도록 '위대한 검찰'이라고 추켜세웠던 자신들의 인물이었다. 그랬던 인물이 자신들이 장악한 부당한 권력에 칼을 들이대니, 자신들의 눈을 찌르는 줄도 모르고, 윤총장을 잘라버리기 위한 말도 안되는 '탄압'의 정치 쇼를 벌이는 중인 것이다.

◇ 윤석열에게 혼줄 나는 문재인

별생각 없이 자기들 말을 잘 들을 줄 알고, 윤석열이라는 검사를 검찰총장에 앉혔으나, 오히려 자신들이 혼줄이 나고 있는 것이다. 그래서 문 정권은 공수처장만은 고르고 골라서, 자신들을 절대 '배신'하지 않는 '문빠'의 '골수분자'로 임명할 모양새다. 그러나 '처세술'과 '이재'에 밝은 대한민국 관료와 지식인들은 언제든지 소위 '고무신'을 거꾸로 신을 수 있다. 그래서 작금의 문 대통령은 쪼그라든 심장으로 제대로 잠을 자지 못하고 있을 것 같다.

추미애 법무장관 전임자로 조국이라는 서울대 교수출신의 '얼치기 법학자'가 있었다. 지난 세월 그가 말했던 수많은 '내로남불'의 어록들이 기가 막혀서, 사람들은 '팔만대장경'을 빗대어, '조만대장경'이라고 비아냥거리고 있다. 조국어록' 중에 크게 언짢게 기억되고 '실소'를 금치 못하는 낯짝 뜨거운 표현이 있다. 스스로 조국 자신이 지식인이라고 가정하고, 지식인의 사회적, 도덕적 의무를 강조하는 '앙가주망'(Engagement)이라는 '말'이었다.

앙가주망은 부조리한 현실에 맞서는 지식인의 용기와 고뇌를 상징하는 말이다. 스스로 '사익'을 배제하고, 자기 자신을 사회 속에 던져 넣는 철저한 '자기구속'이 전제되어야 하는 단어다. 그런데 이런 말을 할 최소한의 자격도 갖추지 못한 '내로남불'의 조국에게는 그야말로 '양복' 입고 '갓' 쓰는 작태, 그 자체였다.

◇ 조국의 낯 뜨거운 '앙가주망'

원래 '지식인'이란 존재는 1599년생인 영국의 토마스 홉스(Thomas Hobbes) 이후에 슬슬 자생적으로 생겨나기 시작해서, 18세기에 이르러서야 하나의 사회계층(Social Class)으로 자리 잡았다. 이들의 특징은 첫째로 재산이 없다. 대부분 귀족이나 지주, 또는 살롱의 마담들에게 빌붙어서, 가정교사 또는 사랑방 손님으로 생계를 해결했다.

둘째로, 말과 글쓰기에 능하고, 담론의 주제어를 잘 뽑아서 소규모 '담론모임'들을 지도하는 재주를 가졌다. 셋째로 행정, 통치, 상업, 기술 영역에서의 경험이 전혀 없다. 다시 말해 평상시 언사에 '책임'질 일들이 별로 없어서, 마구 함부로 떠든다.

미국에서 지식인의 공적역할은 소위 '지역공공모임'이었던 '타운십'(Township) 제도에서 빛났다. 그러나 중세, 세계를 제패했던 징기스칸은 법령을 통해, 지식인의 사회적 지위를 '공창' 밑에 두었다. 그만큼 영미 권을 벗어난 세계 여타지역에서, 지식인의 존재는 그냥 시쳇말로 '요설'로 먹고사는 '기생'하는 존재로써, 별로 대접받지 못했다.

동서고금을 막론하고 대부분 '지식팔이' 하는 사람들은 '이재'에 밝고, '기회주의'

적이며, '출세지향' 적이다. 그런지 이런 종류의 지식인은 보수우파 쪽보다는 진보좌파 쪽이 훨씬 더 많아 보인다. 서울대 교수출신 조국의 내로남불 기행을 보고도, 침묵하는 서울대 동료교수들은 아마도 지식인의 '앙가주망'을 논할 자격조차도 없어 보인다.

◇ **한국지식인, 선진국보다 사회·도덕적 의무감 훨씬 낮아**

특히 물질주의에 빠져 '원자화'해가는 이기적인 한국사회에서는 사회적 '결속자체'가 부담이 되기 때문에, 한국지식인들의 사회적, 도덕적 의무감은 다른 선진국가의 지식인들과 비교해서 극도로 낮아 보인다.

'상상'을 초월하는 '행정명령'이나 '대통령령'과 같은 '하위법' 체계를 남발해서, 대한민국의 헌법정신과 법치를 무력화시키고, 입법행위를 통한 법규제로 국민들을 옥죄고 있는 문 정권에게 '공화주의'란 그림의 떡이다. 이들은 민주주의의 기본이 권력의 '분립'(Division) 또는 '분할'(Separation)이라는 사실을 인정하지 않는다. 대신 국민의 선택으로 선출된 자들이 헌법위에 군림하는 초월적인 권한을 행사해야 한다는 공산주의자 레닌의 '민주집중제'(Demoratic Centralization)를 묵시적으로 따르고 있다.

그러니까 이들은 자유민주주의의 헌법정신인 자유주의, 민주주의, 공화주의 세 이념의 조화로 이루어지는 통치체계를 추호도 인정할 마음이 없다. 공화주의가 상실된 채, 주권자인 국민, 즉 개인들의 선택으로 형성되는 '인민민주주의'는 바로 '전체주의'를 의미한다. 이미 문정권이 사법, 입법, 행정 3권을 다 장악한 줄 알았는데, 다행스럽게도 사법권에서 이들이 생각지 못했던 '저항'이 터져 나오고 있다. 그러나 문 정권은 여전히 입법과 행정권을 장악하고 권력의 힘으로 국민들의 저항과 사법부의 저항을 억누르려 하고 있다. 그 결정체는 '공수처' 출범으로 모아지고 있다.

◇ 야당 대표의 어이없는 과거 정권들에 대한 사과

한편, 대한민국의 '존폐'가 달린 기막힌 위기시점에 야당대표는 뜬금없이 과거정권들에 대한 사과를 한다고 한다. 이 사람의 정체성이 매우 의심스럽다. 이렇게 위기에 처한 문 정권에게 '숨통'을 터주는 행위를 하는 뒤에는 분명히 집권여당과 어떤 모종의 뒷거래가 있기 마련이다. 향후 세월이 가고 그에 따라 정치상황이 변하더라도, 오늘 이 사람의 '반역행위'는 낱낱이 분석되고 파헤쳐야 하겠다. 공수처 출범과 함께, 전체주의의 완성으로 치닫는 문 정권과 집권여당의 횡포 속에서, 제대로 막아서는 야당도 지식인도 없는 처량한 국면이지만, 그래도 기댈 곳은 자유시민들의 결집과 저항밖에 없다.

이미 '설마'가 대한민국과 그 안에 사는 자유시민들을 잡아먹은 지 오래다. 획일적인 '노예적 평등'과 '물질주의' 속 극도의 '이기주의'는 자유대한민국을 벼랑 끝에 내몬지 오래다. 설마 전체주의사회가 되겠냐고 스스로 부정하거나, 남 탓하지 말라! 공화주의사상이 부재한 사회는 반드시 '전체주의'로 간다. 이 명징한 '사실'을 자유대한민국을 사랑하는 자유시민들은 절대 잊지 말아야 한다.

더자유일보, 2020년 12월 14일

文 정권 대북정책, 여론조사 하자!

文 정권, 인류역사 발전을 막는 전형적인 반동세력!
바이든 대북정책, 청와대 노골적으로 엇박자 놔!!
조작하더라도 文 대북정책 여론조사 붙이는 것으로도 의미 있어!!!

영국에서 태동된 '자유주의'의 역사기원은 중세와 근대를 넘어서는 과정에서 약 1천년정도의 긴 역사를 거슬러 올라간다. 이에 반해 '자유민주주의'라는 이념체계의 보편적 인식은 2차 대전 이후에 와서야 비로소 전 세계적으로 확산되고 다져졌다. 이런 사실은 자유주의의 긴 역사를 고려한다면 다소 의외로 느껴질 수 있다.

영국의 명예혁명, 미국의 독립전쟁, 프랑스시민혁명 등을 거쳐, 공화주의, 민주주의, 자유주의는 현실에서 상호 견제와 균형을 찾아가는 긴 여정을 겪었다. 지구촌은 당연히 수많은 현실적 혼돈과 이로 인한 고통을 감내했다. 민주주의의 절대적 가치인 '자유'와 '평등' 개념 상호간의 '길항적인 요인'으로, 결국 인권과 법치를 근간으로 하는 입헌적 민주주의보다는 계급과 유물론적 관념론에 입각한 사회주의의 도전을, 인류는 함께 경험하지 않을 수 없었다.

로마시대 가장 하층시민을 일컫는 프롤레타리아트(Proletariat), 즉 '무산자' 계급의 출현은, 솔직히 이들이 노동자와 농민을 의미하는 것인지 아니면, 도시빈민을 지적하는 것인지, 개념과 기원은 분명치 않았다. 하지만 '혼돈'과 '무정부'적 형태의 과거에는 경험하지 못했던 새로운 세상들을 만들어 갔다.

왜 '노동자민주주의' 아니면 '무산자민주주의'라고 하지 않고, '인민민주주의'로 그 명칭을 붙였는지, 제대로 알 길은 없다. 그러나 인민민주주의는 사회주의 또는 공산주의라는 '극좌적 관점'의 '전체주의'와 파시즘 또는 국가사회주의라는 '극우적 관점'의 '전체주의'를 동시에 창출하기도 했다.

◇ 극우, 극좌 전체주의로 인류 6천만 명 이상 살상

국가 간의 전쟁이 영토와 자원 확장이라는 국익실현의 효자노릇을 하다가, 인류역사상 처음으로 4천만명 이상이 죽는 1차 대전이란 대재앙적 사건을 경험하게 되었다. 그 후에 인류는 외교의 연장선으로 간주했던 '전쟁관'을 달리할 수밖에 없었다.

이후 제로섬(Zero-Sum) 게임이 성립되지 않는 대량파괴와 상호손실을 낳는 전쟁을 금기시하고, 국가간 협력과 평화를 중시하는 민족자결주의가 전개되었다. 지구촌 개별국가들의 주권에 대해 특별한 의미를 두기도 했다. 하지만 아이러니하게도 인류는 1차 대전보다 더 큰 2차 대전이란 대재앙은 막지 못했다. 우적 관점의 전체주의자들, 즉 히틀러의 독일과 무솔리니의 이태리, 그리고 천황을 신격화한 일본 군국주의자들이 일으켰던 세계대전으로, 인류는 6천만명 이상의 손실을 보았다.

1차 대전 후 프랑스는 전쟁을 일으킨 독일을 정치경제, 사회문화, 인종적 차원에서 박해했다. 독일 전체주의자들은 이런 치욕적인 박해에 대항해서, 프랑스에게 만은 질 수 없다는 '오기'와 게르만인종의 결속력을 바탕으로 또다시 전쟁을 일으켰다. 재미난 것은 독일전체주의자들과의 전쟁에서 소련 전체주의자가 파시스트체제 박멸의 한 축을 담당했다는 점이다.

2차 대전 후에 인민민주주의의 소련과 자유민주주의의 미국이 대립하는 기나긴 '냉전체제'는 소련이 붕괴되면서 비로소 그 막을 내렸다. 그리고 미국과 서방이 주도하는 자유민주주의라는 제도가 제대로 '인류 보편적 가치'로 자리매김을 할 수 있는 여건이 비로소 확보되었다.

◇ 인류역사발전에 저항하는 반동세력 文 정권

물론 대한민국은 2차 대전이후 주어진 독립과 함께, 자유민주주의를 받아들였다. 그래서 근대화와 산업화를 성공시키는 밑거름으로 활용했다. 그리고 건국 70년을 넘어서면서 국민소득 3만달러와 인구 5천만명이 넘는 세계 7대 경제 강국으로 발돋움했다.

그런데 기가 막히게도 최근에 문제가 생겼다. 건국 70주년 무렵에 등장한 문정권이 한 번도 경험하지 못했던, 인류역사발전과 대한민국 역사발전에 저항하는 사회주의적 '반동세력'으로 등장했기 때문이다. 국제사회에서 남과 북은 엄연한 '독립국가'다. 또 '체제적 적대국가'로 대립하고 있다. 이런 상황에서 문 정권은 '하나의 민족'이라는 북한의 주장을 받아들여, '남북한 생명공동체' 운운하며, 100년 전 독일이 범했던 치명적인 실수를 다시 저지르고 있다.

이제 새로 출범한 바이든 행정부의 대북정책 기조는 이념적으로 명징하다. 그리고 미국의 글로벌정책에서 중국과 북한이 하나의 적대세력으로 구분될 가능성도 매우 높아졌다. 물론 트럼프행정부의 정책들이 향후 전환될 가능성이 높지만, 트럼프의 대중정책과 대북 비핵화정책은 바이든 행정부에서도 분명하게 계승될 전망이다. 유엔의 대북제재는 살아있다. 한미동맹과 한반도에서의 유엔사역할도 강화되고 있다. 이런 시점에서 문 정권은 노골적으로 바이든 행정부에 엇박자를 놓고 있다.

◇ 북한, "미제를 한반도서 몰아내라"고 文 정권 압박

최근 북한은 문 정권을 격렬하게 비난하고 있다. 이는 문 정권이 확실하게 반미정책을 수행해서, 미 제국주의세력을 한반도에서 몰아내야 한다는 '암시' 또는 '지령'이 담겨 있다. 물론 이를 지켜보는 중국도 더 말할 나위 없이 남북한 사이에서 대미 '압박공조'를 적극적으로 지원하고 있다. 문 정권은 북한 눈치를 보면서, 서서히 대한민국 국민들의 인식을 '탈미접중', '통북봉미'로 만들고 있다. 이런 장기적인 노력을 제발 알아달라고 북한에 애걸하고 있다.

문 정권은 동시에 북한사정이 좀 어렵더라도 조금만 기다려준다면, 남북한 간 낮은 단계의 연방제를 하든지, 사실상의 국가연합을 할 것이라고 북한을 달래고 있다. 그러니 그때까지 지나치게 미국을 자극하는 행위는 하지 말아달라는 메시지를 시종일관 북에 전달하고 있다.

현재 문 정권 아래서 온갖 권력형 비리사건들이 매일 터져 나온다. 좌파정권이 성역화해 적폐로 몰아 고발했던 사건들이 무혐의 처리되어 나오는데도, 지식인이라는 기회주의적 인간들은 입속에서 썩은 단내가 나도록 침묵하고 있다. 반면에 문정권은 툭하면 조작된 여론조사를 명분으로 형형색색의 핑계거리를 다 달고 있다. 그러나 여론조사야말로 원칙적으로 정부정책의 '일관성'을 방해 놓는 훼방꾼이 아닐 수 없다.

◇ **전체주의로 가는 정권, 항상 여론조사 활용**

정부정책은 선거를 통해 국민으로부터 심판받아야 한다. 그때그때 여론조사로 시시비비를 가려서는 정부정책 집행이 그야말로 '망조'가 들기 마련이다. 그러나 전체주의로 가는 정권은 이런 사기성 여론조사를 적극적으로 활용한다. 두 가지 모순된 명제를 동시에 같이 제시한 채, 둘 다 옳다는 상대주의 전략을 이용해서 국민들의 혼을 쏙 뺀다. 때로는 이슈로 이슈를 덮고, 논리를 비논리로 반복 학습시켜, 의식을 상실한 '좀비국민'들을 만든다.

"자유는 노예가 되는 지름길"이요, "무관심은 지혜의 원천"이다, 라고 외치는 조지 오웰(George Orwell)의 <1984>는 우민화와 반복학습을 통한 '전체주의화로의 길'이 어떤 것이지를 잘 알려주고 있다. 그리고 이는 작금의 문정권의 전략과 너무도 흡사하다. 문 정권은 자신들을 무조건 믿어주는 홍위병세력들이 있기 때문에, 이들을 활용해서 청와대 '청원수리'와 각종 여론조사를 조작한다. 또 민주주의의 기본인 '직접민주주의'를 한답시고, 국민을 속이고 기만해, '통치정당성'(Legitimacy)을 사기치고 있다.

지금까지 온갖 이슈를 여론조사에 다 붙였는데, 아직까지 문정권의 대북정책 찬반을 묻는 여론조사는 한 번도 없었다. 진정 문정권이 자신 있다면, 이 또한 조작해서 슬쩍 여론조사에 붙였을 것이다. 하지만 아직까지 국내외적으로 이에 대한 위험부담을 감내할 정신적 여유는 없는 것으로 보인다.

◇ **대깨문 동원해 언제든지 여론조사 조작 가능**

물론 여론조사 내용을 기만하고, '대깨문'이라는 홍위병들을 동원해서 얼마든지 문정권의 대북정책을 국민들이 압도적으로 지지한다는 결과를 만들어낼 수도 있을 것이다. 그럼에도 불구하고, 문정권의 대북정책을 '여론조사하자'고 밀어 붙여야 하는 이유는 있다. 즉 조작된 여론조사로 찬성이 압도적으로 많이 나오더라도, 이 문제는 바로 '체제존속' 및 '체제전복' 문제와 결부되어 있기 때문에, 모든 지식인들의 결사적인 저항에 부딪힐 수밖에 없기 때문이다.

아무리 대한민국 지식인들이 이재에 밝고, 기회주의적 태도를 취하는 '미물'들이라도, 체제존속 및 체제전복문제는 자신들의 삶과 운명을 결정짓는 '생사의 문제'다. 따라서 자기목숨과 이익을 위해서라도 적극적으로 대응할 수밖에 없다.

이런 문제의식들을 갖고, 특히 국민의 힘을 비롯한 야당 국회의원들이 문정권의 대북정책에 대한 여론조사를 실행하자고 적극적으로 언론을 흔들어야 한다. 그밖에 보수우파진영의 모든 유튜브 진행자들도 이 문제를 문 정권에게 확실하게 물어야 한다.

바이든 행정부의 대북정책과 병행해서 지금 문정권의 대북정첵이 올바른지를, 설사 대규모 국민투표는 못할 지라도, 여론조사 정도라도 필히 밀어붙여야 한다. 그래서 체제전복에 대한 '국민적 관심'을 불러일으켜야 한다. 이것이 문정권의 '아킬레스 근'이다. 또 자유대한민국의 모든 지식인들을 자발적으로 담론에 참여하게 만드는, 시민사회의 '활화산 이슈'(Burning Issue)다.

더자유일보, 2021년 1월 25일

국제정치

생사 갈림길에 선 한국외교, 추락은 시간문제

바이든 정부에 애치슨라인 그어달라고 대놓고 겁박하는 한국대통령!
동맹은 종속관계, 敵과는 운명공동체라는 文의 놀라운 정신세계!!
한국을 앞세운 중국의 반미연대, 일본이 그냥 보고만 있을까?

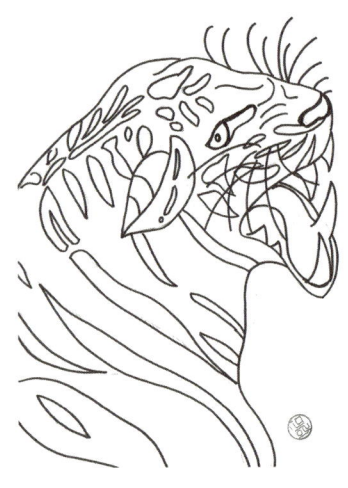

구한말 당시처럼 국가가 망하는 절대 절명의 외교적 패착 순간에도 대한민국 지식인들은 정말 놀라울 정도로 무관심하다. 체제와 이념, 지정학과 국제외교 등에 약간의 지식만 있어도, 지금 한국의 대통령이 대한민국을 통째로 중국에 넘겨주고 동맹인 미국을 걷어차고 있음을 알고도 남는다. 이제 동맹을 중시하는 미국의 新 행정부인들 어찌하겠는가!

공통의 敵에 대한 군사적 대응을 넘어서, 체제가치를 함께 수호하고자 하는 것이 한미간 70년이 넘어가는 '가치동맹'의 존재 이유인데, 한국대통령이란 사람이 눈 하나 깜짝하지 않고 이를 묵살하고 있다.

중국은 트럼프에서 바이든으로 넘어가는 미국의 정권교체기를 틈타, 여러 차례 대만이 점유하고 있는 '東沙群島 동사군도'를 넘보고 있다. 남중국해에서 소위 '회색지대전략'(Gray Zone Strategy)을 앞세워, '남사군도'와 '서사군도'를 점령하고, 7군데나 되는 각종 미사일 및 레이더기지와 비행장을 건설했듯이, 이번에도 군사적, 비군사적 강도를 높여가며 동사군도에 대한 미국의 반응을 떠 보고 있다.

동사군도는 중국의 태평양 진출을 막는 최대 전략지역이며, '체크포인트'(Check Point)다. 중국은 이미 오끼나와-대만-필리핀-보르네오를 연결하는 제1도련선에 대해서는 각종 對 항모 탄도미사일개발과 함께, 패권적 점령이 완성되었다. 또 제1도련선 돌파를 위한 전진기지로써, 남사군도와 서사군도를 군사적으로 십분 활용하고 있다. 그러니 노가사와라-괌-사이판-파퓨아뉴기니를 잇는 제2도련선 돌파를 위해, 대만과 필리핀 사이의 '바시해협'을 관통시키는 동사군도의 점령을 반드시 현실화시켜야 한다.

◇ 일본의 위기의식

중국의 군함과 잠수함들이 바시해협을 마음대로 들락거릴 수 있다면, 알류산열도-하와이-뉴질랜드를 연결하는 중국의 제3도련선이 완성되고, 명실공히 미국과 태평양을 양분하는 패권국이 될 수 있다. 비현실적인 꿈같은 얘기일수도 있지만, 중국은 철저한 지역거부전략(A2/AD)를 공고화하고, 2035년까지 항모 5척을 실전 배치할 수 있다면, 미국과의 '신형대국관계'도 불가능한 것은 아니라고 보고 있다.

그러나 미국보다도 일본이 이런 중국의 해양세력 확장을 그냥 지켜보지는 않는다. 대만 근처의 동사군도는 대만과 일본사이의 센카쿠열도와 지정학적 운명을 같이 하고 있다. 바시해협을 돌파한 중국함대는 지정학적으로 곧 바로 오끼나와 미군기지와 정면으로 부딪히게 되어 있다.

중국 내부 권력투쟁에서, 시진핑의 독점적 권력연장에 대한 반항세력들이 늘어나면서, 시진핑의 대외전략은 국내문제를 무마시키기 위해서라도 오히려 초강공 전략을 펴고 있는 것 같다. 물론 바이든 행정부의 대외전략에 대해서도 치밀한 전문가 분석이 수반되었을 것이고, 그 결과 유사시 절대로 바이든 행정부가 남, 동중국해에서 중국과 전쟁을 벌이지는 못할 것이라는 확신도 함께 선 것 같다. 그러나 문제는 일본이다. 일본은 결코 중국이 바시해협을 넘어 일본으로 확대되는 '안보위협'을 절대 방치하지는 않을 것이다. 그렇지 않아도 북한 핵위협과 중국과 북한의 단거리 미사일 위협에 속수무책 무방비상태로 손 놓고 있는 한국을 쳐다보면서, 일본의 안보위기의식은 더욱 고조되어 있던 참이었다.

◇ 중국과 북한을 운명, 생명공동체라는 文 정권

이런 와중에 시진핑은 중국의 해양진출을 막는 체크포인트 중에 가장 약한 고리인 한국을 강하게 흔들었다. 시진핑의 전화 한통에 문대통령의 정신세계와 이념 정책의 본색이 다 드러났다. 대한민국 60만 대군의 존재가 왜 필요한지 문대통령 스스로 그 존재가치를 부정했다. 중국공산당 창당 100주년을 축하한다는 말에 흐뭇해진 시진핑은 코로나 상황이지만, 올해 방한을 추진하겠다는 말로 문대통령에게 선물을 주었다.

미국의 인도-태평양전략에서 문정권이 빠져나온 지는 이미 오래고, 미, 일, 호주, 인도의 대중 압박전략에 호응하는 아세안 국가들보다도 못한 미국의 '敵國' 같은 '同盟國'이 되어있다. 죽창 들고 반일은 노골적으로 외치고, 은근슬쩍 반미를 선동해서 어떻게 하든지 70년 넘게 휴전상태인 한반도에서 주한미군을 멀리 쫓아 보내려고 갖은 기만술과 거짓모략을 다 쓰고 있는 것도 사실이다.

하지만 美 조야도 문정권의 본질을 이미 다 알고 있다. 그 결과 문정권 4년 동안 해외주요 학술지에서 한국문제는 대부분 사라졌다. 또 미국의 외교정책에서도 한국문제는 점점 더 희미해졌다. 한마디로 한국에 대한 외교안보적 차원에서의 관심과 존재 의미가 사라져버린 것이다.

중국과 북한을 운명공동체, 생명공동체라고 강조하는 동맹국에게 무엇을 더 바랄 수 있겠는가! 결국 북한과 중국으로부터 날아올, 각종 미사일들에 '무방비상태'로 주한미군들이 노출될 수밖에 없다면, 더 이상 한국에 미군이 주둔할 수 없게 되는 것은 바보가 아닌 다음에야 당연한 이치로 받아들여야 한다.

◇ 바이든 행정부의 '자유주의적 국제주의'

트럼프 행정부 당시 취했던 '선별적 개입정책'은 동맹국으로서 한국의 역할이 없다면 당연히 미군철수를 고려해야 한다는 것이었다. 그래서 항상 미군철수에 대한 두려움이 트럼프 행정부 내내 한국 내에서 존재했었다. 현재 바이든 행정부는 다시 '자유주의적 국제주의'로 외교정책이 되돌아갔다. 자유민주주의국가들 사이에서의 가치동맹을 중시하고, 전 세계에 걸쳐 독재와 권위주의 정권에 대응하는 민주주의의 확산을 외교정책 기조로 삼고 있다.

그래서 중국과 북한의 인권문제가 더 부각되었고, 국제질서를 무너뜨리는 중국의 불법, 부정행위에 대한 압박전략을 트럼프 행정부보다 더 강화한다고 나서고 있다. 또한 중국에 대항하는 민주주의 국가들 사이에서의 정상회의를 강조하고, 한미일 3각 안보연대의 중요성을 재부각시키고 있는 것이다.

그런데 말로는 한미동맹을 외치는 문정권이 전혀 미국에 호응하지 않는다. 정확하게 말해서 미국에 대해 여전히 사기를 치고 있다. 바이든 행정부가 자유주의적 국제주의를 강조하는 한, 미국이 對中, 對北 군사적 강경정책을 쓸 가능성은 극히 적다. 결국 바이든 행정부는 기나긴 실무회담을 통해, 미중 갈등과 북핵문제를 해결하려고 할 것이다.

 반대로 동북아 안보문제의 본질을 십분 이해하고 있는 일본은 또 다시 한반도를 경계로 중국과 대치하려고 할 것이다. 그러나 핵을 가진 북한문제가 있는 한, 구한말처럼 한반도에서 청일전쟁, 러일전쟁으로 이어지는 경쟁국가 간의 세력 판가름은 현실적으로 불가능하다. 결국 전략적 이해타산을 따지면서, 가장 비용이 적게 들어가는 선택을 할 수밖에 없다. 그것은 조용히 상황을 봐가면서, 70년 전에 그어졌던 애치슨라인(Acheson Line)을 다시 긋는 것이다.

 북한 핵문제는 중국에게 맡기고 한국은 포기하는 것으로, 그래서 문정권이 원하는 대로 북한에 의한 '민족통일'이 일어나든지, 아니면 중국의 간접통치를 받든지 간에, 대한해협을 경계로 미중 간 분명한 세력균형을 형성하는, 그래서 미국의 손실을 최소화시키는 마지막 선택을 취할 수밖에 없게 될 것이다.

◇ Quo Vadis Domine(주여, 어디로 가시나이까)

 이제 文 정권은 체제변혁과 체제전복을 위한 '시간벌기'와, 미중 간 '세력균형'이라는 새로운 국제질서 형성 등, 지금까지 오매불망 원했던 안과 밖의 조건들을 다 가질 수 있게 되었다. 그러니 이런 상황과 동시에, 안타깝게도 자유대한민국의 체제유지는 심각한 위기를 맞게 되었다.

 6.25 당시 장진호에서 생사고락을 같이했던 미 해병1사단의 명예와, 대한민국 건국과 산업화를 위해 불철주야 땀 흘렸던 자유대한민국 애국시민들의 숭고한 노력들이, 이제 역사 속에서 사라질 위험성이 그 어느 때 보다 높아졌다.

 지금 대한민국에는 수많은 고민과 고뇌의 시간 끝에 황혼녘에 가서야 울어대는 '미네르바의 부엉이'도 없고, 민주주의의 새벽을 깨우는 수탉의 '울음소리'도 들리지 않는다. 국가가 사라질 수도 있는 '絶體絶命(절체절명)'의 위기 순간을 대통령이라는 작자가 대놓고 선전하고 있음에도, 문제의 심각성을 인식하고 행동하려는 지식인들이 너무나도 희소하다.

몸서리쳐지도록 무지한, 그래서 安貧樂道(안빈낙도)와 無事泰平(무사태평)으로 喜喜樂樂(희희낙락) 하는 대중들에게 절멸의 순간이 점점 더 다가오고 있다는 생각에 오금이 저린다. 위기의 시기에 우리에게 남은 대책은 무엇이 있을지 자문해보면서, 대한민국의 安寧(안녕)을 소망해 본다. "Quo Vadis Domine 쿼바디스 도미네"!!!

리베르타스, 2021년 2월 1일

2021년 새해를 맞이하는 대한민국, 그 희망과 두려움

전체주의 먹구름이 커지는 대한민국, 먼지가 되어가는 인권!
세기적 문제인 '핵과 전체주의화' 온상인 북한, 과연 어디로 가나?
코로나 3차 대전으로 암울한 지구촌, 그래도 내일의 태양은 뜬다!!

안과 밖으로 국가생존을 위협하는 무수한 문제들을 입속에 머금은 채, 시간은 어김없이 '카테리나행 8시 기차를 탄다'. 2020년은 정치경제, 코로나, 국제안보문제 등등 너무나 어렵고 암울했다. 연속되는 문제의 심각성 속에 인생무대 위 시간조차도 특별한 의미가 없어 보이는 듯 했다.

하지만 열차의 출발을 울리는, 뭔가 희망을 품은 것 같은, 역사 속 종소리는 현세를 살아가는 모든 생각하는 인간들에게 분명히 살아내어야 한다는 '시간과 존재'의 의미를 준다. 인간의 '존엄'(Dignity)이 상실된, '자연 상태'(State of Nature)의 '자유'는 그 어떤 가치도 평가받을 수 없다.

가족, 친구, 동료들을 비롯한, 개인을 둘러싼 '사회적 동반자'(Social Partner)들이 없었다면, 개인의 존재가치도 한갓 '먼지'에 불과할 뿐이라는 '미네르바의 부엉이'를 떠올린다.

필자는 2020년 1월 1일을 맞아 '전체주의의 먹구름이 몰려오는 대한민국' 제하의 칼럼을 쓰면서 올해 내내 문재인정권이 내뿜는 대한민국의 전체주의화에 대한 '경종'을 울렸다. 물론 지금 국민의 기본권을 침해하는 온갖 '악법'들이 넘친다. 자유대한민국의 흔적을 지우려는 사악한 노력들도 더욱 심해졌다. 결국 2021년에는 문 정권과 자유대한민국 둘 중 하나는 역사 속으로 사라져야 할 지경까지 이르고 있다.

◇ 중국 발 코로나바이러스, 文 정권 정치생명 연장시켜 줘

현재 文 정권 주사파 위정자들은 '내로남불'과 '자화자찬', 양식과 상식을 져버린 행동으로 자유대한민국을 말살하고 있다. 무엇보다도 안타까운 점은 국내외 정치에 막대한 영향을 미치고 있는 중국발 코로라 바이러스의 세기적 창궐이 이 정권의 국내정치적 생명을 연장시켜 주었다는 사실이다. 종북 주사파 위정자들은 한반도 '영구평화'라는 비현실적인 '화두'로 북한을 대한민국 국민들의 마음속으로 끌어들였다. 북한에 대한 무한 '충성'을 약속하는 이들의 탁월한 정치공학과 포퓰리즘(Populism)은 자신들의 권력을 국내 선거공작을 통해 공고화하고 있다.

그러나 文 정권의 대북 '정치 쇼'는 실패했다. 조국과 윤미향의 가면 속 '민얼굴'도 드러났다. 윤석열 총장을 둘러싼'문-추'남매의 추악한 연속극도 지탄을 받고 있다. 문 정권 주사파 위정자들이 주도했던 권력형 부정부패와 정치적 불법행위들은 이제 새해에 자유시민, 애국국민들의 준엄한 심판을 기다리고 있다.

대한민국 국민들은 73년의 자유민주 '헌정사' 속에 처음으로 '청와대비서진'들이 앞장서서 권력형 부정부패를 주도하는 초유의 사태'를 지켜보고 있다. 문 정권은 등장하자말자, 청와대를 프랑스혁명 당시 자코뱅의 '혁명위원회'처럼 활용했다. 24-5개의 대한민국 행정부처 장관들은 그저 '인형극' 속에 등장하는 일개의 '소품'으로 존재했다. 국민들은 이를 목격했다.

◇ 文 정권 2가지 살길, '공포의 현실화' 와 '포퓰리즘 완성'

2020년을 넘기면서, 文 정권은 벼랑 끝에 서있는 북한처럼 절대로 개혁과 변화를 받아들일 수 없어 보인다. 이 정권이 마지막으로 '생존'을 위해 할 수 있는 '거친 정치공작'은 이제 두 가지밖에 남아있지 않다. 하나는 '공포의 현실화'다. 나머지는 더 막나가는 '포퓰리즘의 완성'이다.

동서고금을 막론하고, 독재 권력이 국민들을 속이고, 정권을 유지하기 위해서 마주치는 '마지막 접점'은 포퓰리즘 밖에 없었다. 이는 지구촌 여러 지역, 여러 형태의 독재자들이 검증해 주고 있다. 그러나 내로남불과 자화자찬에 찌든 문정권의 주사파 위정자들은 그것이 결국 문 정권의 마지막을 초래하는 결정타가 될 것이란 사실을 아직도 잘 모른다.

대한민국은 건국대통령 이승만의 영도 아래, 73년이란 자유민주주의의 세월이 마음속 '습속'으로 자리 잡고 있다. 산업화와 민주화를 이룩해 낸 위대한 대한민국 국민들이 하루아침에 베네주엘라와 쿠바처럼, 또는 중국과 북한처럼 '타락'할 수는 없는 일이다. 무엇보다도 4대 강대국으로 둘러싸여 있는 한반도가 처한 '지정학적 운명'이 있다. 또 국제정치가 암시하는 권력주도(Power Based)의 국가운명도 결코 좌시할 수 없는 문제다.

◇ 남북한의 힘만으론 강대국 의지 돌릴 수 없어!

즉, 아무리 文 정권이 자유대한민국을 국내적으로 지워버리려고 해도, 남과 북이라는 유라시아 대륙 끝에 붙은 두 '소국'(Small Country)들의 힘만으로는, 강대국의 의지를 절대 돌릴 수 없다는 사실이다. 이는 약소국의 운명이다.

일부 사람들은 21세기 주권국가의 의지가 국제사회의 '법과 규범'으로 관철되는 작금의 현실을 거스를 수 있느냐고 물을 수도 있다. 그러나 국제정치가 살아서 존재하는 이유는 권력을 추구하는 인간의 끝없는 '욕망'처럼, 국가 간 '권력추구'가 항상 원동력으로 작동하고 있었기 때문이다. 그래서 세력균형(Balance of Power)과 패권(Hegemony)이 핵심적으로 강조된다. 모든 국가들은 전면전쟁(Total War)을 두려워한다. 또 '국가 생존'을 첫 번째 국제정치 '목표'로 삼는 일이 일반화되어 있다.

'전쟁론'으로 유명한 클라우제비츠(Carl Von Clausewitz)가 '평화를 원하면, 먼저 전쟁을 준비하라'고 외친 데에는, 그만큼 전쟁과 결부된 국제정치의 독특한 '독자 영역'이 존재했기 때문이다. 2020년에서 특이한 현상은 대선 이후에도 미국정치가 요동치고 있다는 점이다. 그렇지만 200년이 넘는 미국의 '자유민주' 역사 속에서, 대선 부정선거와 관련된 정치적 '대이변'은 '처음이자 마지막'이 될 가능성이 높다.

◇ 미국의 대선 선거부정, 처음이자 마지막 될 것

그만큼 미국사회는 자정능력이 높다. 깨어있는 자유시민들이 국가저변을 형성하고 있다. 헌법과 법치도 살아있다. 때문에 대혼란으로 이어질 가능성은 거의 없다. 한 가지 명확한 사실이 있다. 미국이 어떤 형태로 국내정치를 마무리한다 하더라도, 2021년 미국의 대북정책은 남쪽의 문 정권과 북쪽의 김정은 정권에게는 치명적으로 작동할 수밖에 없다는 점이다.

한편, 2020년 북한에서 벌어졌던 일들도 생경하기 짝이 없다. 최고 존엄이 한

달 동안 죽었는지 살았는지 행방불명되었던 적도 있었다. 이후 '최고 존엄'은 인민 연설단상에서 울기까지 했다. 또 내부적으로는 1994년 3백만 명이 굶어죽었던 '대아사사건'을 능가하는 참사들이 벌어지고 있다는 소식도 들리고 있다. 그런다고 해서, 북한이 일시에 무너져 내릴 것 같지는 않아 보인다. 그러나 명백한 사실은 핵을 보유한 북한을 군사적으로 타격하기란 거의 불가능해졌다는 점이다.

다만 한미동맹을 기반으로 억지력을 강화하고 명징한 '대북제재'로 북한의 '체제변화'를 유도한다면 뜻밖의 '큰 변화'도 기대해 볼 수 있겠다. 그러나 분명히 고려해야할 사실이 있다. 21세기 국제사회가 당면하고 있는 두 가지 '거악'을 현재의 북한이 다 갖추고 행사하고 있다는 점이다. 그 거악의 하나는 '핵'이다. 나머지는 디지털기재의 발전으로 인한 주권국가의 '전체주의화'이다.

◇ 중국이 지탱해주는 북한의 핵과 전체주의

이 두 '거악'은 북한을 안고 있는 중국으로부터 전파되는 경향이 짙다. 동시에 현재 미중 양 강대국이 대면하고 있는 핵심적인 '대결접점'을 형성하고 있기도 하다. 결과적으로 추론되는 결론은 이렇다. 아무리 '종북성향'의 문 정권이 중국을 옆에 두고 있는 '지정학'과 주권개념을 역이용한 '민족주의'를 내세워, '반미' 또는 '탈미' 전략으로 나간다 하더라도, 성공할 가능성이 전혀 없다는 점이다. 미국으로부터 궁지에 몰린 중국이 남북한 간의 동시 '공작 쇼'를 도와줄 처지가 못 된다. 미국의 대아시아전략이 이를 결코 허용하지도 않을 것이다. 또 중국은 대만문제와 북한문제를 연계해서, 미국과 타협할 수밖에 없다. 때문에 결국 북한정권을 겨우 생존시키는 정도의 대북지원을 고수할 것으로 보인다. 이제 도발조차도 힘겨워진 북한은 문 정권에 한시바삐 지원을 해달라고 시종 협박하고 있다. 하지만 유엔의 대북제재와 미중 강대국정치가 이를 절대 허용하지 않는다.

◇ 文 정권, 선 넘은 대북지원 시 파멸할 것

　그렇다고 문 정권이 선을 넘을 경우, 자동으로 스스로 '파멸의 길'을 부를 뿐이다. 그래서 2021년 문 정권은 안과 밖으로 진퇴양난이다. 이는 文 정권의 몰락과 긴밀히 '연계'되어 있다. 2021년 1월부터 북한의 도발가능성을 비롯해서 한반도를 둘러싼 안과 밖의 축적된 문제들이 한꺼번에 폭발할 가능성이 높아 보인다. 그렇지만 폭풍우 뒤 맑은 해가 더욱 청명하듯이, 역경 속에서 빛을 희망하는 자유인들의 숫자가 늘어날수록, 자유대한민국의 희망도 그만큼 높아 질 것이다.

더자유일보, 2020년 12월 28일

혼돈 속 미국, 선거부정 논란 불구 바이든 호 출범 대비해야 하나?

**역사상 최대 득표로 떨어진 트럼프, 미국언론과 정면 대결 중!
종전선언 사라진 文정권, 새로운 대미 기만전술로 변신하나!!**

2016년 대선에 이어서 기가 막힌 역전드라마가 한번 더 펼쳐질 줄 알았다. 그러나 미국의 '기득권층'들도 2016년의 학습효과가 있어서인지, 나름 자신들의 진지를 구축하고, 대비를 했던 것 같다. '코로나변수'에 이어서 미국언론들의 지속적인 '트럼프잡기'는 별 문제 없이 안전하게 재선임기를 맞이했을 트럼프 대통령에게 일단 엄청난 장애물로 작용했다.

현재 민주주의의 상징인 미국에서 전혀 이해할 수 없는 선거풍경이 나타났고, 경합지역에서의 믿기 힘든 '막판뒤집기' 형태로 펼쳐진 바이든후보의 역전극은 충분히 여러 형태의 선거부정을 떠올리게 만들고 있다. 그러나 미국언론들은 일단 선거인단을 통한 바이든의 승리를 확정짓고 차기 4년의 대통령임기를 신속히 시작해야 한다고 강조하고 있다. 동시에 트럼프는 7천2백만이라는 어마어마한 지지표의 여세를 몰아, 부정선거 정황들을 조사하고 있다. 결과적으로 미국대선 최종결과는 12월초에나 확정지어 질 것 같다.

◇ 24년에 걸친 미 자유주의적 개입정책, 내부 기득권층 공고화

탈냉전이후 원-톱(One-Top) 시스템으로 지구촌을 끌고 갔던 미국의 '자만'은 클린턴대통령부터 오바마대통령에 이르기까지 지난 24년 동안 자유주의적 가치에 입각한, '민주주의', '인권', '자유무역'이라는 3두마차를 전지구촌에 확장시키는 국제경찰로서의 지도력에 몰입하게 만들었다.

그 결과 공화와 민주라는 이념정당의 스펙트럼을 넘어서서, 워싱턴정가 내에 이런 미국의 자유주의적 국제개입정책을 지지하는 강력한 기득권세력들을 구축하게 되었다. 소위 "Deep-State"로 불리는 이 기득권층에는 정치가, 관료, 교수 및 세계적인 각종 '싱크탱크'(Think Tanks)의 이론가들은 물론, 언론과 기업들까지도 하나가 되어, 미국이 주도하는 세계질서가 나누어주는 '하늘의 맛나'를 끼리끼리 나누어 먹었다.

반면, 이들 기득권층의 이해를 충당시켜주기 위해서 미국납세자들은 엄청난 비용을 지불해야 했고, 미국의 서민과 중산층은 점점 더 가난해졌다.

또 미국사회 내에 만연한 '문화적 상대주의'(Post-Modernism)는 국가와 사회의 역할 분담을 크게 변화시켰고, 인도주의의 개념도 국민에 기반 한 '휴머니즘'(Humanism)이 아닌, 국경을 초월하는 고상한 '휴머니테리언이즘'(Humanitarianism)으로 변종시켰다.

정치적 낭만주의는 좌파이념의 도덕관념이 현실정치를 가름하는 잣대가 되도록 만들었고, 사회적 소수자에 맞춰진 특별한 이들만의 연대는 기독교를 기반으로 탄생했던 미국사회를 좌파성향의, 무신론자들이 우글거리는, '이상한 나라'로 만들었다. 그 결과 미국사회가 가장 중요시해왔던 보수적 가치인 '가족'이 나날이 파괴되어 가고 있다.

◇ 미국 좌파 기득권층에 맞선 트럼프 대통령의 정신병자 전략

기업가출신 트럼프는 기독교신자이며, 정직한 사람이다. 왜냐하면 위선과 기만으로 자신을 포장하지 않았고, 원래 트럼프란 사람은 이렇게 정신병자전략(Mad Man Strategy)을 쓰는, 그렇고 그런 사람이라고 스스로 자진해서 밝혔던 사람이다.

다만 미국사회에 군림하는 기득권층을 깨기 위해서, 대통령의 위엄을 내려놓고 '트윗'으로 대변되는 '개인외교'를 했고, 최대의 협상결과를 끌어내기 위해서 스스럼없이 '벼랑 끝 전술'(Brinkmanship)을 사용했다. 트럼프자신의 '복심'을 숨기기 위해, 즐겨 사용했던 수사학적인 언어전술은 효과적이었고, 적이 상상하지도 못할 정도의 커다란 정책결정 '스윙'(Swing)폭은 결과적으로 '협상의 달인'다운 성공적인 결과들을 창출해 내었다.

단지 위대한 미국의 대통령으로서, 이런 이기는 결과만을 위한 '잡놈'과 '미친 사람 전략'의 사용은 위선과 기만으로 '폼 잡기' 좋아하는 미국의 기득권세력들에게는 몸서리쳐지게 달갑지 못했다. 트럼프는 '고립주의정책'을 사용한 적이 단 한 번도 없다. 트럼프의 전략은 '선택과 집중'이었고, 국제사회에서 현실주의에 입각한 '선별적 개입정책'을 사용했다.

트럼프는 무려 24년 동안 미국의 자유주의자들이 집도하는 일종의 '십자군전쟁'을 지켜보았고, 그리고 아무런 성과도 없이, 6-7조 달러라는 어마어마한 전쟁비용을 미국의 납세자들이 부담하게끔 만들었던 사실을 잘 알고 있다. 겉으로는 '자유의 전사'(Freedom Fighter)처럼 행동하지만, 무려 24년이 넘는 세월 속에, 미국은 전쟁이 일상이 되는 '전쟁국가'가 되었다. 또 민주주의를 확산하고 독재자를 제거하겠다던 당초의 계획과는 달리, 지구촌에서 단 한 개의 독재국가도 민주주의국가로 변신시키지 못했다. 결국 '주권'과 '민족주의'라는 극복하지 못할 만리장성 앞에서, 국제사회는 더 큰 '무정부상태'로 빠져들었다.

이들의 가장 큰 패착은 소위 패권안정론을 앞세워 국제제도로 중국을 교화시키겠다는 어처구니없는 낭만적 발상이었다. 미국이 제공하는 국제제도 안에서, 중국은 이제 미국경제를 유린하고, 미국 제도를 이용해서, 급기야 미국의 목숨을 노리는 최악의 적대국이 되었다. 트럼프는 중국이 미국에 가져다 줄 '거악의 미래'를 최소한 30년 전부터 경고하고 다녔다. 그리고 대통령이 된 후, 늦었지만 대중국 봉쇄전략과 적대시정책으로 중국을 다시 농경사회로 되돌려 보내는 강력한 정책적 노력을 시도했다.

◇ 트럼프 2기를 두려워했던 국제사회 독재자들

트럼프 2기를 가장 두려워했던 국제사회의 독재자들은 이제 표정관리하기가 힘들어졌다. 왜냐하면 바이든 호가 출범할 경우, 민주당정부가 추진하는 바보 같은 미국의 '십자군전쟁'이 다시 시작할 것이기 때문이다. 겉으로는 자유의 전사처럼 얼음장을 놓으면서, 뒤로는 시진핑이나 푸틴, 김정은과 카스트로같은 독재자들의 협력을 '다자주의'라는 마스크를 쓰고, 다시 끌어내리려고 할 것이다.

북한의 김정은은 만약 바이든 호가 출범한다면, 당연히 심각한 도발을 감행할 것이다. 이런 북한의 도발과 관련해, 2016년 대선 상황을 돌아보면, '젠더' 이슈를 이용해서, 만약 힐러리 클린턴이 대통령이 되었더라면, 이 여성은 국무장관에 자신처럼 유리천정을 깬 웬디 셔먼 전 국무부차관을, 국방장관에는 미셸 플러노이 전국방차관을 임명했을 가능성이 아주 높았다. 그래서 이들 여성 3인방이 여성특유의 단순무지한 '돌격정신'으로 북한에 대한 '외과적 수술'을 감행했을 가능성이 매우 컸었다. 그러나 다행하게도 지나치게 좌파성향으로 가버린 클린턴후보가 미국국민들의 심판을 받아 낙마했고, 그래서 실질적으로 트럼프가 대북 해결사역할을 지금까지 담당해 왔다.

그러나 현재 북한은 2016년 상황과 달리, 미본토를 때릴 수 있는 핵 다탄두 대륙간미사일(ICBM)을 보유하고 있다. 따라서 바이든 호는 현실적으로 엄포는 놓아도 막상 북한을 때릴 수는 없다. 결국 한반도 주변 강대국들이 참여하는 식으로 북한 핵에 대한 다자간 협상이 재현될 가능성이 아주 높다. 또 그렇게 시간이 가고, 적당히 협상하면서, 이러 저러한 대북보상 협상안들이 오갈 것이 분명하다.

만약 북한이 도발하면, 文정권은 대한민국이 대북 경협으로 북한을 진정시키고, 남북대화로 한반도를 안정시키겠다고 바이든 호에 접근할 것이다. 그 사이에 또 다른 북한과의 '한반도 쇼' 같은 정치적 지원 하에, 文정권은 대한민국 국민들을 현혹하고, 한국사회자체를 체제전환 시킬 것이다. 중국과 운명공동체로, 북한과는 생명공동체로, 남, 북, 중 3국이 유기체적인 한 몸을 형성한다면, 그 때가서 미국인들 감히 어찌 개입하겠는가! 이미 미국은 국제사회 내에서 '주권'과 '민족주의' 문제로 혼 줄이 나지 않았던가!

◇ 종전선언 요구가 사라진 文 정권, 그래도 종북, 반미 안 변해

한때 동맹국이었던 한국이라는 한 주권국가의 자가 변신을 미국이라는 강대국도 어찌할 수는 없는, 그런 난감한 선택의 순간이 다가올 수 있는 것이다. 그래서 트럼프 호가 살아남아서 재선임기 내에, 중국과 북한 문제를 최종적으로 해결해야 한다는 '희망사고'를 끝끝내 놓칠 수가 없는 것이다. 대한민국의 주권자인 대한민국 국민들이 스스로의 선택으로 사회주의화를 선택한다면, 그래서 중국과 동맹이 되고, 한국으로부터 미군이 철수하게 되며, 마치 과거의 에치슨라인(Acheson Line)을 자

발적으로 나서서 다시 그어 달라고 미국에 애원한다면, 미국도 어쩔 도리가 없는 것이다.

　문정인 외교안보특보는 미국 내 민주당의원들을 상대로 이미 요사스런 외교적 구멍들을 많이 파놓고 있다. 그는 이미 어마어마한 로비자금을 살포하면서, 워싱턴정가를 구워 삼고 있는지 오래다. 민주당의원 25명 정도가 미군철수에 동의하는 쪽으로 돌았다는 예기가 나오고, 향후 그 수는 더 늘어날 예정이라는데, 과연 유력한 대통령후보인 바이든은 이 사실을 알고나 있는지 상당히 의심스럽다. 일단 바이든과 오랜 친분이 있다는 '국민의 힘'의 한 의원은 앉아서 국내 언론인터뷰나 하지 말고, 자기 돈 써가면서, 열심히 미국 가서 로비하고, 작금의 한국사정을 워싱턴정가에 제대로 알려야 하지 않나, 진정으로 부탁하고 싶다.

미국대통령이 누가 되던지 간에, 미국의 혼란이 '한국의 국익'에는 결코 이로울 리 없다. 정말 이같이 어려운 시기에 아무리 쳐다봐도 제대로 된 외교관 또는 정치가 한명이 없어 보인다. 허나, 대한민국의 '사주팔자'가 이런 거라면, 文정권의 대국민 사기극에 속수무책으로 당할 수밖에 없다면, 어찌 한 개인의 힘으로 몰려오는 공멸의 쓰나미를 다 막을 수가 있겠는가! 애처롭고 안타까운 마음에 그저 발만 동동 구른다.

더자유일보 칼럼, 2020년 11월 16일

미국의 中압살전략,
신군비경쟁과 아시아판 나토건설

탈미, 반일, 친중, 숭북 文정권 대외전략, 이번에는 통하지 않아!!
당황하는 정부여당, 뜬금없는 종전선언 결의안과 북한 개별관광 촉구!!

정말 이성과 상식이 통하지 않는 일들이 청와대와 국회에서 벌어지고 있다. 대한민국 해수부 공무원이 북한군에 사살되고 시신이 불태워진 사건과 이어지는 국민적 분노에도 정부여당은 '종전선언' 프레임을 걸고 나섰다. 무엇이 그리도 다급했는지, 대한민국 공무원 시신이 불태워진 다음날 새벽 대한민국 대통령이란 사람은 유엔연설을 통해 종전선언으로 남북평화를 영구화시켜야 한다고 전 세계에 주장했다. 그리고 며칠 후, 뜬금 없이 여당은 국회에서 종전선언 결의안을 상정시키고, 대북 개별관광을 촉구하는 성명서를 발안했다.

지금까지 지난 3년6개월 동안 文정권 위정자들이 양식과 상식을 거슬리는 주장들을 많이 폈지만, 이정도로 실성한 것 같은 짓은 하지 않았다. 과연 왜 이러는 것일까? 그 원인은 대내적인 것이 아니라, 대외적인 국제관계에서 찾아볼 수 있다. 트럼프대통령 군축 담당 '빌링슬리'(Marshall Billingslea)특사는 9월 28일 방한해서 미국의 대중 입장과 동맹국으로서 한국의 대중 억지전략당위성을 노골적으로 한국 언론에 피력했다.

그는 중국을 분명하게 '핵무장한 깡패' (Nuclear Armed Bully)로 언급했다. 그는 지난해 중국은 총 225회의 미사일실험을 감행했으며, 이런 중국문제를 한국의 고위층과 논의했고, 진지하게 중국문제의 심각성을 함께 공조했다고 밝혔다. 또한 지난 8월 20일 방일 중이었던 빌링슬리 특사는 '일본경제신문'과의 인터뷰에서 미국은 러시아와의 1986년 체결했던 중거리미사일협정(INF)을 중국 때문에 탈퇴한 이후, 1천km형 신형미사일을 개발하고 있으며, 일본도 적 기지를 미사일로 공격할 수 있는 능력을 보유하는데 미국은 찬성한다고 강조했다.

◇ **美, 日과 협의해 韓뺀 독자 한반도군사전략 펼 가능성 높아**

최근 미일 동맹관계 발전양상은 일본 전투기들의 장거리비행을 돕는 공중급유기 지원훈련과 일본이 미군 후방기지역할에서 동참기지역할로 전환하는 가능성을 타진하고 있다. 미일동맹의 변화양상은 분명히 중국과 북한은 물론, 한국의 文정권에도 상당한 압박을 주고 있다. 특히 文정권이 받는 전략적 위협감은 크다. 이는 미국이 향후 일본과 협의해서, 독자적인 한반도 군사전략을 펼칠 수 있는 가능성이 그 어느 때보다 높아졌기 때문이다.

이런 미국의 거침없는 행보는 중국을 크게 불안하게 만들었다. 빌링슬리 특사가 일본을 다녀가자 말자, 양제츠 국무위원이 지난 8월 20-21일 부산으로 와서, 서훈 NSC 의장을 만났다. 물론 양제츠는 한국이 중국에 약속한 '3무' 정책(No 미사일방어 참가, No 사드추가배치, No 한미일 3자 안보동맹)을 확인했다. 또 그는 미국이 도입코자 하는 새로운 중거리미사일기지 역할을 한국이 담당했다가는 한중관계가 파탄난다는 사실을 강하게 압박하고 갔다.

◇ **폼페이오 방한 취소로 한국 패싱 가능성 더 커져**

그러나 미국의 입장은 단호하다. 오는 10월 7일 폼페이오 국무장관은 방한해서 미국의 대중 군사전략을 설명하며, 소위 "쿼드+알파"(미, 일, 호, 인 안보협의체 + 한국, 베트남)의 중요성을 강조하고, 한미동맹관계 차원에서 대중 전략을 수행해야 함을 강조할 예정이었다. 그럼에도 불구하고, 폼페이오는 트럼프 대통령의 코로나 확진을 핑계 삼아 일본만 방문하고 한국 방문을 전격 취소해버렸다.

아마도 폼페이오의 방한은 미국이 한국에게 건네는 마지막 기회일 가능성이 높았으나 이마저도 무산돼 버렸다. 트럼프대통령은 11월 4일 대선 전에, 지난 달 중동에서의 평화협정으로 미국의 외교안보 성과를 과시했듯이, 아시아에서도 외교안보 성과를 10월 안에 내고자 했을 것이다. 그러나 트럼프 본인의 몸이 불편한 상태가 되자, 한국 문제는 후순위로 돌리거나 '패싱'해 버렸을 가능성이 크다.

물론 트럼프대통령의 코로나 확진사건으로 미 대선정국이 요동치고 있다. 선거가 연기될 가능성도 없지는 않지만, 미국의 외교정책은 국내변수로부터의 영향을 크게 받지 않고, 예정된 대로 실행될 것이다. 오히려 트럼프 대통령이 조기회복한다면, 트럼프의 인기상승과 함께, 미국의 대외정책도 더 큰 탄력을 받을 수 있다. 그러니까 만약 한국이 계속 미국의 전략적 의도와 엇박자를 낸다면 미국은 지금까지 수년간 차곡차곡 축척해 놓았던 비밀스런 한국정부의 대북관련 불법행위 정보들을 공개하면서, 한국에 대한 무역 및 경제제재에 돌입할 가능성이 어느 때보다 높아졌다.

미국의 대중 압박전략 과정들은 이미 文정권, 북한, 중국 3자 모두 다 자세히 알고 있는 상황이다. 그래서 文과 김정은 사이에서 이런 저런 친서가 여러 차례 교환되었고, 해수부공무원 사살사건 직후, 바로 김정은의 사과문이 청와대에 신속하게 전달되었다. 만약 폼페이오 국무장관의 10월 7일 방한이 이뤄졌다면 바로 중국의 왕이 외교부장이 방한해서 文정권의 대중 충성심을 다시한번 확인하고자 했을 것이다.

◇ 文, 중국 눈치 두려워 종전선언 추진 가능성

마치 구한말 조선을 압박했던 위안스카이 (원세계)처럼 왕이는 文정권을 강하게 겁박하려 했을 것이다. 이런 과정들이 두려워서 청와대와 여당에서 '종전선언'이 지금 뜬금없이 터져 나온 것이다. 미국은 중국의 남중국해에서의 패권행위와 지역접근거부전략 (A2AD)에 따른 중거리미사일 급증으로, 2019년 8월 러시아와 맺었던 중거리미사일감축협정 (INF)를 파기했다. 그리고 미, 중, 러 3국이 새로운 협정을 다시 맺어야 한다고 나섰다.

만약 중국이 이를 받아들일 경우, 중국은 수천기의 중거리미사일을 파기하고, 남중국해의 패권을 포기해야 한다. 때문에 중국은 이를 결코 받아들일 수 없다. 그래서 중국은 줄곧 중국의 중거리미사일은 방어용이며, 타국에 위협이 되지 않는다고 주장하고 있다. 하지만 중국의 논리를 국제사회는 믿지 않는다.

현재 미국은 마하 20을 넘나드는 극초음속 중거리미사일을 개발, 실전배치하고 있다며, 중국과 러시아에 대한 실질적인 우위를 강조하고 있다. 중국과 러시아 중거리미사일이 마하 10정도의 극초음속이라면, 미국의 중거리미사일은 실질적으로 '게임체인저'(Game Changer) 역할을 담당할 수도 있다. 왜냐하면 중국과 러시아는 미군의 신무기에 대해 탐지방법과 방어시스템을 완전히 처음부터 다시 짜야하기 때문이다. 미국은 적군이 미사일을 발사하기 전에 격퇴시키는 것을 최우선 전략목표로 삼고 있다. 이는 특히 중국에게 새로운 군비경쟁을 유발시키는 하나의 전략이기도 하다.

◇ **미국의 아시아형 對中 집단방위체제서 혈맹 한국만 이탈**

미소 냉전 체제에서 극심한 군비경쟁이 결국 소련의 침몰을 유도했다는 역사적 사실이 중국에도 충분히 적용될 수 있다고 미국은 판단하고 있는 것 같다. 안보쿼드 (미일인호) + 알파를 기반으로, 싱가포르, 필리핀, 대만을 포함하는 아시아형 대중 집단방위체제를 구상하는 미국에게, 유일하게 동맹국인 한국만이 미국주도의 대중 연합전선을 이탈하고 있는 모양새다. 동시에 중국으로서는 한국을 절대 포기할 수 없는 입장이다.

'종전선언'은 원칙적으로 미 상원을 통과해야 발효된다. 그리고 한국은 6.25 '정전협정' 당사국도 아니다. 그저 막무가내식 종전선언을 통해, 유엔사를 한반도에서 물리고, 그 결과 미군철수의 당위성을 확보하겠다는 것이 文정권의 비현실적이고, 일방적인 목표다. 지금까지 문정권이 취해왔던 탈미, 반일, 친중, 숭북 정책은 이제 국제사회가 다 안다. 그리고 미국으로부터 지금까지 어렵사리 동맹국대접을 받아왔지만, 이제 그 시효도 다 되었다. 결국 이래저래 이상한 지도자를 둔 불상한 대한민국 국민들만 맞아 죽게 생겼다.

더자유일보, 2020년 10월 4일

한국, 국내외 위기대응 시나리오 필요해!

**文정권, 국내·국제·대북정책 파괴하는 블랙 홀!!
주적 사라진 국군, 도대체 누구와 대적해야 하나!!!**

법치국가 자유대한민국에서 법의 지배가 상실된 지 오래다. 일방적인 청와대중심의 행정명령들이 국회의 입법권과 권력분립 기능을 압살시키고 있다. 그리고 하루가 멀다 하고 남발하는 다수 여당의 친정권적 성격의 법률안들은, 법을 수단으로 자유대한민국을 교살하려는 문정권의 '공작정치'를 부채질하고 있다. 대한민국 헌법 1조 1항과 2항 '대한민국은 민주공화국'이며, '모든 권력은 국민으로부터 나온다'는 내용을 굳이 강조하지 않아도, 헌법 10조의 기본적 인권보장 조항과 이어지는 권력분립의 원칙은 국가가 국민에게 갖는 불가침의 기본적 인권보장을 명시하고 있다.

또 헌법 107조의 위헌법률심사제도는 악법을 통제할 수 있도록 하고 있다. 12조의 죄형법정주의와 28조의 형사보상법은 국가로부터 침해받은 국민의 권리를 구제해 주도록 하고 있다. 그럼에도 불구하고, 대한민국의 헌법적 가치가 제대로 작동하지 않는 이유는 법철학과 법의 통치에 대한 국민적 몰이해 속에, 법을 수단으로 선점한 문정권의 공작정치가 자신들 패거리의 부정부패를 옹호하는 방면으로 헌법내용을 철저히 악용하고 있기 때문이다.

◇ 사법부 통한 '국가권력 남용방지' 작동되지 않고 있어!

따라서 자유주의 선진국들이 명시하고 있는 사법부를 통한 국가권력 남용방지 시스템은 한국사회에서는 작동되지 않고 있다. 오히려 독재 권력에 동조하는 사법부가 합법적으로 체제를 전환하려는 정권 차원의 노력을 '방조' 및 '동조'하는 상황을 만들고 있다. 정권차원의 실정과 위정자들의 부정부패를 덮으려는 공작정치 속에서, 코로나사태를 빌미로 당장의 부동산정책, 공공의대 신설정책, 그리고 조세정책 등에 대한 국민들의 거센 반발을 강력한 법집행으로 다스리겠다는 사법독재의 발상이 국민들을 '공포정치' 한가운데로 내몰고 있다.

판문점선언 이후 대한민국의 대북정책을 압살시킨 문정권은 평화를 빌미로 북한에 대한 대한민국의 주권을 완전히 포기해 버렸다. 이들이 내세우는 연방제라는 것은 같은 종족개념의 '한민족'이라고 해서 쉽게 되는 것은 결코 아니다. 철저히 각각의 정치체제가 갖는 대내외적인 '질서'에 대한 '상호동의'가 부존할 경우, 연방제는 절대 불가능한 '신기루'와도 같은 것이다. 3대 세습 왕조적 독재국가 또는 전체주의적 사회주의국가인 북한과 자유민주주의, 시장경제의 한국이 어떻게 공동의 체제질서를 형성할 수 있겠는가! 분명한 답은 한쪽의 질서가 한쪽으로 편입될 때에만 공동의 질서형성이 가능하다고 볼 수밖에 없다.

그렇다면 북한의 적화통일과 한국의 자유통일 중, 한쪽을 선택해야 하는 것은 당연한 이치다. 만약 문정권이 이를 무시한 채 남북한간 연방제 통치기구를 구성하고, 경제통합과 궁극적인 군사통합을 함께 도모한다면 이는 대한민국을 북한에게 바친다는 의미와도 같게 된다. 국민의 생명과 재산권을 지킨다는 대한민국 국군은 이제 누구로부터 국민의 생명과 재산권을 지킨다는 것인지 그 존재이유가 몽롱해졌다. 적이 사라진 군대는 치안유지용의 경찰로 변하는 것인가? 아니면 북한과는 생명공동체이고 중국과는 운명공동체라는 인식 하에, 소위 그들의 제국주의자들인 미국과 일본을 '주적'으로 두라는 것인가?

◇ 주적 사라진 국군, 역사 속 왜구와 싸우란 말인가!!

그래서 친일파 파묘와 토착왜구 운운하면서 반일기치를 높이고, 심지어 평택 및 한국의 여러 후방지역에 있는 미군 기지들의 에너지수급을 유사시에 제한하려고 그 높은 국민적 비난 속에서도, 탈원전 정책을 줄기차게 추진하고 있는 가? 1948년 대한민국 건국 이후 자유민주주의와 시장경제의 73년 세월 속에, 비록 자유주의나 민주주의에 대한 국민들의 정치사상이나 철학적 이해는 크지 않았다 할지라도, 동일한 체제 속에서 동거, 동락하면서 함께 살아내었던 '습속'(Mores)은 강철처럼 강할 수밖에 없다.

전쟁 폐허 위에서 개인의 발전과 국가의 발전이 동일 시 되는 가운데 생겨났던 자유대한민국에 대한 애국심은 이제 돌이킬 수 없는 운명적 일체감으로 국민들의 심장 속에 쌓여 있다. 이런 자유대한민국의 습속을 하루아침에 바꾸는 것은 절대 불가능하다.

작금에 북한의 주체사상을 비롯한 체제이념에 동조하는 국가는 국제사회에서 단 한 나라도 없다. 그런 국가를 같은 '피붙이'라고 끌어안고 있는 문정권도 그 많던 자유주의 선진국들의 협력과 동조를 다 뿌리치면서 북한과 같이 국제사회로부터 스스로 고립되고 있다. 북한이 유엔제제를 받아 허물어지고 있는 상황이었다면, 과연 이승만과 박정희 대통령은 어떤 대북정책을 취했을까? 당연히 '체제경쟁'을 앞세웠을 것이다. 튼실한 한미일 '3각 안보 공조'하에서 북한과의 체제경쟁을 벌였다면, 북한정권이 버틸 수 있었을까?

미중 패권전쟁 하에서 중국도 코가 석자인데, 과연 한미일 자유해양세력의 북한에 대한 도전을 중국이 감당해 낼 수 있었을까? 북한이 핵으로 장난치는 것을 중국이 방조할 수 있었을까? 결코 불가능했을 것이다. 결국 핵을 끌어안고 거지가 되어 있는 북한은 내부반발로 자멸할 수밖에 없었을 것이다. 이렇게 되었다면 굉장히 바람직한 한반도 자유통일에 대한 여러 형태의 시뮬레이션들이 만들어 질 수도 있었을 것이다.

◇ 자유시민의 정책적 반전은 반 정권 국민대응전선 형성

법의 지배(Rule of Law), 즉 헌정주의가 깨어지고 있는 국내정치, 한미동맹과 한미일 3각 협력이 무너지고, 새로운 남북중 3각체제가 등장하고 있는 국제정치, 핵을 안고 죽을 수밖에 없는 북한정권을 회생시키고자하는 문정권의 대북정책, 이 암울한 상황에서 자유애국시민들은 과연 어떤 '정책적 반전'을 도모할 수 있을까?

국내정치적으로는 문정권의 정책실패에 따른 '반정권 국민대응전선'을 확대하면서 이를 막기 위한 문정권의 코로나독재 심화를 내버려 두어야 한다. 결국 코로나를 핑계로 계엄령으로 들어가면, 체제수호를 위한 대한민국 '군'이 운신할 수 있는 폭이 넓어지고, 반면 대통령의 행정력은 크게 축소된다. 국제정치와 대북정책에서 돌파구를 찾는다면, 북한이 먼저 도발하도록 만들어야 한다. 미중 패권전쟁 속에서 사실 문정권이 일방적으로 친중, 반미를 노골화하기는 힘들다. 그리고 유엔제제를 무시하고 대북협력을 가중시키기도 무리다.

그렇다면 이 상황에서는 미국이 좀 더 적극적으로 나서서 북한 내부에 휴민트

(Humint), 내부선동(Propaganda), 경제제재(Sanction) 등을 통해, 북한정권을 크게 흔들어야 한다.

◇ 대북 압박정책 지속해, 북한의 도발 유도하는 것도 한 방법

　이와 함께 한국의 시민단체는 대북삐라 살포 등과 같은 북한정권을 흔드는 작업을 계속해야 한다. 의회에 진출해 있는 북한탈북자 출신의원들과 시민사회 내 탈북자 단체들이 미국을 비롯한 자유진영의 시민사회와 연대해서 대북 압박정책을 크게 높여야 한다. 만약 북한의 국지도발이나 대륙간 탄도미사일 도발로 인해, 문정권의 대북정책 명분이 격감하고, 동시에 미국이 북한에 응징하는 상황이 도래한다면, 그 여파는 아주 클 것이다. 먼저 한국의 국내정치와 국제정치 상황이 급전환될 것이고, 나아가 국내외적으로 '사면초가'에 처한 문 정권 스스로의 운명도 '백척간두'에 서게 될 것이다.

　　　　　　　　　　　　　　　　　　　　　　더자유일보, 2020년 9월 3일

사면초가 김정은,
북한체제 변혁 가능성 보이나?

군부가 김씨 일가 위에 군림할 경우 몰락할 수밖에!
김씨 왕조 운명, 文 정권 하기 달려!!

한때 김정은의 선군정치는 김정일의 사망과 함께 위기에 봉착했다. 아버지로부터 체제를 이어받은 김정은은 군의 영향력을 줄이고 당이 중심이 되는 일종의 체제변혁을 도모했다. 그러나 고모부 장성택사건과 장성택 총살과정에서 군중심의 체제에서 당이 중심이 되는 체제 변혁을 완성할 수가 없었다.

그 이유는 장성택이 군부 중심으로 운영되던 북한의 모든 이권체계를 당 중심으로 끌어당겼고, 그 과정에서 중국과 손잡고 북한의 체제변혁을 도모했기 때문이다. 일련의 과정에서, 심각한 권력불안을 느낀 조카 김정은은 군부의 힘을 얻고서 고모부를 총살시켰다. 따라서 본의 아니게 북한군부의 힘은 김정은의 의도와 달리, 당보다도 더욱 강해졌다.

이후 겉으로는 북한 노동당이 북한 군부를 접수하고 있다는 정치적 선전을 전격적으로 강화하고 나섰지만, 이는 환언해보면 여전히 김정은의 통치는 군부의 지지를 벗어나지 못하고 있다는 수면 밑의 사실들을 오히려 입증해 주는 상징적 의미가 되었다. 김정은은 미국 트럼프대통령과의 협상에서 겉으로는 화려한 국제적 외교 명성을 얻었지만, 실질적으로 북한주민들을 먹여 살릴 수 있는 재원은 전혀 얻어내지 못했다. 오히려 대북 국제제재는 더욱 강화되었다.

모든 경제적 이권을 박탈당한 군부는 김정은에 대한 내부적 불만이 높아졌다. 제대로 먹지도, 입지도 못하는 북한군부의 김정은에 대한 충성심은 날로 와해되기 시작했다. 다급해진 김정은은 자신의 친위부대를 풀어서 군부의 수장들을 처형하고 세대교체를 단행했다. 그 결과 북한 군부는 김정은이 단행하는 과감한 숙청작업에 겁을 먹고, 겉으로는 김정은에게 충성을 맹세하고 있지만, 내부적으로는 불만이 점점 더 커졌다.

그렇지만 이런 위기상황에서 김정은이 다시 당중심의 체제선언을 바꾸어, 군부중심으로의 체제변화를 도모할 수는 없다. 이는 만약 군부가 이미 망가질 대로 망가진 북한 경제를 다시 장악할 경우, 군부가 당을 넘어서는 폭력적인 권력조직으로 탈바꿈될 가능성이 높다. 급기야 북한 군부가 백두혈통 김씨 집안을 능가하는 북한 최대의 권력조직이 될 수도 있기 때문이다.

체제변혁 위기에 당면한 김정은은 최근 숨어 있다가 다시 나타나고, 또 다시 숨어버리는 변칙적인 통치과정을 통해 유일하게 자신이 믿을 수 있는 김여정을 내세워, 당이 중심이 되는 새로운 변화를 찾고 있다. 그러나 남한으로부터 새로운 자금이 수혈되지 않는 한, 백두혈통의 지도력은 어떤 상황에서도 제대로 발휘될 수 없는 위급한 상황이다.

◇ **박지원-이인영-서훈으로 이어지는 북한 달래기 삼두마차 출범**

김정은은 군부를 달래려고 개성공단 연락사무소도 폭파하고, '정전기념일'에 군 장성들에게 직접 권총도 나누어 주었다. 하지만 근본적으로 통치자금문제가 풀리지 않고 경제적인 사면초가 상황이 해결되지 않는 한, 이는 결국 초라한 미봉책에 불과하다. 그래서 북한은 문재인 정권을 거칠게 다그치고 있다. 온갖 욕지거리를 다하는 김여정의 말속에 엄청난 다급함이 들어 있다. 북한의 이런 대남위협은 줄곧 한반도 평화체제를 강조해 왔던 문재인 정권에게 치명적인 위협이 될 수밖에 없다.

그래서 문재인 정권은 박지원-이인영-서훈으로 이어지는 대북관계 개선과 지원을 위한 삼두마차로 올 인(All In)하며 북한의 다급함에 충실히 호응하고 있다. 앞으로 문재인 정권은 두 가지 형태에서 북한에 대한 나름의 진정성을 보일 것 같다. 하나는 당초 50억 달러의 방위비를 요구했던 미국이 13억 달러수준에서 협의하자고 대폭적인 삭감을 제안하였지만, 아직까지 한국정부가 아무런 대응을 하지 않고 있다는 점에서 찾아 볼 수 있다.

이는 방위비 증액문제와 이로 인한 한국 국민들의 반미감정을 고취시켜, 한미동맹관계에 상당한 타격을 줄 것이다. 문 정부 의도는 이후 궁극적으로 미군이 한국에서 상당부분 철수하거나, 한미동맹의 전략적 기능을 대폭 축소시키려는 것이다. 이런 의도는 당연히 북한을 만족시킬 수 있다.

두 번째는 새로 꾸려진 박-이-서 대북 삼두마차를 통해, 북한에 대한 국제제재를 우회하면서 북한정권에 대해 실질적인 경제적 혜택을 주는 것이다. 그러나 문재인 정권은 이 두 가지 문제를 해결하기 위해서는 일단 한국 내에서 제도적 차원에서의 체제변혁을 앞당겨야 한다.

◇ **김정은의 권력유지와 문재인의 권력유지가 서로 맞물려 있어**

한국사회 내에서 새로운 제도적 장치들을 마련하지 못할 경우, 다시 말해 한국의 주권자들로부터 통치정당성을 확보하지 못할 경우, 문재인 정권 단독으로 국내외적으로 얽혀있는 대북 억압체인들을 풀어낼 수는 없다. 그래서 어쩌면 현재 남과 북이 동시에 일종의 체제변혁의 위기상황에 같이 놓여 있다고 볼 수 있다. 다시 말해 북한 김정은의 권력유지 시간대와 남한 문재인정권의 권력유지 시간대가 상호 깊이 맞물려 있다고도 볼 수 있는 것이다.

그러나 김정은의 문재인 정권에 대한 의심은 여전히 남을 것이다. 이는 문재인 정권이 개헌을 통해서 문대통령이 재선될 수 있도록 하거나, 또 이런 저런 법적인 장치들을 통해, 문 정권의 실세들이 한국사회를 장기적으로 지배할 수 있는 상황이 벌어진다면, 문 정권 실세들의 생각이 달라질 수 있기 때문이다. 북한의 김정은은 이를 몹시 불안해하고 있는 것이다.

왜냐하면 문재인대통령을 비롯한 청와대주사파들이 북한보다 50배 규모의 경제력을 갖춘 한국을 완전히 장악할 경우, 북한을 종속시키는 자신들의 사회주의 또는 전체주의 세상을 한반도 전역에서 실현하려는 야욕을 보일 수도 있기 때문이다. 결국 체제변혁위기의 다급함에서 김정은보다 훨씬 여유로운 문재인 정권으로 말미암아, 이래저래 김정은의 초조한 불면의 밤은 문재인 정권의 대북협력 진정성과 그에 따른 실질적인 효과가 현실화될 때까지 아주 오랫동안 지속될 것 같다.

더자유일보, 2020년 7월 31일

文, 美北중재외교
올 인(All In)해도 불가능!

**북한 핵 포기 현실성은 '레짐 체인지' 밖에 없어!
中 쪼개질 때까지 한반도 정세 불안 장기화 불가피!!**

대한민국 국민들은 지난 3년 동안의 문재인 정권 하에서, 무엇이 진실이고 무엇이 거짓인지를 구분할 수 없는 현란한 세월을 살았다. 그의 아리송한 언행과 경천동지할 정치 쇼 해프닝으로 한반도에 뭔가 큰 변화가 일어날 것 같은 기대감이 있었다. 하지만 모두 문재인 정권의 국내 체제변혁을 위한 불쏘시개에 불과했다. 볼턴 회고록에서 반영되었듯이 문재인 정권은 이미 미국과 북한을 차례대로 속이고 세기적인 '정치 쇼'를 벌였다. 그리고 철저하게 대한민국 국민들을 기만했다.

그 결과로 화가 난 북한은 김여정을 앞세워 거친 대남 비방전선을 확립했다. 비록 북한군의 군사행동을 보류하라는 김정은의 만류로 진정세를 회복했지만, 북한의 백두혈통들이 쏟아낸 문재인대통령에 대한 비난은 이제 주워 담기가 불가능한 상태로 나아가고 있다. 그럼에도 불구하고, 지난 6월 30일 문대통령은 EU 정상들과의 화상회의에서 뜬금없이 트럼프대통령의 11월 대선전인 10월경에 미북 정상회담이 다시 열리게 할 수 있다고 강조했다. 그러면서 문재인 정권이 다시 미북 중재역할을 하겠다고 나섰다. 그간 문재인 정권의 교활한 남북미 중재자역할은 북한과 세계 언론으로부터 뭇매를 맞았다. 이런 상황에서 다시 돌출적인 제안이 나왔다. 국내와 국제사회 안과 밖 모두 아연 질색하는 '의심의 눈초리'로 문대통령을 다시 쳐다보게 되었다.

◇ 文, 美北 October Surprise에 무모하게 올 인

문대통령은 7월 3일 청와대 국가안보실장을 서훈 국정원장으로 대체하고, 국정원장을 박지원 전의원으로, 그리고 통일부장관을 이인영 민주당의원으로 임명했다. 자신의 대북정책과 미북 October Surprise 가능성에 무모하게 올 인(All In)한 것이다. 솔직히 문대통령의 이런 선제공세에 미국과 북한 모두가 동시에 놀랐을 것이 뻔하다. 그의 쓰리쿠션 전략은 파고들어갈 수 있는 조그만 틈만 나와도 여지없이 그 틈새를 노리는, 그야말로 교활하고 예리한 칼끝을 가졌다. 그러나 자세히 분석해 보면, 문대통령의 트럼프대통령 11월 대선 전 미북 정상회담 중재하겠다는 말은 결국 미국을 이용해서 북한에게 전달하고자 하는 문재인 대통령 스스로의 충성어린 대북 진정성을 북한이 알아달라는 비밀스런 메시지의 전달이었다.

트럼프대통령 입장에서는 코로나사태 이후 국내적으로 궁지에 몰려 있는 차에 미 대선을 앞두고 북한과의 깜짝 쇼 카드하나를 쥐게 되면 현실적으로 손해 볼 것이 없다. 자신의 대북 대화정책의 지속성 차원에서 상당히 구미가 당기는 일이 아닐 수 없다. 그리고 안과 밖의 사면초과 속 김정은도 설사 회담이 가능하지 않더라도 국내외적으로 자신의 몸값을 최고조로 끌어올릴 수 있는 정치적 여론몰이가 될 수 있는 상황이 나온다면 일단 나쁘지 않다.

무엇보다도 한국정부를 완전히 자신이 틀어쥘 수 있다. 그래서 한국을 미국으로부터 이탈시키고, 대북제재 완화와 대북경협자금을 쉽게 받아 낼 수 있는 '절호의 기회'가 될 것으로도 인식할 수 있다. 북한의 속마음이 그렇듯이 문제인 정권은 보기 좋게 국정원, 청와대 안보실, 통일부 기능을 완전히 대북정책에 올 인(All In)하는 3두마차 체제로 만들었다. 그렇게 최고 존엄을 달래고, 또 다른 북한에 우호적인 한반도 미래비전을 보여주기에 여념이 없다. 그러나 북한 외무성 최선희 제1부상이 나서서 섣부르게 중재의사를 표방하는 자가 있다면서 문대통령을 꼬집어서 비난했다. 그는 미국의 대북 적대시 정책의 지속 상황에서 미국 국내정치용으로 북한을 이용하려 한다며, 미북 정상회담 소문에 대해 그저 아연질색할 내용이라고 분명한 거부의사를 밝혔다.

◇ 김정은 체제, 핵 포기하고는 결코 존립 불가능해

비록 최선희가 미국의 국내정치 일정이 북한에 전혀 영향을 주지 않을 것이며 북한은 장기적인 대미정책을 추구할 것이라고 엄포를 놨지만, 내심으로는 국내외적으로 위기상황에 봉착한 북한의 몸값을 높일 기회로 인식하고 있을 것이다. 그러나 이런 설왕설래 속에서 분명하게 부인할 수 없는 원칙은 김정은 체제야말로 북한 핵을 포기하고는 존립할 수가 없다는 사실이다. 또 북한 핵 폐기를 의제에서 제외한 미북 회담의 개최가능성은 전혀 현실적이지 않다는 것이다.

미국은 소련의 스탈린 우상숭배가 후르시초프 시대부터 흔들리기 시작해서 마침내 체제붕괴로 갔듯이 북한의 최고 존엄 신화가 깨지면서 북한도 향후 붕괴될 것이라는 생각을 한 치도 놓지 않고 있다. 그 신화적인 상징(Symbol)을 미북 정상회담을 통해 흔들려고 하고 있다.

물론 김정은도 이 사실을 잘 알고 있다. 다만 문재인대통령을 통해서 북한에 대한 대북제재 해제와 한국의 대북지원을 끌어내려고 하는 것이 김정은의 주요 전략이다. 그러니까 결론적으로 이런 상황에서 문대통령의 충성스런 대북 올인 정책은 또다시 미중 양 강대국의 심기만 건드리고, 결국 또다시 실패할 운명이라는 것이 모든 대북 전문가들의 일치된 의견이다.

◇ 북 핵과 북 체제문제 해결되려면 거대 중국이 쪼개져야 가능

미국은 지난 세기 전쟁을 통해서든지, 아니면 경제제재를 통해서든지 상대로부터 '무조건부 항복'(Unconditional Surrender)을 받아내었던 경험이 적지 않다. 그리고 동시에 6.25전쟁과 같은 '제한 戰(Limited War)도 21세기에는 거의 불가능한 전쟁으로 분명히 인식하고 있다. 그렇다면 결국 이런 불편하고 불안한 동북아 정세를 길게 끌고 갈 로드 맵을 이미 미국 스스로 완성하고 현실에 반영하고 있는 것으로 보인다. 굳이 북한이 군사적으로 도발하지 않는 한 북한을 물리적 힘을 사용해서 붕괴시킬 의도는 전혀 없다고 봐야 한다.

다만 미국은 북한문제를 중국문제의 종속변수로 보고 대중 압박수위를 높이는 과정에서 북한문제도 함께 풀어나가기를 바라고 있다. 그러니까 물리적 충돌 없이 북한 핵문제와 체제문제가 해결되려면 거대한 중국이 결국 여러 개로 쪼개질 때까지 그 세월을 하염없이 기다려야 한다는 결론에 이르게 된다.

점점 불안한 미래를 향해 뭔가를 분명히 예측하지도 못하는 상황에서 시간만 연장되는 것이 당면한 현실이다. 그렇다면 문정권의 눈속임에 내몰리는 대한민국 국민들만 오랫동안 애태우면서 생존을 걱정하며 살 수밖에 없게 되었다. 이런 비참하고 비극적인 형국에서 정통 야당의 역할은 눈에 보이지 않는다. 그저 목 놓아 울부짖는 자유시민들의 정의로운 외침들만이 공명하고 있다.

더자유일보, 2020년 7월 6일

5부

부 록

2021년 대한민국 외교안보 전략 NOTE
-대한민국 생존 위협하는 文 정권 외교안보정책 비판-

대한민국 외교안보정책을 규정하는 대외 환경요인들

◇ 유라시아 대륙 끝, 해양과 대륙세력의 경계선이란 지정학적 요인

반도국가인 대한민국은 지정학적으로 볼 때, 서남아, 중앙아시아, 동북아를 잇는 유라시아대륙의 오른 쪽 맨 끝부분에 붙어 있는, 돌출 형 반도국가의 모습을 취하고 있다. 국제정치학자들의 관점에 따라, 한반도는 중국의 머리 뒤를 겨냥한 '망치'의 모습을 하고 있다든지, 아니면 아래 섬나라 일본의 심장을 겨누는 '단검'의 형태를 취하고 있다는 지정학적인 평가를 받고 있다.

이런 지정학적 요인이 말해 주듯이, 한반도는 구한말 자국 세력을 확대하려는 강대국들 간의 세력경쟁 각축장이 되었고, 급기야 청일전쟁(1894)과 러일전쟁(1904)의 대리 전쟁터가 되었다.

구한말 당시 대륙 국가였던 청나라는 전형적인 제국주의 열강들의 피해국이 되었으나, 오랜 세월 조선의 종주국을 자처했던 조공국인 조선에 대한 우월적 지위를 포기하지 못했고, 그 결과 또 다른 대륙세력인 러시아와 신흥 해양강국으로 부상한 일본과의 과도경쟁이 불가피했다.

결국 청일전쟁에서 패배한 대륙국가 청나라는 국가존멸로 향했으며, 대신 영국

과의 패권전쟁을 벌여오던 대륙국가 러시아의 한반도 진출이 가시화되었다. 특히 조선의 왕이 스스로 일본의 세력 확장을 두려워해서 '아관파천'을 감행해, 러시아에 조선이라는 국가의 운명을 위탁하자, 대륙국가 러시아의 남진을 막아야하는 경쟁국 영국은 일본과 동맹을 맺어 대륙국가 러시아의 조선 진출을 막게 되었다.

따라서 한반도에서 대륙국가 러시아와 해양국가 영국의 동맹국인 일본과의 충돌은 불가피했으며, 러일전쟁에서 일본이 승리하자, 일본은 그 대가로 조선을 일본에 합병시켰으며, 일본의 해양 배후세력이었던 영국과 미국의 승인을 받게 된다.

36년간의 조선식민지는 해양세력과의 동맹을 포기하고, 군국주의국가가 된 일본이 해양세력과 대륙세력의 연합세력에게 패전하면서, 비로소 해방된다. 해방된 조선은 대륙세력의 종주국인 공산국 소련과 해양세력의 종주국인 민주국가 미국으로 양분되었고, 소련의 사주를 받은 북한의 남침으로 3년 7개월간의 6.25전쟁을 겪게 되었다.

자유민주주의국가 대한민국은 미국과의 동맹을 기반으로 암울한 미소냉전시기를 성공적으로 넘어섰으며, 급기야 세계 12번째 경제대국으로 성장하게 되었다. 대한민국의 역동적인 국가성장에도 불구하고, 북쪽의 북, 중, 러 대륙국가 3국 연합과 남쪽의 한, 미, 일 해양3국 연합의 경쟁적 대립관계는 항상 대한민국의 생존과 국익을 위협하는 '상수'로 작용하고 있다.

대한민국은 경제적인 외적성장에도 불구하고, 다른 지정학적 저주를 받고 태어난 폴란드, 대만, 이스라엘 등과 같은 국가처럼 항상 안보적 위기상황을 모든 국가정책들 간에 최우선순위로 두지 않을 수 없는 지정학적 운명을 타고 났다. 대한민국의 외교안보정책에서 첫 번째 상수로 적용해야 하는 지정학의 문제는 지난 100년간의 굴곡진 한반도 역사 속에서 여실히 증명되어 졌다고 볼 수 있다.

◇ **국가 생존을 위한 해양세력과의 필수적 연대**

　서구 근대국가의 생성과 산업혁명은 '서세동점'의 전지구촌적인 현상을 발생시켰다. 그 때 이후 지금까지의 150년에 걸친 역사적 역동성을 고려해 볼 때, 대한민국은 서구에서 발현된 자유민주주의와 시장경제를 국시로 하는 해양세력들과 연대했을 경우, 대한민국의 국가 생존은 물론, 국가발전 및 미래에 대한 비전을 보유할 수 있었다.

　소련의 사주를 받고 이미 공산정권을 수립했던 북한과 달리, 이승만 건국대통령은 자유민주주의와 시장경제를 국시로 하는 자유대한민국을 건국하고, 유엔을 통해서 한반도에서 유일한 합법적인 정부로 승인 받았다. 이후 혹독한 6.25전쟁의 결과를 발판으로, 한미안보수호조약 (한미동맹)을 실행시켜, 대한민국 번영의 초석을 깔았다.

　이후 대한민국의 산업화과정에서 박정희 권위주의정부의 현실주의적 국정운영 기조는, 해외에서 보기에는 부분적으로 대한민국의 민주주의 발전에 장애물로 작동되었다는 오해를 낳았다. 그러나 단언컨대, 1948년 이후 2016년 박근혜 정부에 이르기까지, 이승만 건국대통령이 초안했던 대한민국 헌법정신이 국민의 선택을 받은 역대 정부들에 의해서 훼손된 적은 단 한번도 없었다.

　이승만의 건국혁명과 박정희의 산업화혁명은 대한민국 국내보다는 해외에서 더 많은 지지를 받고 있으며, 이들의 아직 밝혀지지 않은 업적들은 미래세대의 연구 과제가 되고 있다.

　한국전쟁과 베트남전쟁에서 한미 양국이 혈맹으로 같이 했던 자유민주주의 '가치동맹'은 미소냉전시대라는 어려운 시기에도 불구하고, 미국이 지켜낸 '긴 평화'(Long Peace)로 인해 '수출주도국가'인 한국은 물론, 일본과 중국산업이 동참하는 동북아의 '블루오션'시대를 창출해 내었다.

문제는 소련의 멸망이후, 공산국가이면서 대륙국가인 중국이 산업화하면서 새로운 패권길항세력으로 성장하면서, 급기야 기존의 해양패권세력인 미국에 도전하는 동북아 지역패권세력으로 등장했다는 점이다. 결국 북, 중, 러 3국의 연대가 강화되는 가운데, 중국의 전지구촌에 걸친 세력팽창정책이 가시화되고 있다.

대한민국과 이념과 가치가 다른, 중국의 '지역패권국화'와 태평양으로의 세력팽창은 이웃국가인 대한민국에게는 커다란 위협요인이 아닐 수 없다. 지역패권국가로 등장한 중국은 향후 대한민국에 상당한 외교안보적 압박을 가할 가능성이 그 어느 때보다 커지고 있으며, 대한민국은 이 문제를 국가사활을 걸고, 심각하게 대중전략을 짜야할 형국이다.

박근혜 정부 당시까지, 합리주의적 국제정치학자들은 중국에 대한 대한민국의 외교적 레버리지를 강화하기 위해서는 무엇보다도 한국이 해양세력인 미국과 일본, 나아가 호주와 인도와 긴밀한 연대하는 것이 중요하다고 강조해 왔다. 특히 개별국가 간 동맹형태로 연결되어 있는 한, 미, 일 3각 '협력동맹관계'를 강화하게 되면, 자연적으로 한국의 대중 외교안보적 차원에서의 '레버리지'가 확대될 수 있다는 생각이 '정론'으로 대두되었다.

그러니까 여전히 대한민국은 북한의 군사적 위협과 중국의 외교안보적 차원에서의 압박을, 가치와 이념을 공유하는 그리고 한미, 미일 형태의 개별동맹관계로 이어져 있는, 한, 미, 일 3각 협력동맹관계를 확대하는 것으로 대응하는 것이야 말로, 대한민국의 생존은 물론, 국가발전과 미래번영에 기초가 될 수 있다는 외교안보정책 기조를 마련하지 않을 수 없는 것이다.

◇ 대륙으로 진출할 수밖에 없는 국가운명

대한민국은 지정학적으로 유라시아대륙의 맨 끝부분이지만, 이를 반대로 보면, 유라시아대륙을 향한 해양세력으로부터의 출발점이 되기도 한다. 또한 대한민국은 건국혁명에 이어서 산업화혁명을 이룩했고, 국가 발전과 안정을 토대로 북한을 자유민주주의국가로 전향시켜, 3대 세습독재국가의 억압적 지도자로부터 북한주민들을 해방시킨 후, 남과 북이 자유체제로 하나 되는 마지막 '통일혁명과제'를 남겨두고 있다.

독재자로부터 북한주민들을 해방시키기 위해서는 현재 미국의 대북정책이 북한 정권과 북한주민을 분리하여, 대북한 인권법의 집행을 강조하듯이, 대한민국도 분명하게 북한정권과 북한주민들을 분리하여, 대북정책을 실행해 나가야 한다. 자유민주주의와 시장경제, 지구촌사회의 보편주의인 인권문제로 북한정권을 압박할 경우, 작금의 유엔 대북제재와 함께 북한정권이 흔들릴 수 있는 정치경제적 상황을 충분히 유도해 낼 수 있다고 보여 진다.

또한 대한민국의 미래비전을 생각할 경우, 현재 미중패권전쟁으로 대륙세력과 해양세력이 첨예하게 대립하고 있는 상황에서, 미국은 아시아판 NATO(집단안보협력체제)형태로 중국의 해양진출을 억지하고, 중국을 봉쇄하는 정책을 펴고 있다. 당연히 대한민국은 미국의 동맹국가로서, 미국의 선택을 수반하는 외교안보정책을 실행해야 할 의무를 지고 있다.

미국과 대립하는 중국이 만약, 현재 미국의 정책우선순위처럼, 몇 개의 큰 지역별로 분할될 경우, 대한민국은 북한을 흡수통일하거나, 통일이후 충분히 해양세력인 미국과 일본의 협력을 바탕으로, 만주로 진출할 수 있는 외교안보적 기회를 얻게 된다. 중국대륙에서 힘의 공백이 생길 경우, 통일된 대한민국은 지난 5천년 역사에서 중국과 이웃하여 경쟁관계를 이어왔듯이, 그 어떤 주변 국가들보다도 먼저 중국대륙을 도모할 수 있는 대의명분을 갖고 있다.

결국 한반도를 지배하는 대한민국의 지정학적 운명은 미국과 일본 등, 이념과 가치를 공유하는 해양세력들과의 협력을 바탕으로, 이념과 가치를 공유하지 않는 대륙 국가들을 도모할 수밖에 없는 지정학적, 이념적, 문명적 위치에 처해 있는 것이다.

이런 미래지향적인 외교안보정책을 수반하기 위해서, 대한민국은 먼저 한일 해저터널과 같은 일본과의 교류협력 채널을 확대해야 하고, 한일 간의 물류와 경제가 한반도를 통해서 유라시아대륙으로 확대될 수 있도록 서로를 위한 블루오션을 지금부터라도 선도해 나가야 한다.

◇ 문재인 정권이 연출하는 외교안보적 위협요인들

대한민국 외교안보정책은 문재인정권의 등장 이후 크게 급변한다. 문재인정권의 소위 '균형자외교'는 노무현 정권이 스스로 실패를 인정했던 미중 간 '중간자외교'의 외피를 입고 있지만, 국내 권력 장악을 통한 정권연장 및 점진적 체제전환을 위해, 모든 외교안보적 주요 정책을 정권선전용으로 이용하는데서, 그 어떤 정책도 적실성 있는 효과를 주지 못하며, 오히려 '국익상실' 정책이라는 참담한 평가를 받고 있다.

'생명공동체'라는 의미를 포함하는 일방적인 '종북'정책과 '운명공동체' 운운하는 또 다른 일방적인 '친중'정책으로 한미동맹관계를 약화시키고 있고, 일본에 대해서는 완전한 적대적 관념을 적나라하게 드러내고 있다. 국제사회 상당수의 국제정치학자들은 문재인 정권의 '동맹관념'을 의심하고 있으며, '공동의 적'에 대처하는 동등한 입장에서의 동맹이 아니라, 미국에 대한 '종속개념'으로 동맹을 이해하고 있는데, 상당한 의심과 우려를 표명하고 있다.

특히 일본에 대해서는 국내 선거용으로 노골적인 '반일감정'을 이용하고 있고, 일본이 참여하거나 주도하는 모든 국제협력관계를 거부하고 있다. 이 모든 문재인 정권의 행위결과는 지금까지 한국이 취해왔던 소위 북, 중, 러 북방 3각 안보연대에 대한 세력균형형태로 작동했던 한, 미, 일 3각 협력안보관계에 치명적인 허점과 약점으로 작용하고 있다.

◇ 문재인 정권의 중국편향 외교안보정책

문재인 정권은 형식적으로 미중 간 균형외교를 주요 정책으로 표방하고 있지만, 이미 내면적으로 동맹국인 미국보다는 이웃대국인 중국을 향한 외교안보, 정치경제, 사회문화 등 전반적인 차원에서의 총체적 편향성을 드러내고 있다.

현재 미국은 중국공산당 정권을 중국인민들과 분리하여, 적대시하는 정책을 강화하고 있다. 동시에 군사안보적으로 중국을 봉쇄하는 지역동맹국들 간의 역할분담을 제고시키고 있다. 이에 대해 문재인 정권은 중국에 대해 소위 '3불 정책'을 천명하고, 이미 한국에 배치되었던 사드미사일방어체제 또한 무력화시키고 있다.

향후 동맹국 미국이 대 중국 단거리 정밀타격용 '미사일방어체제'를 위해, 한국에 대해서 미사일기지 할양을 요구할 경우, 한미 간 상당한 마찰이 노정되어 있다. 대한민국이 미국의 미사일방어시스템 (MD)에 들어가지 않고서는, 한, 미, 일 3각 협력동맹관계는 결코 영속 될 수 없는 것이다. 그러니 더 이상의 사드배치를 거부하는, 3불 정책을 문재인 정권이 고집하는 한, 미국과의 원만한 동맹관계 유지 및 발전도 기대하기가 어렵다.

오히려 문재인 정권의 외교안보정책에 대해서 중국은 좀 더 친중적인 정책을 펴라고 압박을 가하고 있다. 이는 문재인 정권의 '균형자외교'조차도 위선적이라며, 중국이 문 정권을 혹독하게 비난하는 형국에서 가름할 수 있다. 중국은 문재인 정권을 압박하면서, 좀 더 친 북한, 친 중국적인 외교적 스탠스를 취해달라는 요구를 일방적으로 강요하고 있는 것이다.

따라서 문재인 정권이 내놓고 있는 표면적인 외교적 '양다리전법'인 '균형자외교론'은 실질적으로 미국과 중국 양쪽으로부터도 천대받는 외교안보정책이 되었다. 당연히 비합리적이며 관념적인 모순된 문재인 정권의 강대국 실존을 인정하지 않는, 소위 '망나니' 외교안보정책은 결과적으로 대한민국의 생존과 국익을 위협하고 있다.

◇ 문재인 정권의 반일, 종족적 민족주의개념의 외교안보정책

문재인 정권은 감상적이며 혈족적인 민족주의에 빠져서, 대한민국의 '주적'인 북한을 생사의 운명을 같이해야 하는 피붙이로서, 같은 민족으로서, 대내외에 선전하고 있다. 동시에 한반도 분단책임을 일본제국주의에 두고, 한일 국교수교를 한 지 60년이 지난 작금에 일본을 강하게 압박하고 있다.

그 결과 이제 대부분의 대한민국 국민들의 북한정권에 대한 적개심과 반공이념은 상당히 풀어져 와해되었으며, 문 정권 주도의 북한을 위한 방송홍보 및 선전으로 인해, 대한민국 국민들의 대북 인식은 날로, 동질적인 민족개념으로 크게 전환되고 있다.

문재인 정권은 국제법을 무시하고, 일본에게 일제시대 당시, 일본제국주의가 조선에 행한 모든 역사적 책임을 다시 묻는 과정에서, 대한민국 내부의 소위 '보수진영'을 궤멸시키기 위한 선전, 선동을 주동하고 있다. 무엇보다도 먼저 문 정권은 일제시대 당시 고등교육을 받아 해방 후 대한민국의 국가건설에 이바지 했던 대부분의 인물들을 소위 '토착왜구'라는 프레임을 씌워서, 국가와 국민의 적으로 규정하고, 이를 규탄해야 한다고 국민들을 부추기고 있다.

이런 감상적이고 비현실적인 일본에 대한 적대개념이 문재인 정권이 추구하는 '적과 동지'의 이분법적 해석과 모든 대한민국 국민들의 잠재의식 속에 남아있는 일제식민지에 대한 인식들과 결부하여, 문재인 정권의 선거 및 권력 장악을 위한 핵심적인 자원으로 동원되고 있다.

2020년 4.15 총선에서 반일감정 자극으로 국회의석 180석을 차지하게 된 문재인 정권은 앞으로도 지속적으로 반일프레임에 입각한 반일정서를 자극해서, 일본을 대한민국의 '공공의 적'으로 돌리는 국가정책들을 계속 진행해 나갈 것으로 보인다. 이런 상황에서는, 현재 미국도 한일관계에 대해서 비관적이고, 나서지 않으려는 자세가 역력하지만, 아무리 미국이 지역안보를 위해서 한일 양국 간의 대립관계를 원만하게 풀 수 있도록 중재를 한다 하더라도, 그 실효성을 기대하기는 역부족이다.

또한 대한민국 국민들의 정서가 과거 100년 전 일제시대로 돌아가서 일제침략을 응징하는 남과 북의 '국공합작' 형태로, 국민들의 인식이 전환될 경우, 물론 이 점이야말로 작금의 문재인 정권이 추구하는 가장 핵심적인 정책방향성이지만, 대한민국의 국가생존에 대한 위협은 물론이고, 한미동맹관계의 파탄도 쉽게 예상할 수밖에 없는 불행한 처지가 된다.

◇ **문재인 정권의 사회주의적 전체주의 정책 추구**

조직된 대한민국 국민들을 동원해서 광장의 촛불로 정권을 장악했던 문재인 정권은 공산국가 중국형태의 사회주의적 전체주의 정책들을 점진적으로 확대해 나가고 있다. 일단 소득수준 3만 달러가 넘어서, 이미 '소비사회'로 들어 선 대한민국 국민들의 물질주의 성향을 자극해서, 강력한 포퓰리즘 정책으로 국민의 선택을 받은 다음, 하나하나 입법과정을 통해서 소위 '행정독재' 상황을 극대화시키고 있다.

일단 행정부처의 권력기구, 예를 들어서 국방부, 국정원, 검찰, 경찰, 감사원, 국세청, 행안부 등등의 주요 핵심기능을 변질시켰고, 이들 권력기구의 사령탑으로 청와대를 두어서, 마치 중국공산당정권처럼 핵심적인 '당 비서국'이 모든 국가정책을 총괄 지도하는 수직적인 통치시스템을 만들고 있다.

이미 장악한 행정부와 입법부를 통해서, 문재인 정권의 권력 장악을 위한 법들을 양산하고, 이를 정권이익차원에서 선별적으로 적용시킨다면, 더 이상 대한민국에서 자율적인 시민사회는 존재할 수 없게 된다고 봐야 한다. 결국 이는 점진적으로 전체주의사회로 진입하는 점진적이며, 구체적인 로드 맵으로 나타나고 있다.

만약 이런 상황이 대한민국 사회내부에 만연하게 된다면, 이는 자유민주주의와 시장경제라는 미국과 일본을 비롯한 서방 해양세력들이 공유하는 공동의 가치와 이념을 버리고, 중국과 북한사회를 표방하는 방향으로 모든 외교안보정책의 방향성이 결정적으로 선회할 가능성이 심히 농후해 진다.

◇ 중국과 북한과 연동하는 대한민국 시민사회 세력들

문 정권의 '진영의 논리'와 정권지지 핵심세력들의 '사회적 진지화', 그리고 문 정권 핵심 이념사업들의'성역화조치'는 모두 정부주도의 관변 시민단체들을 통해서 일사천리로 이루어지고 있다. 그러나 이보다도 더 추가적인 '反대한민국' 위협세력은 상당부분의 관변 시민단체들의 후원 및 지원세력으로 중국과 북한당국이 관여하고 있다는 점이다.

문 정권 등장이전까지는 이런 문제를 흔히 '사회공안' 부처가 담당하였고, 특히 국정원이 수사권을 갖고 이에 대한 철저한 대비를 해왔다. 그러나 문 정권은 국정원의 대북, 대중수사권을 모두 경찰에 이첩했으며, 지금까지 그 어떤 대공정보 관련 수사경험이 부족한 경찰은 이런 문제에 아예 손을 놓고 관망하고 있다.

현재 대한민국 내 중국 유학생이 6-7만 명 체류하고 있으며, 조선족 한인동포 형태로 대한민국에 체류하고 있는 중국인의 숫자는 20만 명을 넘어서고 있다. 문 정권은 이들에 대한 구체적인 대응정책이 부존하는 가운데, 담당부처들은 앞 다투어 조선족들의 국내진입을 선도하고 있다. 동시에 북한 탈북자인권단체들에 대해서는 체계적으로 사회적 압박을 가하고 있다.

관변 시민단체와 중국과 북한의 간접적 지원을 받는 시민단체들과 연합해서, 적지 않은 수의 조선족들이 반일, 반미 시민세력을 규합하고 있으며, 중국당국은 노골적으로 이들 단체를 금전적으로 지원하고 있다.

최근 대한민국 정계에서는 문 정권 내부에서 '주사파'와 '종중파' 내부 권력투쟁이 발생해서 결국 '종중파'가 승리했다는 정치적 뒷얘기들이 파다하다. 여당 국회의원들의 정치자금에서부터 작금의 서울부동산 가격폭등의 진원지도 결국 중국 '머니'(Money)라고 보는 금융전문가들도 많다.

문 정권과 문 정권을 지원하는 이들 3그룹의 합의점은 차기 대선에서도 문 정권을 이어갈 수 있는 좌파정권이 대한민국에 다시 들어서는 것이며, 결국 이들은 한반도 평화협정을 빌미로, 미군을 철수시키고, 한미동맹관계를 파괴하는 대국민 선전, 선동을 압도적으로 제고시킬 것이 분명하다.

이제 어떻게 할 것인가! 그래도 자유우파 시민사회에서 스스로 할 수 있는 것을 찾아봐야 한다. 예를 들어, "한미군사훈련의 복원 운동", "전작권 전환 반대운동", "종북, 종중 스파이단체 단죄 법 발의운동" "한, 미, 일, 대만, 호주, 홍콩 시민동맹(Civil Alliance)의 활성화", "대한민국 외교안보전문가들의 해외언론 투고 장려", "문 정권의 대미, 대일 외교안보정책 학문적 비판", "미국과 일본학자들을 통한 해외에서의 건국과 산업화에 대한 학문적 재조명", "북한 인권문제 재부각", "대한민국 내 탈북자정당 창당" 등등... 아마 더 많은 일들을 생각해낼 수 있을 것이다.

그래도 가장 핵심적인 일은 대한민국을 자살하도록 유도하고 있는, 몽상적, 관념적, 비현실적, 추상적인 문 정권의 망나니 외교안보정책이 더 이상 이 땅에 발붙이지 못하도록, 다음 선거에서 이 정권을 몰아내는 일일 것이다. 자유애국시민들의 마지막 분발을 당부하고 싶다.

더자유일보, 2021년 3월 15일